本书得到 | 贵州大学社科学术出版基金资助
贵州大学引进人才科研基金资助
中央高校基本科研业务费专项资金资助

U0722181

中国高校篮球
教练员领导力
模型构建与应用研究

任　贵　赵雪同◎著

重庆大学出版社

图书在版编目（CIP）数据

中国高校篮球教练员领导力模型构建与应用研究 /
任贵，赵雪同著. -- 重庆：重庆大学出版社，2025.1. -- ISBN
978-7-5689-4568-4

Ⅰ. G841.25

中国国家版本馆CIP数据核字第2024ZT9955号

中国高校篮球教练员领导力模型构建与应用研究
ZHONGGUO GAOXIAO LANQIU JIAOLIANYUAN LINGDAOLI MOXING
GOUJIAN YU YINGYONG YANJIU

任 贵 赵雪同 著

策划编辑：唐启秀

责任编辑：文 鹏　　版式设计：唐启秀

责任校对：刘志刚　　责任印制：张 策

*

重庆大学出版社出版发行

出版人：陈晓阳

社址：重庆市沙坪坝区大学城西路21号

邮编：401331

电话：（023）88617190 88617185（中小学）

传真：（023）88617186 88617166

网址：http://www.cqup.com.cn

邮箱：fxk@cqup.com.cn（营销中心）

全国新华书店经销

重庆正文印务有限公司印刷

*

开本：720mm×1020mm　1/16　印张：17.25　字数：275千

2025年1月第1版　　2025年1月第1次印刷

ISBN 978-7-5689-4568-4　定价：68.00元

前　言

　　振兴"三大球"是全面建设体育强国的重点工程,《"十四五"体育发展规划》明确提出要坚决贯彻党中央有关"三大球"工作重大决策部署,以问题为导向,进一步夯实社会发展基础,深化体教融合,强化后备力量培养。在推动"三大球"振兴发展和深化体教融合的时代背景下,我国篮球后备人才向教育系统流动的趋势愈发明显,高校已成为篮球后备人才培养的重要阵地。为实现高校篮球"育人夺标"的培养目标,高校篮球教练员不仅要向大学生球员传授篮球运动的基本知识和技能,更要为其健康成长做好教育引导。高校篮球教练员是球队的直接领导者,究竟需要具备什么样的领导力,才能在学训双优人才培养过程中发挥引领支撑作用,是急需深入研究的重要问题。

　　当前学界对篮球教练员领导力的研究已取得一定进展,但仍处于模型套用的起步阶段。为厘清我国高校篮球教练员需要在哪些层面践行领导力、如何对其测量评价等问题,本书运用逻辑推理、传记分析、专家评价、量表测量、模糊综合评价等方法对我国高校篮球教练员领导力模型的构建与应用展开研究。首先,以概念为起点,界定和辨析了篮球教练员领导力、胜任力、执教能力等概念;接着,以领导行为二维构面理论、自我领导理论、文化领导理论为支撑,构建了我国高校篮球教练员领导力理论模型;然后,通过对我国高校篮球教练员领导力测评量表的编制与检验,验证了我国高校篮球教练员领导力理论模型的适切性;随后,对其构成要素及其与不同层次、不同项目教练员的差异进行了系统分析;最后,设计了基于领导力模型的我国高校篮球教练员面试测评体系,该模型的构建与应用对提升我国高校篮球教练员领导力,助推我国高校篮球后备人才培养高质量发展具有重要意义。主要研究结论:

　　(1)篮球教练员领导力是指为实现"育人夺标"的球队目标,篮球教练员对球员及球队相关人员施加影响的过程中所需要具备的能力结构;胜任力是教练员领导力的内源性保障;执教能力是教练员领导力的核心成分。

（2）我国高校篮球教练员领导力模型是由自我领导力、人际领导力、专业领导力和文化领导力四大维度构成，各维度的重要程度由高到低依次为专业领导力、文化领导力、人际领导力和自我领导力；各维度既相对独立、各有侧重，又紧密关联、相互促进，通过并列性和相容性、同时性和继时性组合，产生相互配合下的协同效应；我国高校篮球教练员领导力具有育人性、复杂性和凸显性三大特征；领导力模型各维度下的某些子能力，如时间管理、赢得外部支持、注重球员基本功训练、践行育人理念等对我国高校篮球教练员更为重要。

（3）我国高校篮球教练员领导力测评量表由自我领导力、人际领导力、专业领导力和文化领导力 4 个分量表组成，共计 74 道测量题目。该测评量表信效度良好，可作为我国高校篮球教练员自我内观、自我诊断的测量工具，可作为我国高校篮球教练员综合测评的补充参考，亦可供大范围、大规模调研使用。

（4）我国高校篮球教练员领导力面试测评体系由 13 个测评维度组成，共计 148 道测评问题。该面试测评体系能够在一定程度上弥补量表测评单向静态沟通、信息收集和利用率较低等不足，丰富了教练员领导力的测评方法，拓展了领导力模型的应用范围，可以在我国高校篮球教练员任用、考核及培养等环节中予以直接应用。

著　者

目 录

第一章 绪 论

第二章 国内外教练员领导力研究现状评述

第三章　我国高校篮球教练员领导力模型的理论构建

第四章　我国高校篮球教练员领导力测评量表的编制及检验

第五章　我国高校篮球教练员领导力模型的维度及差异分析

第六章　基于领导力模型的我国高校篮球教练员面试测评

第七章　研究结论与展望

参考文献

附 录

第一章 绪 论

第一节 研究背景

一、领导力模型构建受到学界和业界的愈益关注和重视

随着全球化变革的加剧、社会信息化的加快，组织所面临的外部环境变化更加剧烈，行业竞争态势多变而模糊，影响组织发展的不确定性、不稳定性因素明显增加。一个组织能否在激烈的角逐中赢得竞争优势，应对不确定性挑战，在很大程度上取决于领导者的素质与能力。在"乌卡"（VUCA：Volatile 多变性、Uncertain 不确定性、Complex 复杂性、Ambiguous 模糊性）时代背景下，各行业都亟需领导人才，各层级领导人才的挑选和培养比过去任何时代都更具战略重要性，领导者比过去任何时代都更需要领导力[1]。尽管组织对领导力的要求会随着组织规模的大小有所变化，但对于微型组织的运动队而言并不例外。

近年来，领导力成为社会热点话题之一。如何提升领导者的素质与能力，愈益受到学界和业界的关注和重视。学界对领导力的研究已涵盖管理学、教育学、经济学、心理学、政治学、社会学、医药卫生学和图书情报学等学科领域，尤其集中在管理学和教育学领域[2]。如：教育学领域，各级各类校长领导力的研究、教师领导力的研究和学生领导力的研究等；越来越多的组织在人才选拔、考核和培育等人力资源管理领域广泛应用领导力的理论和模型。作为有效整合各项领导要素的领导力模型，有助于提升领导者个人绩效和组织绩效，已成为打造高素质人才队伍、提升组织核心竞争力不可或缺的重要工具[3]。

---

1 黄勋敬. 领导力模型与领导力开发［M］. 北京：北京邮电大学出版社，2008：序 1.
2 于智恒，张玥. 2000 年以来我国领导力研究回溯与展望［J］. 领导科学，2019（22）：58-61.
3 陈小平，肖鸣政. 公共部门局处级领导领导力模型构建与开发实证研究［J］. 领导科学，2011（36）：4-6.

二、教练员领导力已成为衡量运动队竞争力的重要标志

在一个组织或团体中，但凡有一定职位，需要为他人操心，需要对他人负责的人都属于领导者之列[1]。教练员是运动队的领导者，是决定运动员和运动队能否实现目标、取得成功的灵魂人物[2]。尽管运动队的成功，有来自行政管理和其他工作人员的贡献，但教练员对运动效能的贡献最大[3]。在不同的运动队中，教练员所起的领导作用虽然不同，但他们对于运动员和运动队的影响是毋庸置疑的[4]。在国内，尤其是学校体育环境中，教练员时常扮演着总管的角色，负责运动队的大小事务。教练员是一位全方位的教育工作者，在执教过程中不仅要关注成绩、关注外在目标、关注知识能力，更应该关心人、关心内在目标、关心专业素养，这是新阶段运动员培养高质量发展对教练员提出的新要求、新挑战[5]。

近年来，运动员的管理问题层出不穷。不少人认为是管理不严、思想教育不够，却忽视了教练员的领导责任。按照传统观念，教练员就是教练员，领导就是领导，两者不能相提并论。很少有教练员意识到自己的领导属性，对领导力的理解仍停留在以取得优异运动成绩为目标的认知层面。教练员的执教过程是教练员与运动员之间领导与被领导的过程[6]。教练员作为特殊岗位上的领导，是否认识到自己的领导地位与领导责任，是否具备领导素质，其工作方法是否具有领导艺术，是能否解决这些问题的根本所在[7]。运动队的可持续发展与教练员的领导能力密切相关，教练员领导力在相当程度上决定了运动队竞争力[8]。

教练员领导力提升的过程亦是教练员专业化发展的过程，专门的培训课

---

1 朱佩兰，钟秉枢.教练员——中国体育腾飞的关键［M］.北京：北京体育大学出版社，2002：252.

2 季浏，殷恒婵，颜军.体育心理学［M］.3 版.北京：高等教育出版社，2016：346.

3 Turner B A, Chelladurai P. Organizational and occupational commitment, intention to leave, and perceived performance of intercollegiate coaches［J］. Journal of sport management, 2005, 19（2）: 193-211.

4 毛志雄.体育运动心理学简编［M］.北京：北京体育大学出版社，2011：186.

5 钟秉枢.新发展阶段我国体育教练员面临的挑战［J］.中国体育教练员，2022，30（1）：4-6.

6 国家体育总局科教司.现代教练员科学训练理论与实践［M］.北京：人民体育出版社，2014：26.

7 朱佩兰，钟秉枢.教练员——中国体育腾飞的关键［M］.北京：北京体育大学出版社，2002：250.

8 李金华.上海市教练员领导力及其教学培训模式研究［D］.上海：华东师范大学，2011.

程对教练员领导力提升具有重要价值[1]。国际教练员教育委员会定期举办以"领导力"为主题的全球教练员交流研讨会[2]；2006年至今，原美国男篮、杜克大学男篮主教练迈克·沙舍夫斯基（Mike Krzyzewski）每年受邀举办K教练领导力研讨会（Coach K Conference on Leadership）。相较之下，当前我国对教练员领导力的开发投入力度不够，仅从教练员培训的课程设置来看，较少涉及教练员执教艺术方面的课程，课程缺位势必会影响教练员队伍的专业化发展。值得一提的是，鉴于教练员的培养和发展对于运动训练学的应用至关重要，由田麦久教授于2017年主编的《运动训练学》（第2版）在第8章教练员职责与教练行为中新增了对于教练员领导力的概述。

三、领导力对促进篮球教练员专业化发展起决定性作用

习近平总书记指出："'三大球'要搞上去，这是一个体育强国的标志。""篮球要为我国'三大球'振兴作出努力。""要探索中国特色'三大球'发展路径。" 国家体育总局高志丹局长表示："'三大球'要搞上去，这是我们加快体育强国建设必须补上的短板。"《关于深化体教融合促进青少年健康发展的意见》《关于全面加强和改进新时代学校体育工作的意见》提出：鼓励建设高水平运动队的高校全面建立足球、篮球、排球等集体球类项目队伍；将高校高水平运动队建设与中小学体育竞赛相衔接，纳入国家竞技体育后备人才培养体系。《全民健身计划（2021—2025年）》明确：大力发展"三大球"运动；加大高校高水平运动队建设力度，大力培养体育教师和教练员队伍。2020年5月，中国大、中体协和中国篮协签署《促进体教融合发展谅解备忘录》，重点在教练员培养上展开合作。在推动"三大球"振兴发展和深化体教融合的时代背景下，我国高校篮球教练员理应在学训双优人才培养过程中发挥引领支撑作用。

篮球运动在时间上秒秒必争，在空间上人口密度最大（非隔网类项目），

1 Gilbert W, Côté J, Mallett C. Developmental paths and activities of successful sport coaches [J]. International Journal of Sports Science & Coaching, 2006, 1（1）: 69-76.
2 钟秉枢，张霞，李晨峰.打造教练领导力：记2009年国际教练员教育委员会全球教练员大会 [J]. 中国体育教练员，2009，17（4）：28-30.

对教练员组织、指挥和应变能力的要求远超过其他项目，因此领导与被领导关系的重要性尤为突出[1]。篮球教练员能否建设好一支球队是其领导力的重要体现[2]。球队的可持续发展关键在于教练员如何通过有效领导，将背景多元、天赋有别、兴趣和动机各异的球员捏合凝聚在一起，激发每个人的潜能，发挥每个人的作用[3]。要想充分挖掘球队的潜力，教练员必须充当领导者的角色[4]。

著名篮球教练员约翰·伍登、迈克·沙舍夫斯基、菲尔·杰克逊等人都将自己在球队中所扮演的角色定位为领导者，如杜克大学男篮主教练迈克·沙舍夫斯基表示：我从未将自己视为一个篮球教练员，我始终将自己视为一个领袖，恰好我在执教篮球罢了[5]。仅美国高校篮球员撰写的以"领导力"为主题的传记就不胜枚举，其对领导力的关注和重视程度可见一斑；国际篮球联合会编著的《教练员手册》更是将"领导力"作为开篇章节；此外，大量实证研究表明：篮球教练员的领导力可直接影响球队成员之间的人际关系[6]，预测球员的满意度、幸福感、归属感和自我效能感[7-8]，对球队凝聚力的形成、团队效能的发挥至关重要[9]。由此可见，领导力对促进篮球教练员专业化发展起

1 卢元镇.中国文化对篮球运动的选择、认同与变异［J］.体育文化导刊，2008（3）：21-23.

2 鲍勃·希尔.篮球教练员成功之道 M］.谭朕斌，译.北京：人民体育出版社，2004：3.

3 Huseinagić，Enes，Hodžić.Basketball Coaches as Leaders［J］.Sport Scientific & Practical Aspects，2009，6（1）：48-55.

4 李.H.路斯.篮球手册：运动员、教练员获胜必读［M］.郭永波，译.北京：人民体育出版社，2010：26.

5 迈克·沙舍夫斯基，杰米·斯帕托拉.我相信你们［M］.韩玲，译.沈阳：万卷出版公司，2011：55.

6 杨尚剑，孙有平，季浏.教练领导行为与凝聚力：信任的中介作用［J］.上海体育学院学报，2014，38（2）：69-73.

7 田世梁.大学篮球教练员领导行为、团队冲突、团队凝聚力与满意度关系研究［J］.沈阳体育学院学报，2014，33（4）：115-121.

8 郑峰，徐丰.组织承诺视角下教练员的领导行为与队员团队认同之间的关联性——基于篮球项目的数据分析［J］.西安体育学院学报，2016，33（6）：753-756，768.

9 朱东，徐炜泰，周子文.我国高校篮球高水平运动队教练员领导行为与团队效能关系研究［J］.成都体育学院学报，2017，43（5）：108-114.

决定性作用[1-2]。反观我国篮球运动发展历程，各层级优秀篮球教练员一直比较稀缺。我国篮球名宿宫鲁鸣一针见血地指出："真正影响中国篮球发展的是，在各个层面缺少一大批优秀教练员。"

在职业篮球层面上，教练员与运动员冲突事件时有发生，主帅更迭频繁，比赛中教练员的排兵布阵与临场指挥也引起了较大争议，执教水平遭到各方质疑。以现实需求为导向，中国篮球协会于2019年8月在清华大学举办了为期5天的"CBA/WCBA篮球教练员领导力训练营"，学习结束后教练员反响热烈。与会期间，中国篮球协会主席姚明表示，"领导力是一名高水平篮球教练员必须具备的重要素质。"在接受央视采访时姚明也同样谈到"实际上我们现在更需要的是有领导力的教练！能够带出一支队伍来。"

在高校篮球层面上，虽然不乏优秀教练员，但整体执教水平仍不容乐观。目前，我国高校篮球教练员大多是体育教师兼职型的教练员，亦教亦训、教训兼顾。我国体育院校并未充分整合良好的资源条件开设教练员专业[3]。然而，教练员这一特殊岗位上的领导，不同于一般的体育教师[4]。体育院系虽然能够培养出理论知识丰富、教学能力突出的篮球教师，却很难培养出实战经验丰富、训练能力突出的篮球教练员[5]。近年来，我国篮球后备人才向教育系统流动的趋势明显，高校逐渐成为篮球后备人才的集结地、孵化地。教练员的专业素养和执教水平是运动员培养高质量发展的前提[6]。但是，教练员整体水平不高是制约我国高校篮球竞技水平提升的瓶颈之一[7]。2019年8月，厦门大学男篮队员发布网络文章控诉主教练的"七宗罪状"；CUBA赛场，教练员、队员与裁判员、对手发生冲突，球队弃赛、罢赛、消极比赛事件时有发生。这虽

1　徐建华，程丽平.美国大学篮球传奇教练约翰·伍登执教领导力研究［J］.体育成人教育学刊，2016，32（2）：5-9.
2　徐建华，黄汉升.美国大学篮球教练成长历程及启示［J］.成都体育学院学报，2013，39（12）：45-50.
3　吴阳，王德新，彭国强.美国体育教练员培养体系及其对我国的启示［J］.沈阳体育学院学报，2016，35（5）：93-98.
4　朱佩兰，钟秉枢.教练员——中国体育腾飞的关键［M］.北京：北京体育大学出版社，2002：254.
5　崔海明.我国高校篮球教练员研究［J］.体育文化导刊，2010（5）：112-114.
6　钟秉枢.新发展阶段我国体育教练员面临的挑战［J］.中国体育教练员，2022，30（1）：4-6.
7　毕仲春，陈丽珠，李征.对欧美篮球教练员成长过程模式的研究——兼论中国大学篮球教练员培养的现实困境与希望［J］.北京体育大学学报，2014，37（7）：113-118.

然是已被曝光的典型案例，但却反映出部分高校篮球教练员领导力水平欠佳，各方面能力仍有不同程度的提升空间。以领导力为抓手，促进我国高校篮球教练员专业化发展具有现实迫切性。

第二节　研究意义

一、理论意义

（1）我国高校篮球教练员领导力模型为我国高校篮球教练员提供了领导力提升的理论指导，为后续研究者提供了更加适用的领导力分析框架。

（2）丰富了运动训练学、体育管理学和运动心理学等交叉融合的知识体系，尤其是运动训练学中执教科学的研究内容，有利于进一步完善运动训练学理论体系。

（3）拓展了领导力模型针对不同建模对象的应用范围。

（4）我国高校篮球教练员面试测评体系丰富了体育学界人才素质测评的研究内容。

二、实践意义

（1）促进我国高校篮球教练员专业化发展，助推我国高校篮球后备人才培养高质量发展。

（2）我国高校篮球教练员领导力测评量表可作为我国高校篮球教练员自我诊断的领导力测量工具、可作为我国高校篮球教练员综合测评的补充参考，亦可供大范围、大规模调研使用。

（3）我国高校篮球教练员领导力面试测评体系可以在我国高校篮球教练员任用、考核及培养等环节中予以直接应用。

（4）为我国高校篮球教练员领导力的培训课程提供丰富的案例素材。

第二章　国内外教练员领导力研究现状评述

第一节　核心概念界定与相关概念辨析

什么是领导力？这是本研究首先要回答的问题。领导力内涵的丰富导致了领导力概念的复杂，目前学界对领导力概念的认识尚未达成统一。因此，有必要对领导、领导力、篮球教练员领导力、领导力模型进行界定，同时有必要对领导与管理、领导力与领导行为、胜任力、执教能力进行辨析，以便更好地理解篮球教练员领导力的内涵。

一、核心概念界定

（一）领导

"领导力"由"领导"衍生而来，对"领导"的正确定义是理解"领导力"的逻辑起点。目前，学界对"领导"的定义多达上百种，很难定义"领导"一词，皆因其本质的复杂性[1]。在《现代汉语词典》中，"领导"一词有名词和动词两种释义：

（1）名词"领导"（leader）指担任领导工作的人，通常称之为"领导者"，所谓领导者是指"那些用语言或个人榜样影响大批追随者行为、思想和感受的人"[2]。

（2）动词"领导"（to lead）指率领并引导，是领导力发挥作用的过程。教练员的执教就是面对面地领导，将背景多元、天赋各异和兴趣不一的运动员凝聚到一起，鼓励其承担责任和持续创造成绩的过程[3]。

1　理查德·L.达夫特.领导学［M］.杨斌，译.5版.北京：电子工业出版社，2018：3.

2　Gardner H. Leading Minds：An Anatomy of Leadership［M］.London：HarperCollins，1997：12.

3　钟秉枢.做NO.1的教练：团队管理与领导艺术［M］.北京：北京体育大学出版社，2012：215.

（二）领导力

"领导力"一词来源于西方，并不是中国本土的产物[1]。"领导力"对应英文单词 leadership，自 19 世纪中期出现 leadership 一词以来，学界对其概念的界定并不统一，没有一个确切的科学定义。一本研究领导力的专著汇集了学界对领导力的 221 种定义。领导力的定义如此之多，以至于美国当代领导理论大师沃伦·班尼斯（Warren Bennis）表示："领导力就像美，它难以定义，但当你看到时，你就知道了。"[2] 领导力学者拉尔夫·斯托格迪尔感叹道："对于领导力的不同界定几乎和试图去界定这一概念的人一样多。"[3] 詹姆斯·伯恩斯指出："领导力是世界上被人观察最多，却被人理解最少的现象之一。"[4] 由此可见，界定领导力是一项永无止境的探讨。

由领导者（leader）派生而来的领导力（leadership），旨在从各种领导角色中探究其所共有的抽象特征，领导力的本质是领导者的共同特征[5]。《韦氏词典》对 leadership 有如下三种强调领导者共同特征的释义：一是领导者的职位（the office or position of a leader）；二是进行领导的行为（the act or an instance of leading）；三是从事领导的能力（the capacity to lead）。按照上述释义并综合学界对领导力内涵的认识，目前对领导力的概念界定大致可分为：影响力论、行动论（行为或过程）和能力论。

1. 影响力论

领导者的共同特征在于影响力，影响力是衡量领导力的真正尺度[6]。影响力来源于权力[7]，了解权力的类型有助于准确把握领导力[8]。美国社会心理学家小约翰·法兰西（John French Jr.）认为，权力有五种类型：法定性权力、奖

1　刘澜. 领导力：解决挑战性难题［M］. 北京：北京大学出版社，2019：2.

2　Rost J C. Leadership for the Twenty-First Century［M］. New York：Praeger Publishers，1991：37.

3　Gary Yukl. Leadership in Organizations, Eighth Edition［M］. America：Pearson Education，2013：54.

4　Burns J M. Leadership［M］. New York：Harper&Row，1978：18.

5　刘澜. 领导力：解决挑战性难题［M］. 北京：北京大学出版社，2019：3.

6　John M. The 21 Irrefutable Laws of Leadership［M］. London：Thomas Nelson，2008：43.

7　李宁. 教练员执教行为研究［M］. 北京：北京体育大学出版社，2015：177.

8　谭红军，郭传杰，霍国庆，等. 科技领导力要素研究［J］. 科研管理，2007，28（6）：115-122.

赏性权力、惩罚性权力、感召性权力和专长性权力[1]。其中，法定性权力、奖赏性权力、惩罚性权力属于职位权力，是一种随"职"而来的产物，具有强制性和不可抗拒性；感召性权力、专长性权力属于个人权力，具有深远性和持久性。

职位权力是发挥领导力的先决条件，即没有职位权力就不可能产生领导力[2]，从被任命起，领导者就具有了发布指示、命令的授权。传统意义的领导力被确定为正式等级结构内部的行政职位，领导者主要依靠职位权力"Headship"（强制性领导、职位领导、有位领导）带领下属完成任务，以达成使命。然而，真正的领导地位和权威是无法被授予、指派或委任的，仅仅具有职位权力也并不意味着就一定能产生领导力；现代意义的领导者则更多是通过自我修炼的个人权力"Leadership"（凝聚性领导、艺术领导、有为领导），改变和影响追随者的心理和行为，从而实现组织目标。在组织行为学视域下，领导力主要是个人权力赋予的，领导者只有发挥能力素质、业务专长、人格魅力、道德感召力、情感凝聚力的作用，才具有真正的领导力。组织所赋予的职位权力只是一种外在力量，是保障领导活动得以推行的最后一道屏障[3]。当权者一旦丧失权力，便会瞬间失去由职位权力带来的领导力[4]。随着时代的进步与发展，个人权力的作用将会越来越超过职位权力[5]。

2. 行动论

领导者的共同特征在于行动，领导力的本质是行动。领导力被视为一系列行为或过程，进而探讨领导者在发挥领导力的过程中采取了哪些行动。所采取的行动可总体概括为，带领团队实现目标。带领团队实现目标，包括了以成员为导向的关系行为和以工作为导向的任务行为两个基本维度[6]。以成员为导向的关系行为体现出领导行为的艺术性，领导者通过领导行为影响追随

1　French J R P J，Raven B. The bases of social power ［J］. Classics of organization theory，1959，7：311-320. French J R P J.

2　孙远航. 新时期中小学校长领导力的提升 ［M］. 西安：陕西师范大学出版社，2008：2.

3　李明，毛军权. 领导力研究的理论评述 ［J］. 上海行政学院学报，2015，16（6）：91-102.

4　戴炳钦，刘龙和. 领导力来源的主要因素研究 ［J］. 领导科学，2012（17）：40-41.

5　耿在英. 领导力理论的发展研究 ［J］. 经营与管理，2013（12）：70-73.

6　刘霖芳. 教育变革背景下幼儿园园长领导力研究 ［D］. 长春：东北师范大学，2015.

者，转化为追随者自身的绩效行为，从而实现追随者的个人价值和组织效益的最优化；以实现团队目标为导向的任务行为体现出领导行为的科学化[1]。作为一个组织或团队，一定有某种存在的目的和目标追求，必然有为了实现目标而需要领导者进行的大量工作任务。

3. 能力论

领导者的共同特征在于能力，领导力的本质是个人层面的能力。"行动论"所强调的一系列行为或过程是"领导"；"领导"关注的焦点是"过程"和"行为"。"领导力"是指支撑一系列行为或实现这个过程的能力体系或能力总称[2]；"领导力"聚焦在"能力"层面，旨在探究领导者吸引和影响追随者从而实现组织目标所需要具备的能力结构。由英文"leadership"引出的领导力概念传承了我国台湾的译法，通常将"-ship"后缀翻译为"…的能力"，中文的领导力在字面意思上更加侧重于能力这个含义。

综上所述，影响力论、行动论和能力论将领导力视为：由职位权力和个人权力所带来的影响力；行为和过程；支撑行为和过程的能力体系或能力总称。从本质上看，领导力的三层含义是相互交织的[3]（图 2.1）。由权力产生的影响力归根结底需要领导者具备一系列领导能力，领导能力的提升可能带来更大的影响力（如：职位、感召力等）；领导能力是支撑领导行动的内在力量，决定领导行为的效果与质量，确保领导过程的顺畅运行。通过领导行动可以逐渐培养和提高采取这些行动所需要的领导能力，更可能得到团队成员的认可从而获得更大的影响力。

从宏观层面将领导界定为影响力仍显得过于抽象，不可意会、难以把握和捉摸；从微观层面将领导力界定为行动又显得太过具体和细碎化，窄化了领导力的研究范围[4]。基于以上分析，再加之领导

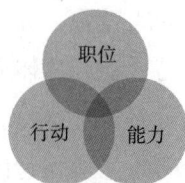

图 2.1 领导力的三层含义
资料来源：刘澜（2019）

---

1 刘建军.领导学原理：科学与艺术［M］.4 版.上海：复旦大学出版社，2013：75.

2 苗建明，霍国庆.领导力五力模型研究［J］.领导科学，2006（9）：20-23.

3 刘澜.领导力：解决挑战性难题［M］.北京：北京大学出版社，2018：5.

4 陈晶，鲁欣怡.领导理论研究的窘境与出路：兼谈领导力六维框架构想［J］.管理现代化，2021，41（2）：82-86.

力可以通过后天培养的学界共识，采用能力论的观点，从中观层面将领导力界定为实实在在的能力更符合本研究对领导力的定义。

（三）篮球教练员领导力

教练员领导力是如何形成的？亦即教练员是凭借什么才具备领导力的？

1. "影响力论" 观点

只要正确认识领导权力的来源，精心营造和使用这些权力，教练员就能真正成为有效的领导者，从而推动目标的实现。尽管教练员经常会运用职位权力以促使运动员实现组织目标，如教练员有权决定谁上场和比赛策略，队员必须服从；教练员掌握各项规章制度的制定和执行；队员因追求奖励或害怕被教练员处罚而盲目服从。然而，职位权力并不能展现出领导力的本质，它带给队员的都是一些短期性的变化。对于教练员来说，职位权力不是最重要的，重要的是合作。以往教练员是管理者、带头人，现在则是引导者，为队员提供达到高水平的各种工具[1]。有研究表明：强制性领导力在球队发展初期效果明显，随着训练实践的深入，凝聚性领导力是教练员得以立足的关键因素[2]。一位优秀教练员，好的领导者，其领导力应是一种感召性和专长性的影响力[3]。

2. "行动论" 观点

教练员领导力是指教练员在一定条件下影响和指导队员实现其目标的行动过程。教练员领导力的发挥是为了指导队员，帮助其专注于自我提升和追求团队目标[4]。

3. "能力论" 观点

教练员领导力是指为实现团队目标，教练员在采取一系列领导行为和实施过程中所展现出来的能力体系。

目前，学界对教练员领导力的界定基本涵盖了上述三种观点。但如前文

1　钟秉枢.从教练教育到教练发展：来自第8届全球教练员大会的报告［J］.运动，2011（10）：1-2.

2　杨兰生，张社平.足球教练员不同影响力的分析研究［J］.广州体育学院学报，2001，21（2）：57-60.

3　钟秉枢.做NO.1的教练：团队管理与领导艺术［M］.北京：北京体育大学出版社，2012：55.

4　Chase M A. Should coaches believe in innate ability? The importance of leadership mindset［J］. Quest，2010，62（3）：296-307.

所述，将领导力界定为影响力仍显得过于抽象，界定为行动又显得太过具体和细碎化，界定为能力更符合本书对领导力的定义。通过对前人所提出教练员领导力定义的进一步归纳，发现主要包含：目标和影响两大共性要素（表2.1）。高校篮球教练员应致力于两大目标的实现：一是将正处在价值观逐渐形成和人格走向成熟时期的大学生球员培养成全面发展的人；二是提升球队竞技实力，获取优异竞赛成绩。

基于以上分析，本书采用"能力论"观点，从知识重组的角度并结合专家论证，将篮球教练员领导力界定为：为实现"育人夺标"的球队目标，篮球教练员对球员及球队相关人员施加影响的过程中所需要具备的能力结构。应强调指出，育人性是高校篮球教练员领导力的首要特征。育人是夺标的前提，必须贯穿夺标的全过程；夺标不仅是夺取运动锦标，更是实现人生目标[1]。高校篮球教练员是全方位的教育工作者，理应把篮球作为教育手段，在竞技体育的全过程中渗透育人理念。永远不要把篮球训练和比赛置于学生接受教育之上，这是达到"育人夺标"最终目标的关键一环。通过"育人"去"夺标"，是符合教育规律和竞技体育规律的发展之路。

表 2.1　教练员领导力定义汇总

序号	定义	关键词
1	教练员指导和影响运动员在一定条件下实现其目标的行动过程[2]。	影响；目标；过程
2	依赖教练员 - 运动员关系的人际影响过程，是影响运动员能力、信心、人际关系和性格的一种行为方式[3]。	影响；过程；行为
3	教练员从目的意义和行为方式上影响运动员及其他相关人员，促进他们共同目标达成和实现而产生的实际作用力的总称[4]。	影响；目标；作用力

1　宋继新.竞技教育学新论［M］.北京：人民出版社，2012：12.
2　张大中，王海波，杨剑.我国篮球教练员胜任特征的特点分析［J］.沈阳体育学院学报，2008，27（5）：104-106.
3　Vella S A., Oades L G., & Crowe T P. The Application of Coach Leadership Models to Coaching Practice：Current State and Future Directions［J］. International Journal of Sports Science & Coaching, 2010（5）：425-434.
4　李金华.上海市教练员领导力及其教学培训模式研究［D］.上海：华东师范大学，2011.

续表

序号	定义	关键词
4	一位优秀的教练员，好的领导者，其领导力应是一种感召性和专长性的影响力[1]。	影响；个人权力
5	篮球教练员在篮球队这一微型组织情景下，为实现球队"育人夺标"的组织目标，通过教练员自身的能力和修养，对球员施加影响力的过程[2]。	目标；能力；影响；过程
6	教练员从目的意义和行为方式上影响运动员及其他相关人员，促进他们共同目标达成和实现而产生的实际作用的影响力[3]。	影响；目标
7	在管理篮球队这一组织中，通过教练员的自身修养和能力，为实现整个团队"育人夺标"的目的，对整个团队施加影响力的过程[4]。	能力；目标；影响；过程
8	教练员在日常生活和比赛训练中影响运动员，帮助运动员达成目标、取得比赛胜利过程中表现出来的能力[5]。	影响；目标；能力
9	以管理学、组织行为学、心理学、教育学等学科相关理论为基础，揭示体育教练员在组织训练活动内外，进行引导、施加影响和实现竞技体育目标的各种行动过程[6]。	影响；目标；过程

资料来源：本书依据表中文献整理

（四）领导力模型

模型即模式、范式，是由一系列关键要素及其相互关系所组合而成的框

1　钟秉枢.做 NO.1 的教练：团队管理与领导艺术［M］.北京：北京体育大学出版社，2012：55.
2　徐建华，程丽平.美国大学篮球传奇教练约翰·伍登执教领导力研究［J］.体育成人教育学刊，2016，32（2）：5-9.
3　于保鹏.兰州市高校教练员领导力评价指标体系构建研究［D］.兰州：西北师范大学，2017.
4　张福达.美国大学篮球教练迪恩·史密斯的执教领导力研究［D］.福州：福建师范大学，2018.
5　王光辉，李卫东.教练员领导力：概念、测评与类型［J］.心理学进展，2019，9（1）：82-90.
6　曹大伟，曹连众.我国教练员领导力研究的域外经验、本土实践和未来展望：基于领导力来源与传达路径［J］.沈阳体育学院学报，2021，40（1）：94-101，124.

架系统，是理论的简明表达形式，易于操作[1]。领导力模型是指在特定行业、组织和环境中，为帮助组织实现既定绩效目标，推动组织发展，领导者所应具备的一系列领导能力要素的组合[2]。从 20 世纪 70 年代开始，构建领导力模型一直是领导学研究的热点。领导力模型是对领导力要素、结构等本质特征的再现，考虑到对领导力要素的理解差异以及领导者担负的组织任务各异，领导力模型的构建必须结合组织性质和工作特点，以保证其适用性[3]。

二、相关概念辨析

（一）管理与领导

管理和领导是相似的过程，两者都需要与人合作，瞄准有效的目标。从领导学的一般原理来看，管理和领导的区别主要体现在以下三个方面[4]：

（1）管理具有局部性，侧重于提高某项工作的效率；领导具有全局性，注重整体性的计划、协调和控制。

（2）管理具有当前性，侧重于当前活动的落实；领导具有超前性，致力于整个组织发展方向的规划。

（3）管理具有操作性，更加注意细节问题；领导具有超脱性，注重从根本性、宏观上把握活动过程。

此外，领导变革之父约翰·科特（John Kotter）从提供指导、团结追随者、建立关系、培养个人素质和创造成果这五个方面进一步比较了管理和领导的区别[5]（表 2.2）。

1　吴晓华.基于扎根理论的基层女性行政领导力模型构建与应用［D］.东营：中国石油大学（华东），2016.

2　陈璇.LW 公司中层管理者领导力的现状分析及提升对策研究［D］.郑州：郑州大学，2018.

3　黄勋敬.领导力模型与领导力开发［M］.北京：北京邮电大学出版社，2008：6.

4　刘建军.领导学原理：科学与艺术［M］.4 版.上海：复旦大学出版社，2019：12.

5　KOTTER J P. Force for change：How leadership differs from management［M］. New York：Simon and Schuster，2008：57.

表2.2 管理与领导的比较

比较方面	管理	领导
提供指导	制定计划；关注短期结果	设定愿景；关注长远发展
团结追随者	组织和人员分配	形成共享的文化和价值观
	导向和控制	帮助他人
	设定界限 经济上的激励	减少界限 心理上的激励
建立关系	关注目标	关注员工
	权力基础是所在职位	权力基础是个人影响力
	角色是老板	角色是教练、帮手和公仆
培养个人素质	感情上与人保持距离	与员工谈心、情感投入
	专家思维	开放式思维
	善于交谈	善于倾听
	作风保持一致	喜欢变化
	能洞察组织事务	能洞察自己
创造成果	保持稳定	带来变化

资料来源：Kotter J P（2008）

尽管在理论上两者之间有所区别，但在现实中两者之间的区别是相对的，具有较强的复合性和相容性[1]。管理和领导具有同等的重要性，两者不可或缺。没有领导的管理会滋生官僚主义，没有管理的领导会形成崇拜主义，每个担任职位的领导者都应当身兼管理和领导的双重责任。管理由计划、组织、人员配备等构成；领导者要完成这些任务，但还要做得更多。领导者为团队提供方向、建立愿景、培养和发展团队文化。在运动队中，管理和领导的这种差别是至关重要的，因为太多的运动队管理过度而领导不足[2]。

（二）领导行为与领导力

在竞技体育活动中，教练员对运动员施加影响、实现某种目标的过程中

1 Yammarino.Leadership：Past，Present，and Future［J］.Journal of Leadership & Organizational Studies，2013，20（2）：149-155.

2 雷纳·马腾斯.执教成功之道［M］.钟秉枢，译.3版.北京：北京体育大学出版社，2007：50.

所表现出来的各种行为称为领导行为[1]。教练员领导行为是教练员在从事运动训练、思想教育、生活管理、人际关系协调等教育管理活动中所表现出来的各种行为特征的总称，是教练员在一定条件下影响和指导运动员实现其目标的行动过程[2]。教练领导行为会带来运动员个人内在因素的起伏，影响运动员是否愿意持续努力训练的动机。因此，借由对教练员领导行为的研究，探讨领导行为的效能，让教练员了解何种领导行为能够被运动员所接受，对团队发展有帮助。

概言之，领导行为是指影响别人行为的行为；领导力是指影响别人行为的能力，是领导行为的内在力量，决定领导行为的效果与质量。领导力凭借领导行为，以个人魅力的形式展现出来，是确保领导过程顺利进行，实现组织目标的驱动力。

（三）胜任力与领导力

我国学者通常将英文文献中的 competency 翻译为"胜任力"。根据《美国大辞典》，competency 是指"具备某种资质的状态"。具体到人力资源管理，可以说是某人在某个职位上能够胜任的状态[3]。胜任力与领导力有相似之处，两者都是探讨人的素质能力，且在素质能力方面的要求具有共性。两者的区别在于：

（1）胜任力是判断一个人能否胜任某项工作的起点，侧重考查合格员工应具备的浅层次素质；胜任力模型的建构忽视了能力结构从低层次向高层次进阶式发展的可能性[4]。

（2）胜任力是个人工作的一种状态，当某人履行特定岗位职能或完成工作任务时，如果行为表现和工作成效是"合格的""称职的""令人满意的"但还算不上"优异的"；既不是"新手的"，也算不上"有经验的"，就可以评价为"胜任的"。

---

1 钟秉枢. 做 NO.1 的教练：团队管理与领导艺术［M］. 北京：北京体育大学出版社，2012：55.

2 冯琰，周成林. 辽宁省部分优势竞技项目教练员的领导行为特征［J］. 武汉体育学院学报，2007，41（10）：41-46.

3 陈小平. 中小学校长领导力模型构建研究［M］. 北京：中国人事出版社，2014：12.

4 胡宗仁. 领导力发展的分析框架［J］. 中国领导科学，2018（1）：36-40.

（3）英国模式下的理论建构认为：通常来说，称职就应视为胜任，胜任力的研究旨在探寻称职所需的行为表现和基本能力[1]。

（4）领导力是在新环境、新组织模式下，胜任力理论和实践的新发展，侧重于考察管理者在胜任力的基础上能否成为领导者，是对有效领导行为决定因素的更本质认识[2]。

就教练员而言，胜任力是指保证教练员能够顺利完成岗位工作任务的能力结构[3]，如果具备这些能力，就可以上岗工作。胜任力是对教练员工作能力的一种描述和判断，说明教练员是否具有担任教练员的资格或达到执教的最低标准和准入门槛（如：具有责任心、具备专业资质等）。从某种程度上看，教练员胜任力是对教练员的最低要求，只能说明教练员是否具有执教资格，是否可以担任教练员工作[4]。毋庸置疑，想要成为一名优秀的教练员，仅仅胜任岗位工作显然是不够的，需要实现从胜任到卓越的转变。

综上所述，胜任力与领导力既有所区别又存在联系（表2.3）。教练员领导力并不是单一的某种能力，这种能力多而发散[5]。具备胜任力的教练员不一定有领导力，而有领导力的教练员一定首先满足能够胜任教练员工作的基本要求。

表 2.3　胜任力与领导力的区别和联系

	胜任力（competency）	领导力（leadership）
区别	浅层素质	浅层素质→深层素质
	最低标准	最低标准→卓越标准
	内源性保障	综合表现、结果反映
	构成要素少而聚焦	构成要素多而发散
联系	两者都是探讨人的素质能力，且在素质能力方面的要求具有共性	

资料来源：本书依据学者观点归纳整理

1　李芬芳.国内胜任力研究现状及其发展趋势［J］.科技信息（科学教研），2007（36）：716-717.
2　海鹰.中小学教师领导力测评研究［D］.北京：北京师范大学，2010.
3　邱芬.我国专业教练员胜任特征的模型建构及测评研究［D］.北京：北京体育大学，2008.
4　吴阳.中国网球教练员执教能力及影响因素研究［D］.上海：上海体育学院，2017.
5　于保鹏.兰州市高校教练员领导力评价指标体系构建研究［D］.兰州：西北师范大学，2017.

（四）执教能力与领导力

学界对教练员执教能力的研究并不少见，然而对执教能力的定义尚未达成统一认识。倘若对执教能力众说纷纭的定义进行罗列，归纳其相似和不同之处，可能未必能够究其本质。因此，本研究尝试从逻辑学角度，采用邻近属＋种差的概念界定方法对执教能力的内涵进行解析。邻近属反映了概念的共有属性；种差反映了概念的特有属性，在邻近属中与其他概念的差别。定义（执教能力）＝种差（执教）＋邻近属（能力），下面分别对执教能力的共有属性"能力"和特有属性"执教"的内涵进行解读。

"能力"是心理学科的核心概念之一，在《心理学名词》中"能力"的释义为：人们成功地完成某种活动所必需的个性心理特征[1]。从关键词"活动""必需"可以看出：首先，如果脱离了某种实践活动，能力则无法形成和施展，并且只有在那种没有这些能力就不能实现的活动中才表现出来。其次，完成某项活动最必需的、有直接影响的个性心理特征方可称之为能力，而不是顺利完成某项活动的全部心理特征[2]。尽管某些心理特征有可能是众多影响因素之一，但却不一定是最必需的。倘若欠缺这些心理特征也不会直接阻碍某项活动的顺利开展。

在《辞海》中，"执教"的释义为：担任教学任务；当教练。可见，"执教"作为一种授课行为主要针对教师和体育教练员这两个行业的从业人员。教师的执教，即执行教育教学活动；体育教练员的执教，即执行训练竞赛活动。由于"执教"的种差属性，与上位概念"能力"相比，执教能力是一个更加相对聚焦的概念，是一种特殊能力。因此，执教能力的规模体系不可过大[3]。唐炎指出，在一个具体学科领域内，"执教能力"一词通常是指"专业执教能力"[4]。刘兵认为，教练员的专业能力应区别于其管理方面的基本素质，具有明显的专业特点[5]。教练员的执教能力是从事教练员工作所必须具备的、与

1　全国科学技术名词审定委员会.心理学名词［M］.2 版.北京：科学出版社，2014：42.

2　庞世俊.职业教育视域中的职业能力研究［D］.天津：天津大学，2010.

3　张鹏.我国高水平游泳教练员执教能力体系的建立及现状研究［D］.北京：北京体育大学，2004.

4　唐炎，罗平.体育教师执教能力教程［M］.北京：北京体育大学出版社，2015：前言.

5　刘兵.新编体育管理学教程［M］.上海：复旦大学出版社，2004：201-202.

其他行业从业人员所分别的特殊职业能力[1]。教练员执教能力的高低，最终体现在运动训练和运动参赛两个方面[2]。

综上可见，对教练员执教能力的理解必须从狭义角度，紧密围绕运动训练和运动参赛两方面的专门能力进行解读[3]。有学者将如"外语应用能力""计算机应用能力""科研论文撰写能力"视为"执教能力"的关键要素是有待商榷的，外语应用和科研论文撰写能力并不直接决定教练员执教这项活动的顺利完成。笔者认为采用李丹媚（2017）对篮球教练员执教能力的定义较为恰当，即："为提高运动员竞技水平，创造优异运动成绩，教练员所具备的选材、训练和竞赛指导方面的能力。"[4]

在教练员领导力结构体系中，执教能力是最重要、最基本的能力之一[5]。基于岗位特性，执教能力平平或当执教能力受到质疑时，即使其他能力出众也很难服众，威信力自然降低，执教能力属于教练员专业纵深领域的"硬功夫"。当然，教练员领导力的发挥仅仅依靠过硬的专业知识和执教能力是远远不够的，还需要具备诸如诚实守信、一视同仁的品质以及激励和人际沟通能力等等，才能使运动员心甘情愿地追随[6]。

小结：管理由计划、组织、人员配备等构成。领导要完成这些任务，但是还要做得更多，如培养和发展团队文化、完善和发展自我等；领导力是领导行为的内在力量，决定领导行为的效果与质量；胜任力是教练员领导力的内源性保障，但是具备胜任力的教练员不一定有领导力；执教能力是教练员领导力的核心成分，但是教练员仅凭执教能力并不能保证领导力的充分发挥。

1　李宁.教练员执教行为研究［M］.北京：北京体育大学出版社，2015：83.

2　吴阳.中国网球教练员执教能力及影响因素研究［D］.上海：上海体育学院，2017.

3　缪小琴.江苏省高水平田径教练员执教能力结构研究［D］.苏州：苏州大学，2013.

4　李丹媚.CUBA主教练执教能力评价指标体系的初步构建与实施研究［D］.桂林：广西师范大学，2017.

5　于保鹏.兰州市高校教练员领导力评价指标体系构建研究［D］.兰州：西北师范大学，2017.

6　Côté J, Gilbert W. An integrative definition of coaching effectiveness and expertise［J］. International journal of sports science & coaching, 2009, 4（3）：307-323.

第二节　领导理论的演变及启示

自古以来，为了维护生存和发展需要，人类对于如何进行有效领导的思考就从未停止。领导力的讨论可以追溯到哲学家和宗教领袖辈出的年代，那时候伟大领导者的神话和传说对于社会发展很重要，领导者是良好社会治理的要素[1]。随后，各国研究者从特定视角切入对领导活动的规律进行了大量研究，多种领导理论应运而生，各有其能独特解释的部分[2]。对领导理论发展脉络的梳理，有助于全面了解和把握领导力的研究历程。

一、领导特质理论

（一）早期领导特质理论

领导特质理论源于 18 世纪以美国社会心理学家高尔顿（Galton）为代表的理性主义者，他们认为社会变革归因于大人物，主要研究领导者是什么样的人[3]。早期领导特质理论认为：

（1）领导者在性格、智力、气质甚至外表等个人特质方面不同于常人。

（2）主张决定有效领导的个人素质是一种与生俱来的天赋，甚至将领导力与贵族身份相关联，认为领导力是基因自带的能力，从一代遗传给下一代。该流派发展为现在依然盛行的"伟人论""英雄论"，涉及不同领域的许多名人，这些人具有与生俱来、异于凡人的领导特质，挖掘其身上所具有的领导风范，从中凝练出所具有的特质。

早期领导特质理论是领导学的起点，由于研究者的片面认识，将与生俱来的领导特质视为领导成败的唯一要素，致使领导特质理论逐渐衰退。1948 年，斯托格迪尔（Stogdill）提出：领导力是一种关系，这种关系存在于社会情境中所有人之间，带领的人不同、实现的目标不同、所处的情境各异，在特定情境中的领导者可能并不必然成为另外一种情境中的领导者。这一论述导致

1　Bass B M, Stogdill R M. Handbook of Leadership: Theory, Research, and Managerial Applications ［M］. New York: Free Press, 1990: 34.

2　高三福. 运动领导理论的发展及可行的研究方向［J］. 中华体育季刊, 2007, 21（1）: 59-66.

3　晁玉方, 王清刚. 领导特质理论的历史与发展［J］. 山东轻工业学院学报（自然科学版）, 2012, 26（3）: 77-82.

领导特质理论的研究曾一度中断[1]。

（二）现代领导特质理论

20 世纪 80 年代以来，在领导力开发实践中，人们发现个人特质与有效领导存在很大关联。领导特质能相对持久、稳定地影响领导行为，决定领导行为的质量与效果，单纯依靠领导行为的开发并不能保证开发效果。有学者通过元分析对前人研究进行重新检验后发现，领导特质越来越凸显出其在影响领导有效性时的关键作用[2]。实证研究结果的支持使领导学研究者又回到这样的概念中：有效领导者拥有独特的人格特质[3]。领导特质视角的研究又重新回到人们的视野，相关研究向领导特质理论回归的倾向又开始出现。现代领导特质理论认为：

（1）在特定情境中成长为领导者的人，也可能在截然不同的情境中成长为领导者[4]。某些普遍、稳定的个人特质（如：性格、责任心），在不同情境中一样会表现出来。

（2）领导力并不是某些人的固有天赋，也不是一种不可意会的艺术，领导特质是先天遗传和后天环境共同作用的结果，并非全是与生俱来且一成不变，后天环境对先天遗传的不足起弥补作用，基本否认"伟人论"的观点。

（3）领导力的发展是一个动态过程，可以在领导实践中形成，也可以通过后天学习、训练、培养的方式予以造就并不断完善[5]。领导力终身发展理论也同样认为：领导力的发展是一个持续终生的过程，自出生伊始，需经过童年、青少年和成年等多阶段的不断完善。

综上所述，现代领导特质理论的实践充分说明了领导特质可以预测领导的有效性。领导特质可被理解为领导者发挥领导力的内部源泉，其所思所想

1　柳恒超.领导（力）理论的演变：特质与情境之争及其整合性趋势［J］.上海师范大学学报（哲学社会科学版），2014（5）：145-152.

2　文晓立，陈春花.领导特质理论的第三次研究高峰［J］.领导科学，2014（35）：33-35.

3　麦克沙恩，格里诺.组织行为学［M］.5 版.吴培冠，张璐斐，译.北京：机械工业出版社，2015：288.

4　柳恒超.领导（力）理论的演变：特质与情境之争及其整合性趋势［J］.上海师范大学学报（哲学社会科学版），2014，43（5）：145-152.

5　陈天荣.领导特质研究的综述［C］// 全国经济管理院校工业技术学研究会.第十一届全国经济管理院校工业技术学研究会论文集.西安：全国经济管理院校工业技术学研究会，2012：660-663.

与所作所为，都会受个人特质的支配。因此，有必要重新认识领导特质理论，充分发挥领导特质理论在领导力开发实践中的价值。综合领导特质理论的研究成果 [1-2]，可将领导特质划分为表 2.4 列出的六大类：

表 2.4　领导者关键特质分类

特质类型	内容描述
身体特征	身高、体重、体格、体力、健康程度、个人容貌和仪表等
背景特征	教育背景、职业背景、家庭背景等
智力与能力特征	知识、智商、判断能力、决策能力、沟通能力、激励能力等
个性特征	热情、自信、独立性、外向、机警、果断、诚实正直等
工作相关特征	有完成目标的责任感、首创性、毅力、事业心、前瞻性等
社会特征	社会声誉、社会地位、社会人际关系等

资料来源：本书依据学者观点归纳整理

二、领导行为理论

20 世纪 50 年代，研究者开始将目光聚焦于当领导者发挥领导力时，做了什么样的事情。通过对领导行为的研究，探寻领导行为与领导效能之间的关系。领导行为理论认为：只要行为方式适当，任何人都有成为领导者的可能；成功领导者与失败领导者，可以用不同的行为加以区分。研究者采用观察法、问卷调查法收集领导者的行为，希望通过对领导行为的共性研究，从领导者的行为特点与绩效的关系中，找出应具备的普适性领导行为并将其分类。例如，将各类领导行为概括为：任务导向型领导行为和员工导向型领导行为。领导行为理论相较领导特质理论有一定突破，原因在于领导行为理论解释了领导者应该"做什么"，行为能够被具体观察，更清楚地指明了有效领导的方向；特质是模糊、笼统的概念，改变行为比改变特质容易得多。

三、领导情境理论

20 世纪 60 年代，研究者开始将目光聚焦于领导者在不同情境中如何选择

1　理查德·L.达夫特.领导学［M］.杨斌，译.5 版.北京：电子工业出版社，2018：31.

2　Zaccaro S J. Trait-Based Perspectives of Leadership［J］. American Psychologist，2007，62（1）：6-16.

相适应的领导方式以达到较高的领导效能。领导情境理论认为，情境可能会影响领导力的有效性，该理论又细分为：

（1）情境特质理论。该理论认为，领导力是领导特质与组织环境相互作用的结果，有效领导是领导特质配合特定情境的产物，并不是固定不变的行为模式。领导行为有效与否，关键要看领导者的人格特质是否适合特定情境，在某种情境中的领导者可能并不必然成为另一情境中的领导者。

（2）情境行为理论。该理论认为，领导者应随组织环境及个体变换而改变领导类型和风格。领导行为根植于情境，在某个情境中非常有效的领导行为，换到另外一个情境可能完全失效。

外部环境的复杂性，使得实践者很难确定领导 - 成员关系、任务结构等权变变量，领导情境理论相对于实践者显得过于复杂，其应用具有一定的局限性。有学者认为：

（1）领导风格是"根深蒂固"的，领导者可能会暂时改变风格，但长期来看他们仍倾向于首选风格的使用。假如一名教练员偏好某种领导风格，他就应该去寻找更适合这种风格的球队[1]。

（2）领导风格受个体特征的影响，组织机构要么换人，要么创造情境以适应领导者的领导风格，而不是期望领导者改变领导风格[2]。

（3）在解释领导者与非领导者之间的差异时，情境并不是最为关键的因素[3]。

小结：回顾传统领导理论的发展，研究最初聚焦在领导者本身，涵盖领导者的特质和领导者的行为，探究领导者需要具备何种特质以及领导者应该采取什么样的行为来促进组织发展；后续研究开始重视环境与被领导者，探究领导者在不同情境中如何选择相适应的领导方式。

1　Weinberg R S, Gould D. Foundations of sport and exercise psychology［M］. Champaign, IL: Human Kinetics, 2019：42.

2　麦克沙恩，格里诺. 组织行为学［M］. 吴培冠，张璐斐，译. 5 版. 北京：机械工业出版社，2015：295.

3　柳恒超. 领导（力）理论的演变：特质与情境之争及其整合性趋势［J］. 上海师范大学学报（哲学社会科学版），2014，43（5）：145-152.

四、新型领导理论

（一）领导 - 成员交换理论

20 世纪 70 年代，研究者开始从关系视角来诠释领导力。领导 - 成员交换理论认为，领导力并不是孤立存在的，其中包含着三种关系：领导者与团队目标的关系、追随者与团队目标的关系、领导者与追随者的关系。要想充分发挥领导力的作用必须通过领导者与追随者之间的人际互动，脱离了两者之间的交往过程，则无领导力可言[1]。领导力从领导关系开始，基于追随者接受了领导关系，从而接受领导者的领导行为，领导者通过领导行为影响追随者，转化为追随者自身的绩效行为，从而产生领导力的绩效成果。领导者通过情感性和工具性的关系管理来实现组织目标，优秀领导者有能力与下属保持良好的人际关系，驾驭组织内外部的各种复杂关系，从而实现卓越的组织目标。

（二）影响力理论

20 世纪 70 年代，研究者开始关注领导者和追随者之间的影响过程[2]。影响力理论主要包含以下三种领导方式：

（1）变革型领导。领导者能够先人后己，努力为追随者的个人需求和发展提供支持，并通过自身素质赢得追随者的信任、钦佩、忠诚和尊重，使之产生自尊感、归属感、成就感，愿意为共同目标牺牲个人利益。领导者和追随者表现出相互信任和尊重，彼此承诺，共同努力实现更高水平的绩效。变革型领导运用的是对高层次需求和价值观的唤醒。

（2）交易型领导。领导者为成员的付出提供等值报酬，成员之所以认同领导者，是基于自身利益。交易型领导是运用低层次需求以影响追随者的绩效，交易的本质可以是经济的、政治的、心理的。

（3）魅力型领导。领导者利用个人魅力鼓励追随者并做出重大组织变革，如果在追随者眼中领导者是有魅力的，将有助于领导力的发挥。反过来，发挥领导力后的效果会进一步增加领导者在团队成员中的魅力。由于可将"魅力"看作某些特质的综合体，魅力型领导被视为领导特质理论的一种特殊情形。

1　Dienesch R M, Liden R C. Leader-Member Exchange Model of Leadership: A Critique and Further Development [J]. Academy of Management Review, 1986, 11（3）: 618-634.

2　理查德·L. 达夫特. 领导学 [M]. 杨斌，译. 5 版. 北京：电子工业出版社，2018：17.

　　小结：新型领导理论重点考察，在领导实践过程中，领导者与成员的互动以及所展现出来的领导特质。成功的领导者不仅需要根据外在条件而做出有效决策，还能够通过良好的品行，吸引、影响和教育成员，带领成员为共同目标而努力奋斗。

五、家长式领导理论

（一）发展历程

　　家长式领导是代表华人文化的领导理论，起源于对家族企业的研究。1976年，哈佛大学思林在其博士论文中以我国台湾一家大型民营企业为研究对象，发现东西方企业老板的领导模式与风格极为不同，从而拉开了家长式领导的研究序幕。在家长式领导理论在形成与发展的初期，受到了许多西方学者的质疑，随后大量研究表明：家长式领导是中华文化下各组织的普遍特征，并非家族企业所独有，广泛存在于各种华人企业组织和团体之中，如军队、医院、政府机构、教育机构、运动团队等。随后，来自不同国家和地区的诸多研究，为家长式领导的存在提供了证据。

　　如今，家长式领导已跨越文化边界，作为一种促进社会和组织发展的理论工具被东西方学界和业界所认可。家长式领导是开展跨文化研究非常好的题材，不仅华人学者，西方学者也开始对家长式领导产生浓厚兴趣，领导学的跨文化研究也从传统的客位研究向主位研究转变。家长式领导理论必将为西方文化背景下的组织领导提供有益补充[1]。

（二）文化根源

　　中国曾经是封建中央专制集权格局和传统主体文化最稳固、延续时间最长，纲常观念完备、等级秩序谨严，规则严格、轻视个体独立性的高权利距离国家[2]。任何一个级别的领导者，管理这样一个泱泱大国，完全不考虑其文化土壤、不确定中国式的领导观念，几乎是不可能的。"仁"是《论语》中的核心概念，"仁"字结构就体现了调和人际关系的作用。"君子去仁，恶

1　陈璐.家长式领导与企业战略决策研究［M］.北京：科学出版社，2014：3.

2　张振刚，徐洋洋，余传鹏.家长式领导研究述评与展望［J］.中国人力资源开发，2013，30（13）：22-30.

乎成名？"，"仁"是儒家确立的最高修养境界，"仁者，爱人"，以"爱人"作为界定标准[1]；华人社会人际交往中互惠的社会规范也使得领导的仁慈成为一种社会投资，将引起下属的积极回报。"仁者安仁，知者利仁"，仁人是安于仁道的，有智慧的人知道仁对自己有利而行仁。可见，追求仁，是一件利人利己的事。

传统中国是一个人治社会，"德治"是中国古代儒家在国家治理方法上的重要主张。从长远来看，德治治人心，法治治人行，德化直指人心，具备宗教的部分教化功能，比行政和法律手段更为管用。西方国家从管理层面解读领导智慧，中国则从影响力层面解读领导智慧，以自身的正气影响、引领群众与下属的正气，"政者，正也""其身正，不令而行；其身不正，虽令不行"，强调领导者的道德表率作用，领导者自身素质的高低是获取权力与地位的关键因素。

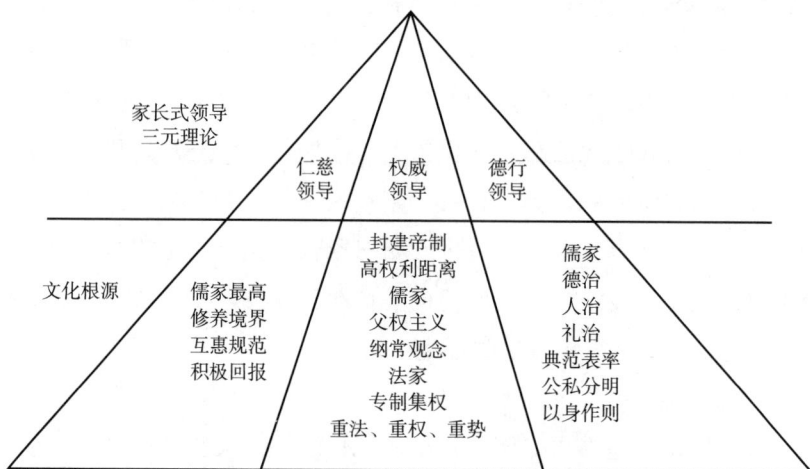

图 2.2　家长式领导模型图
资料来源：据 Farh/Cheng 家长式领导模型改编

小结：家长式领导理论与西方领导理论最大的差异在于，家长式领导理论根植于儒家、法家的文化土壤。在传统儒家文化中，家是核心概念之一，亲属关系至高无上，父子关系占家庭的主轴，父权在家庭中具有绝对统治地位，强调代际联系，强调下对上的忠诚和服从，熏陶出人们相信权威和依赖他人的特点。

1　索宝祥.论语中的领导文化［M］.上海：上海财经大学出版社，2015：87.

第三节　领导理论视域下的教练员领导力研究

20 世纪 60 年代，西方学者开始了以领导理论为基础的教练员领导力研究[1]。我国学者对教练员领导力的关注肇始于 20 世纪 80 年代，季浏对领导理论、国外教练员心理及行为研究的引介[2]。教练员领导力的研究主要围绕领导理论的发展脉络而展开[3]。故而，下面以领导理论的发展脉络为主线，分别对领导特质理论、领导行为理论、领导情境理论、新型领导理论和家长式领导理论视域下的教练员领导力研究展开回顾。

一、教练员领导特质研究

领导特质研究聚焦于"是什么"，探究优秀教练员需要具备怎样的领导特质[4]。领导特质是教练员领导力发挥作用的内部源泉，教练员的所思所想与所作所为受个人特质支配，领导效能的发挥取决于运动员对这些特质的认同。优秀教练员具备的领导特质可在适当时机下帮助运动员建立信心，激励运动员挑战自我，将个人潜能发挥到极致[5]。由于研究者对同一个特质的理解可能存在差异；领导特质是情境性的；教练员的某些特质可能是辩证协同的（如：既需要教练员具有冒险精神，又要求细心谨慎），现有研究所强调的教练员领导特质不尽相同（表 2.5），这也说明实际上很难凝练出优秀教练员所共有的领导特质[6]。综合来看，可将教练员的领导特质归纳为身体要素类、知识要素类、智力与能力类、个性品质类。事实上，所有不同的领导特质在大多数教练员身上都会有所体现，但各种领导特质的混合比例却又因人而异。

1　季浏. 领导理论与教练员的心理及行为［J］. 贵州体育科技，1986（4）：1-5.

2　赵溢洋，刘一民，谢经良，等. 教练员领导行为研究进展述评［J］. 天津体育学院学报，2004，19（2）：31-33，58.

3　冯琰，刘晓茹. 教练员领导问题的研究进展［J］. 沈阳体育学院学报，2005，24（3）：8-10+14.

4　郝晓岑. 我国运动队教练员领导模式的组织行为学研究现状及探讨［J］. 广州体育学院学报，2009，29（2）：48-52.

5　Keinde I. Coaching leadership traits preferences of university and college athletes［J］. International Journal of Social，Behavioral，Educational，Economic，Business and Industrial Engineering，2013，7（11）：2935-2939.

6　Carron A V，Hausenblas H A，Eys M A. Group dynamics in sport［M］. West Virginia：Fitness Information Technology，2005：86.

表 2.5　教练员领导特质汇总

提出者 / 年份	有关特质
Ogilvie/1966	意志坚定、专注、抗压力、思想独立、心理成熟、务实
Hendry/1972	鲜明的支配性、积极性和权威性
John Wooden/1980	勤奋与热情、自制与专注、高尚的品格、富有同情心、一视同仁
季浏 /1986	工作态度勤恳、合作精神、道德高尚、性格坚强、判断能力、自控能力、应变能力
Bill Parcells/1995	正直、灵活、忠诚、信任、负责任、直率、足智多谋、自律、耐心
翁志成 /1997	克敌制胜的智慧、精力充沛、以身作则、关心照顾运动员
孙民治 /1998	正身、敬业、求知、善思、戒傲、无畏、通道、惜才（篮球教练员）
Les Reed/2005	为人热情、耐心、思想开放、公正、内行、愿意学习、乐于助人
Wade Gilbe/2009	爱、权衡、忠诚、友谊和合作、勤奋、好奇、善谋和自我反省、勇气、承诺
郝晓岑 /2009	知识广博、善于创新、善于处理人际关系、勇于承担责任、高智力水平、坦率随和、情绪稳定、性格坚定、判断力强、自信心强、工作热情高
Marten/2012	以身作则、唤起共同愿景、勇于挑战、促使他人行动、鼓舞人心
熊焰 /2013	目标远大、献身精神、信念坚定、善做思想工作、为人师表、勇于创新、心理品质
李宁 /2015	丰富的体育知识、创新精神、团队精神、善于沟通、权威性、敏锐的洞察力、坚持持续改进、成就动机、共情能力、善于建立愿景
王家宏 /2015	事业心、责任心、实干精神、公正诚实、谦虚好学
贾志强 /2016	智慧、幽默、乐观、进取、正直、公平、宽容、有爱心（篮球教练员）

资料来源：本书依据表中文献整理

二、教练员领导行为研究

领导行为研究聚焦于"做什么"，旨在从教练员领导行为与绩效的关系中，探寻领导行为的倾向性并将其概念化分类，作为各类型的领导风格，进而探讨各种领导风格对运动员的影响。举例而言：

（1）美国学者雷纳·马腾斯将教练员领导风格划分为：命令型（独裁式）、顺从型（保姆）和合作型（教师）[1]。

1　雷纳·马腾斯.执教成功之道［M］.钟秉枢，译.3 版.北京：北京体育大学出版社，2007：44.

（2）日本学者竹村昭将教练员领导风格划分为：高压型、亲睦型和温情型[1]。

（3）我国学者厉明琴将教练员领导风格归纳为：民主型、专制型和放任型。通过调查发现：在我国，专制型教练员占绝大多数，使运动员有一种服从的权威感，运动员认可程度高。运动员的获胜大多来自权威教练员，这也是教练员职业本身所需要的。民主型的教练员较少，运动员认可程度较高。放任型的教练员不多，运动员认可程度最低[2]。

（4）我国学者钟秉枢将教练员专制、命令、家长式的领导风格比喻为"暴风骤雨"型；将民主、合作式的领导风格比喻为"春风化雨"型；将放任、随意型的领导风格比喻为"和风细雨"型[3]。

（5）世界篮球教练员协会编定的教练员手册将篮球教练员的领导风格划分为：独裁式、商业式、好人式、压力式、随和式，并分别列出各式领导风格的优缺点（表2.6）。

表2.6　篮球教练员的领导风格及其优缺点

领导风格	优点	缺点
独裁式：纪律严明；要求队员在任何时候都要付出最大努力；很少听取队员反馈意见。	组织有序；赢得比赛时有很好的团队精神；目标明确，理解"大局"。	失败时内部不和；可能让人害怕或不喜欢；队员可能感觉"被剥夺权利"。
商业式：专注于合乎逻辑、精心策划的规划；关心项目的最新趋势；虽寻求队员意见，但自主作出最终决定。	绩效审核与评估——愿意改变；向队员提问题并要求提供反馈意见。	设定的目标可能对有些团队成员而言要求太高；可能被认为冷淡或冷漠。
好人式：受人喜欢；体贴关心人；让队员参与球队决策过程。	与队员相处得很好，尤其是志趣相投的人；队员"支持"团队计划。	队员可能会利用教练的随和本性；难以做出不受队员欢迎的决定。
压力式：过分强调输赢；动机强烈，专注于达到目标。	专注于团队计划；设定高目标。	高度的焦虑感会传给队员；设定的目标通常只关注结果，缺乏"过程"细节。

1　季浏.领导理论与教练员的心理及行为［J］.贵州体育科技，1986（4）：1-5.
2　厉明琴，柴国荣，杨岳.试析中国体育界优秀教练员的特质组成及影响［C］//中国体育科学学会.第八届全国体育科学大会论文摘要汇编（二）.北京：中国体育科学学会，2007：214-217.
3　钟秉枢.做NO.1的教练：团队管理与领导艺术［M］.北京：北京体育大学出版社，2012：48.

续表

领导风格	优点	缺点
随和式：非常随和；在某种情境下，可能会给人留下不严肃的印象。	受人喜欢；向球员下放权利。	可能未对训练/比赛做好准备；球队应对逆境的心理准备不足。

尽管教练员的领导风格已被证实与成功的教练行为有关，但是究竟何种领导风格对持续产生绩优表现较为合适？现有研究尚无定论，主要观点如下：

（一）专制型较为合适

（1）在竞技体育领域，教练员采用专制型的领导风格是必要的，教练员和运动员之间需要保持明确的界限，才更有利于执教成功。

（2）竞技活动的动态性和竞赛结果的不确定性，越来越频繁地需要教练员基于经验做出快速决策，这种决策在民主领导下是很难实现的。专制型领导风格能够为教练员提供尽可能多的控制权，提高单方面处理突发事件的能力[1]。

（3）马修·雷德巴德通过对 208 名执教美国大学生男子篮球联赛各级别主教练常用领导风格的调查后发现：和绩平教练员相比，绩优教练员更经常采用与权威、控制、责任相关的专制型领导，更多地认为教练员应该对团队决策施加控制，需要明确区分教练员和团队成员的角色[2]。究其原因，可能是因为绩优教练员能够更好地理解作为领导者需要做出哪些决定和采取怎样的行动才能帮助球队取得成功，不会从球队成员那里寻求任何可能影响他们决策的额外意见；绩平教练员由于不太确信决策是否正确，往往会向球队成员寻求意见。然而，球队成员可能并没有很好地掌握什么是正确的、最好的决定才能达到预期效果。如果教练员参考这样的意见而作出决定，很可能导致行动失败。

（二）民主型较为合适

（1）桑迪·戈登（Sandy Gordon）指出，随着体育改革的不断深化，对

1　Sage G H. The coach as management：Organizational leadership in American sport ［J］. Quest，1973，19（1）：35-40.

2　Raidbard M. How NCAA Division I，II，& III Men's College Basketball Head Coaches Perceive Themselves as Leaders ［D］. Chicago：Chicago State University，2018.

教练员应具备的风格与特质的传统观点需要向现代观点改变，新的教练员评价标准对教练员的能力要求越来越全面（表2.7），对教练员的个人特质提出了更高要求[1]。

（2）教练员倾向于采用民主型风格来领导球队，球员严重受伤的发生率较低[2]。

表2.7　教练员风格与特质的传统和现代观点

传统观点（old school）	现代观点（modern school）
独裁型	民主型
支配型	放权型
以问题原因为导向（探究原因）	以问题解决为导向（聚焦策略）
以自我为中心	以运动员为中心
具有运动员经历	具备专业训练技能
直觉导向	战略导向
努力工作者	高情商工作者

资料来源：Gordon D S（2011）

（三）适配选择较为合适

（1）霍恩（Horn）指出，教练员领导风格的选择应基于运动员动机倾向、焦虑水平，如：指导具有高特质焦虑的运动员，采用民主型领导风格较为合适[3]。

（2）钟秉枢指出，教练员的领导风格需要与运动员的成长阶段、成熟度相匹配[4]。

（3）苏鲁杰拉尔（Surujlal）认为，鉴于运动员的需求在竞技水平和运动

1　Gordon D S. Sport and business coaching：Perspective of a sport psychologist［J］. Australian Psychologist，2011，42（4）：271-282.
2　Ekstrand J，Lundqvist D，Lagerbäck L，et al. Is there a correlation between coaches' leadership styles and injuries in elite football teams? A study of 36 elite teams in 17 countries［J］. British journal of sports medicine，2018，52（8）：527-531.
3　Horn T S，Bloom P，Berglund K M. Relationship between collegiate athletes' psychological characteristics and their preferences for different types of coaching behavior［J］. The Sport Psychologist，2011，25（2）：190-211.
4　钟秉枢. 做 NO.1 的教练：团队管理与领导艺术［M］.北京：北京体育大学出版社，2012：59.

项目之间有很大差异，没有一种明确的领导风格可以被认为比其他领导风格更为有效。不同类型的教练员都有可能成功，也都有可能失败，重要的是理性审视自己的领导风格[1]。

综上所述可以得出以下观点：

（1）教练员领导行为研究，指明了教练员应该"做什么"，相较于教练员领导特质研究有所拓展。究其原因，行为能够被具体观察，特质是模糊、笼统的概念，改变行为比改变特质容易得多。

（2）研究者对究竟何种领导行为与风格更适用于教练员的观点尚未达成共识。究其原因，教练员领导风格通常会受到个性特征、成长经历、执教经历、运动员竞技水平、年龄、性别、曾经执教过自己的教练、其他同事的领导风格以及社会文化环境等因素的影响。

三、教练员领导情境研究

领导情境研究聚焦于"怎么做"，对特定领导风格适用于全部追随者的研究假设提出了质疑，主张领导者应根据组织环境和个体的改变而调整领导风格和行为。运动员对领导行为的偏好在很大程度上受性别、任务依赖和特定运动项目任务变异性的影响[2]。教练员应充分了解运动员需求的多变性，通过评估运动员对某些领导行为的反应，然后利用反馈信息在适当时候对领导行为加以调整，可增加实现团队目标的机会[3]。

依据领导情境理论，加拿大学者谢拉杜莱（Chelladurai）提出了多维运动领导模型（Multidimensional Model for Leadership in Sport，MML）。谢拉杜莱认为：领导效果可以在成绩表现和成员满意度上进行多维度测量[4]，将教练员领

1 Surujlal J, Dhurup M. Athlete preference of coach's leadership style: sport management [J]. African Journal for Physical Health Education, Recreation and Dance, 2012, 18（1）: 111-121.

2 Beam J W. Preferred leadership of NCAA Division I and II intercollegiate student-athletes [D]. Florida: University of North Florida, 2001.

3 Phillips M B, Jubenville C B. Student-Athletes' Perceptions of Men's Basketball Head Coaches' Competencies at 15 Selected NCCAA Division II Christian Colleges [J]. Journal of Applied Sport Management, 2009, 1（1）: 39-51.

4 余荣芳，吴贻刚. 体育运动领导理论的起源与发展：从特质理论到变革型领导理论的应用 [J]. 山东体育学院学报，2018，34（6）: 22-27.

导力定义为一种行为过程，用以提高运动员的成绩表现和满意度[1]；将教练员领导行为细分为受运动员所欢迎的领导行为、教练员所需要的领导行为、教练员实际的领导行为，并强调环境特征、教练员特征、运动员特征是影响教练员领导行为的三个首要条件[2]，统称为情境因素。环境特征与运动员特征会形成教练员所需要的、受运动员欢迎的领导行为，如：组织目标的达成、体恤照顾运动员。教练员实际的领导行为受教练员特征的直接影响，受环境特征与运动员特征的间接影响（图 2.3）。进一步而言：

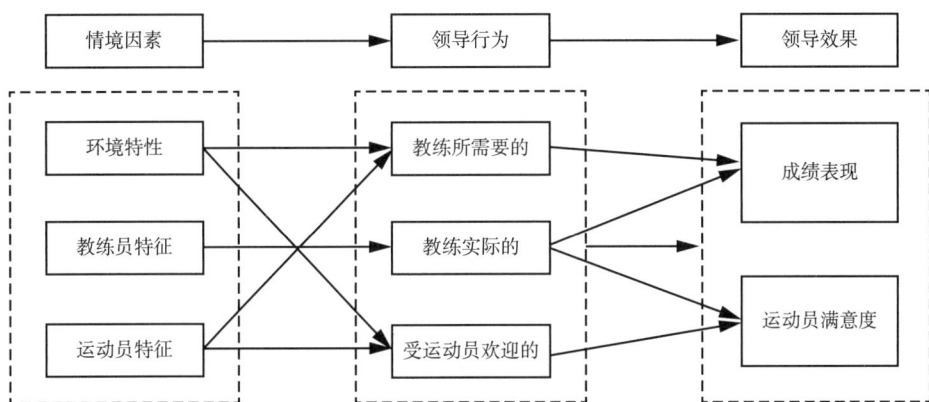

图 2.3　教练员多维领导模式图

资料来源：Chelladurai（1993）

（1）当教练员实际的领导行为与教练员所需要的领导行为契合，运动员有较佳的成绩表现，但满意度较低；

（2）当教练员实际的领导行为与受运动员欢迎的领导行为契合，运动员满意度较高，成绩表现较差；

（3）当教练员实际的领导行为与教练员所需要的领导行为契合，又刚好是受运动员欢迎的领导行为时，成绩表现最好，满意度最高[3]。

1978 年，谢拉杜莱修订俄亥俄大学编制的教练员行为调查问卷（CBDQ），

1　Chelladurai P. Contingency model of leadership in athletics［D］. Waterloo：University of Waterloo，1978.

2　翟群 . 运动领导心理研究发展综述［J］. 广州体育学院学报，1999，19（3）：52-58.

3　Chelladurai P，Ricmcr H A. Measurement of leadership in sport［A］// In Duda J L（eds.）. Advances in sport and exercise psychology measurement. Morgantown，West Virginia：Fitness Information Technology，1998：227-253.

施测于 180 名加拿大高校体育专业学生，通过因素分析得到训练行为、支持行为、酬赏行为、专制行为、民主行为五个维度[1]；1980 年，谢拉杜莱又将量表从 37 题补充修改至 50 题，施测于 485 名加拿大高校体育专业学生，经内部一致性及结构效度检验，将由训练指导行为、关怀行为、正向回馈行为、民主行为、专制行为构成的量表命名为运动领导行为量表（The Leadership Scale for Sports，LSS）[2]（表 2.8）。现有实证研究主要以 LSS 为测量工具来探讨：

（1）教练员领导行为对个人、群体和组织层面有关变量的预测作用，如运动员满意度、竞赛焦虑、竞赛表现、心理疲劳、意志品质、自我效能感、成就动机、角色投入、组织公民行为、组织承诺、信任教练、团队凝聚力、团队冲突、团队认同、团队效能等。

（2）运动项目涉及篮球、足球、排球、网球、羽毛球、乒乓球、手球、曲棍球、棒球、垒球、冰球、保龄球、田径、游泳、摔跤、短道速滑、啦啦操等，以团队项目居多。

（3）统计方法多采用差异比较、相关分析或逐步回归分析，如不同性别、年龄、竞技水平、动机、集体 / 个人 / 开放性 / 闭合性项目运动员、集体球类项目不同位置 / 主力和替补运动员对教练员领导行为的认知差异。

值得一提的是，现有研究对不同性别的篮球运动员感知的教练员领导行为是否存在显著差异的研究结果并不一致。任春刚以大学篮球运动员为调查对象得出，男女运动员并无显著差异[3]；史为临以初中、高中、大学篮球运动员为调查对象得出，男运动员比女运动员更偏好民主与专制并重的教练员领导行为[4]；另有研究表明，不同性别的篮球运动员在认知能力、目标定向和从

1　Chelladurai P，Saleh S D. Preferred leadership in sports：Development of a leadership scale［J］. Journal of Sport Psychology，1978，2：34-45.

2　Chelladurai P，Saleh S D. Dimensions of leader behavior in sports：Development of a leadership scale［J］. Journal of Sport Psychology，1980，2（1）：34-45.

3　任春刚，安辉，王亮. CUBA 篮球教练员领导行为特征研究［J］.沈阳体育学院学报，2012，31（4）：114-117.

4　史为临，季浏.上海市学校篮球队教练领导行为与运动员满意度之间关系的研究［J］.北京体育大学学报，2004（1）：40-42.

属关系的需求方面存在差异[1]。教练员在训练不同性别的篮球运动员时，需要遵循区别对待原则。

表 2.8　运动领导行为量表各维度释义

领导行为维度	领导行为表现
训练指导行为：以任务为导向，为教练员的主要工作，旨在培养运动员知识、技能，提升运动表现。	强调通过大量且持续的训练以提高运动员的成绩；指导运动员技战术；协调运动员之间的关系。
民主行为：属于领导决策形态的一种，体现出在决策过程中教练员给予运动员的参与程度。	教练员允许、鼓励运动员参与计划、决策。
专制行为：属于领导决策形态的一种，教练员与运动员之间的距离，体现出教练员的权威。	教练员自行作决策，强调个人权威；通过专制、独裁的行为来建立权威。
关怀行为：影响参与动机，与运动员表现无关，体现出教练员在人际需求上满足运动员的程度。	教练员关心运动员个人福利、营造融洽团队氛围的人际关系行为；为运动员的社会心理需求提供支持。
正向回馈：影响参与动机，与运动员表现有关，体现出教练员认同及奖赏运动员优良表现的程度。	旨在传达教练员对运动员优良表现，赞赏和鼓励的正向反馈行为。

四、教练员新型领导研究

近年来，随着领导理论的不断发展，体育学界出现了诸多追随新型领导理论来讨论运动情境中教练员领导力的研究。教练员新型领导研究与以往片面强调教练员或强调运动员的研究不同，重点考察教练员和运动员之间的人际互动[2]。

（一）"教练员 - 运动员"关系

教练既是一门科学，也是一门艺术。教练员必须掌握大量有关运动的科学知识，并应用到实践，这一过程的成败在很大程度上取决于教练员的经验、资源的可用性、对赛事或运动项目的了解，以及他们与所指导运动员之间的关系。优秀教练员有能力驾驭组织内外部的各种复杂关系[3]，与团队成员，尤

1　Cañadas，María. Analysis of training plans in basketball：gender and formation stage differences［J］. Journal of Human Kinetics，2018，62（1）：123-134.

2　高三福 . 运动领导理论的发展及可行的研究方向［J］. 中华体育季刊，2007，21（1）：59-66.

3　Short S E，Short M W. Essay：Role of the coach in the coach-athlete relationship［J］. Lancet，2005，366（6）：S29-S30.

其是运动员之间保持良好的人际关系，从而实现卓越的组织目标。在运动团队中，教练员与运动员的关系是最基本、最核心的关系[1-2]。作为一个心理学概念，教练员与运动员的关系是指教练员与运动员的认知、情感和行为在无意中发生相互关联的一种情境。在互动情境中，教练员领导行为势必影响教练员-运动员关系，运动心理学主要通过教练员领导行为来检验教练员与运动员的人际关系[3]。维拉（Vella）针对教练员与运动员的人际关系，对教练员领导力的定义进行了扩展：教练员领导力是依赖教练员-运动员关系的人际影响过程，是影响运动员能力、信心、人际关系和性格的一种行为方式[4]。

教练员-运动员关系是教练员可以用来提高领导行为有效性的工具，如图 2.4 所示：

（1）领导行为从领导关系开始，运动员接受了领导关系，从而接受教练员的领导行为，教练员通过关系管理以及领导行为影响运动员，转化为运动员自身的绩效行为。

（2）教练员领导行为和特定的领导风格也势必会影响教练员-运动员关系，当运动员认可教练员领导行为后，领导关系会得到进一步强化和巩固；反之，教练员-运动员关系会因此受到考验而停滞。因此，教练员有责任转变领导方式和行为，以继续发展教练员-运动员关系，促进团队成功[5]。有研究表明：教练员执教行为对教练员-运动员关系影响较大[6]。

1　解欣.基于"差序格局"的理论扩展：我国"教练员-运动员关系"分类及结构演变过程分析［J］.首都体育学院学报，2015，27（5）：447-450.

2　郭修金，胡守钧.我国"教练员-运动员关系"研究述评与展望［J］.上海体育学院学报，2011，35（5）：80-83.

3　姬姗姗，王英春.教练员-运动员关系的心理学研究［J］.体育文化导刊，2016（4）：87-91.

4　Vella S A, Oades L G, Crowe T P. The Application of Coach Leadership Models to Coaching Practice: Current State and Future Directions［J］. International Journal of Sports Science & Coaching, 2010, 5（3）: 425-434.

5　Turman P D. Situational coaching styles: The impact of success and athlete maturity level on coaches' leadership styles over time［J］. Small group research, 2001, 32（5）: 576-594.

6　王智.教练执教行为、教练员：运动员关系及其对运动员运动表现的影响［D］.北京：北京师范大学，2011.

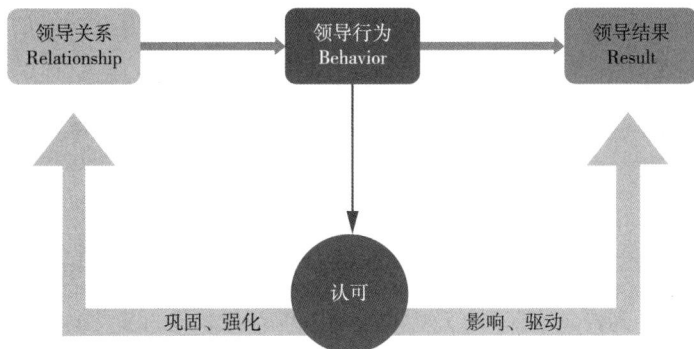

图 2.4 领导关系、领导行为与领导结果关系图
资料来源：本书设计

　　我国学者对教练员 - 运动员关系的研究主要是通过移植国外理论，从哲学、教育学、心理学等角度展开；英国运动心理学家索菲亚·乔维特（Sophia Jowett）长期致力于该领域研究，索菲亚·乔维特指出，教练员 - 运动员关系是一种强调人际交往的关系，为了检验这种人际关系，她和同事们通过一系列质性研究提出了包括亲密度、承诺感、互补性和协调度的"3+1C"概念模型[1]。在此基础上，编制了教练员 - 运动员关系量表，该量表操作性强、信效度高，是评价教练员 - 运动员关系的有效工具[2]。后续研究广泛使用该量表，进一步探讨有关前因变量、结果变量与教练员 - 运动员关系的相关性。例如：教练员领导行为能够有效预测运动员对教练员 - 运动员关系的满意度[3]；教练员 - 运动员关系在教练员领导行为与运动员成绩之间起中介作用[4]；教练员 - 运动员关系会对运动员动机产生影响。关系越正面，运动员的自我决定动机

1 　郭宇刚，夏树花，张忠秋 . 国际教练员 - 运动员关系研究现状、热点和前沿的可视化分析［J］. 成都体育学院学报，2015，41（4）：31-37.

2 　钟日升，王迪 . 对教练员与运动员关系量表（CART-Q）的跨文化检验［J］. 武汉体育学院学报，2007，41（4）：36-39.

3 　李炯煌 . 教练领导行为与教练 - 运动员关系满意度之相关研究［J］. 大专体育学刊，2002，4（2）：67-77.

4 　Vella S A，Oades L G，Crowe T P. The Application of Coach Leadership Models to Coaching Practice：Current State and Future Directions［J］. International Journal of Sports Science & Coaching，2010，5（3）：425-434.

越高[1]；教练员 - 运动员关系是团队效能的预测因素之一[2]；教练员 - 运动员关系依赖于教练员给予运动员积极的反馈并为其提供社会支持[3]。

在个人层面，教练员 - 运动员关系可以影响运动员运动表现、对教练员训练工作的满意度、运动动机与倦怠的产生；在团队层面，教练员 - 运动员关系能够预测团队效能，而这些结果进而再次强化教练员 - 运动员关系。但是，索菲亚·乔维特提出的人际结构模型并不能完全涵盖教练员和运动员的关系特征[4]。后续研究需要对教练员和运动员之间的关系进行更为深入的探讨，从而为教练员和运动员建立和谐的人际关系提供理论支持。

（二）教练员变革型领导

20 世纪 80 年代，美国学者巴斯（Bass）提出的变革型领导受到学界的极大关注。变革型领导旨在通过对追随者的个人发展提供支持，激发自我实现、超越个人眼前利益的高层次需求，使追随者乐意比通常更努力工作，甘愿为共同目标牺牲个人利益。随着变革型领导在工商业、教育、医护等领域的广泛应用，20 世纪末，体育学界对教练员变革型领导的有效性展开了研究。

（1）扎卡拉托斯（Zacharatos）针对加拿大 13 所高中 11 个运动队不同项目的 112 名高中学生运动员及其教练员进行了研究，证实教练员变革型领导与集体效能有正向关联[5]。

（2）查尔博诺（Charbonneau）通过对 168 名大学生运动员的评估，验证了教练员变革型领导通过内在动机的中介作用影响运动成绩的可能性[6]。

---

1 班哲明，陈美绮.大学生运动员知觉教练领导行为的一致性对选手无动机之预测 - 教练选手关系的中介效果［J］.台湾体育学术研究，2013，12（1）：47-62.

2 Hampson R，Jowett S. Effects of coach leadership and coach - athlete relationship on collective efficacy［J］. Scandinavian Journal of Medicine & Science in Sports，2014，24（2）：7.

3 Chelladurai P，Saleh S D. Dimensions of leader behavior in sports：Development of a leadership scale［J］. Journal of Sport Psychology，1980，2（1）：34-45.

4 王智，董蕊.追求卓越表现过程中的教练 - 运动员关系：对我国个人项目教练员和运动员的访谈研究［J］.中国体育科技，2018，54（5）：94-100，107.

5 Zacharatos A，Barling J，Kelloway E K. Development and effects of transformational leadership in adolescents［J］.Leadership Quarterly，2000，11（2）：211-226.

6 Charbonneau D，Barling J，Kelloway E K. Transformational leadership and sports performance：The mediating role of intrinsic motivation［J］. Journal of applied social psychology，2001，31（7）：1521-1534.

（3）罗沃德（Rowold）在一项对武术运动员的调查中报道，教练员交易型领导与团队效能显著相关。变革型领导解释了团队效能的额外差异，变革型领导对交易型领导具有增强效应[1]。

（4）塔克尔（Tucker）在一项对青少年冰球运动员的调查中报道，教练员变革型领导能够有效帮助运动员培养塑造亲社会行为[2]。

（5）李强的研究表明，教练员变革型领导对高校运动员训练满意度、训练绩效影响显著[3]。

（6）维拉（Vella）的研究表明，变革型领导是最适合青少年足球教练员的领导风格[4]。

（7）焉石的研究表明，教练员变革型领导对短道速滑运动员的角色投入具有解释力，教练员信任具有部分中介效应[5]。

（8）特恩尼奇（Turnnidge）的研究表明，教练员变革型领导与团队效能有正向关联[6]。

（9）裴志芳的研究表明，教练员变革型领导可通过运动员基本心理满足的中介作用来提高运动员的幸福感[7]。

（10）胡洋的研究表明，篮球教练员变革型领导可通过球员归属感的中介作用来提高球员满意度[8]。

1 Rowold J. Transformational and transactional leadership in martial arts [J]. Journal of applied sport psychology，2006，18（4）：312-325.

2 Tucker S，Turner N，Barling J，et al. Transformational leadership and children's aggression in team settings：A short-term longitudinal study [J]. The Leadership Quarterly，2010，21（3）：389-399.

3 李强. 高校教练员变革型领导行为及其有效性的实证研究 [D]. 济南：山东大学，2010.

4 Vella S A，Oades L G，Crowe T P. Validation of the differentiated transformational leadership inventory as a measure of coach leadership in youth soccer [J]. The sport psychologist，2012，26（2）：207-223.

5 焉石，朱志强，李尚滨，等. 韩国短道速滑教练员变革型领导行为与教练员信任及运动员角色投入的关系 [J]. 沈阳体育学院学报，2017，36（2）：115-121.

6 Turnnidge J，Côté J. Applying transformational leadership theory to coaching research in youth sport：A systematic literature review [J]. International Journal of Sport and Exercise Psychology，2018，16（3）：327-342.

7 裴志芳. 变革型教练领导行为与运动员幸福感：基本心理满足的中介作用 [D]. 上海：上海师范大学，2019.

8 胡洋. 篮球教练的变革型领导力对球员满意度的影响：归属感的中介效应分析 [D]. 武汉：武汉体育学院，2019.

（三）教练员魅力型领导

美国社会心理学家约翰·弗伦奇（John French）将领导者权力划分为，职位权力：法定性权力、惩罚性权力、奖赏性权力；个人权力：感召性权力、专长性权力。魅力型领导则重点关注领导者如何利用个人权力鼓励追随者，以赢得信任、钦佩、忠诚和尊敬，从而实现既定目标。魅力既是领导力的资源，又是领导力的结果。

（1）阿尔蒂奥（Aaltio）通过访谈调查，总结了芬兰国家冰球队教练员的哪些特征在运动员看来是有魅力的[1]。

（2）初少玲的研究表明，高校教练员魅力型领导行为与团队凝聚力各细分维度：人际关系、共同目标、团队认同、紧密合作存在正向关联[2]。

（3）切勒斯克（ÇELİK）对不同人口统计学特征的土耳其手球运动员知觉教练员魅力型领导行为的认知差异进行了探讨，建议采用印象管理技术，塑造教练员形象，以增强运动员的依从性[3]。

（四）教练员价值驱动型领导

近年来，无论在职业体育还是业余体育领域，关乎教练员伦理道德的丑闻层出不穷，教练员在执教过程中必须遵循一定的行为准则和价值观。因此，在体育领域引入能够综合考查领导伦理问题的价值驱动型领导，如道德领导、诚信领导，就显得很有必要[4]。价值驱动型领导特别强调领导力中伦理和道德的部分。

（1）康斯坦特（Constandt）通过对 436 名业余足球运动员的调查后发现，球员知觉的教练员道德领导对球员情感性组织承诺的影响是凭借球员知觉的

1 Aaltio - Marjosola I, Takala T. Charismatic leadership, manipulation and the complexity of organizational life [J]. Journal of workplace learning, 2000, 12（4）: 146-158.

2 初少玲. 高校高水平运动队教练员魅力领导行为和团队凝聚力关系研究 [J]. 沈阳体育学院学报, 2013, 32（2）: 55-58+98.

3 ÇELİK V O, YALÇINKAYA K. An examination of charismatic leadership characteristics of handball coaches: perceptions of handball players[J]. Journal of Physical Education & Sports Science, 2015, 9(1): 118-132.

4 Peachey J W, Zhou Y, Damon Z J. Forty years of leadership research in sport management: A review, synthesis, and conceptual framework [J]. Journal of Sport Management, 2015, 29（5）: 570-587.

球队道德氛围所介导的[1]。

（2）班杜拉（Bandura）通过对 435 名个人和团队项目运动员的调查表明，教练员诚信领导可通过自主性和信任感，促使运动员产生积极的情感反应和组织承诺[2]。

（3）有研究表明：教练员诚信领导和团队效能、团队凝聚力、运动员满意度呈正向相关[3-4]。

（五）教练员服务型领导

服务型领导由美国管理学家罗伯特·格林利夫（Robert Gteenleaf）于 20 世纪 70 年代提出。服务型领导是一种基于利他主义、以服务为导向的领导行为，领导力的发挥应当专注于追随者的个人需求和自我发展，领导者的首要出发点是通过提供"领导力"服务来提升团队成员的个人价值。

有研究表明，服务型领导可能更适合某些特定组织的领导者，特别是学校[5]。服务型领导被认为是一种更有效的教练员领导方式，因为始终把运动员放在首位，通过智力和体力的付出为运动员提供服务。服务型领导风格的教练员所指导的运动员在个人和团队满意度、团队凝聚力、运动积极性、信心和应对逆境，以及尊重教练员等方面均有较好表现[6]。

（1）雷克（Rieke）通过对 195 名美国高中篮球运动员的调查研究表明，服务型教练员指导的运动员会表现出更高的内在动机和运动满意度，特别是

1　Constandt B，De Waegeneer E，Willem A. Coach ethical leadership in soccer clubs：An analysis of its influence on ethical behavior ［J］. Journal of Sport Management，2018，32（3）：185-198.

2　Bandura C T. Authentic leadership in sport：Its relationship with athletes' enjoyment and commitment and the mediating role of autonomy and trust ［J］. International Journal of Sports Science & Coaching，2018，13（6）：968-977.

3　Kim M，Kim A C H，Reid C. Positive organizational behavior in NCAA Division I football：a head coach's authentic leadership and assistant coaches' psychological constructs ［J］. International Journal of Sport Management and Marketing，2017，17（12）：121-143.

4　Mc Dowell，J.，Huang，Y-K.，Caza，A. Does Identity Matter? An Investigation of the Effects of Authentic Leadership on Student-Athletes' Psychological Capital and Engagement ［J］. Journal of Sport Management，2018，32（3）：227-242.

5　Noland A，Richards K. Servant teaching：An exploration of teacher servant leadership on student outcomes ［J］. Journal of the Scholarship of Teaching and Learning，2015，15（6）：16-38.

6　Rieke M，Hammermeister J，Chase M. Servant leadership in sport：A new paradigm for effective coach behavior ［J］. International Journal of Sports Science & Coaching，2008，3（2）：227-239.

在心理技能方面比由其他类型教练员指导的运动员更善于应对逆境、更少焦虑、更为自信。屡获殊荣的美国大学生篮球冠军教练唐·迈耶（Don Meyer）被认为是采用服务型领导风格执教的典范[1]。

（2）维迪奇（Vidic）等人发现，教练员服务型领导与运动员的任务取向、学习信念和社会关系呈显著正相关[2]。

（3）奥克桑（Ooksang）等人报道，教练员服务型领导对运动员的竞技表现有正向影响[3]。

（4）吉勒姆（Gillham）等人通过对 322 名加拿大高校运动员的调查研究表明，教练员服务型领导与执教成功高度相关，与团队凝聚力、运动员适应力和亲社会行为中度相关，与运动员反社会行为呈负相关[4]。

（5）于少勇在参考相关理论框架、结合专家访谈的基础上，通过对 222 名我国高校篮球、足球、排球运动员的实证研究，编制出包含服务、授权、愿景，适用于我国"三大球"项目的教练员服务型领导行为量表[5]。

五、教练员家长式领导研究

从领导理论的发展脉络看，领导力的研究大多是在西方文化背景下进行的，教练员领导力的研究亦是如此。在华人运动团体中，教练员时常扮演着亦师亦父的角色，父权中的威严专权成分可震慑并获取运动员的服从，其领导风格与家长式领导的内涵颇为相似。近年来，教练员家长式领导逐渐受到我国学者的关注，相关研究如表 2.9 所示。

1　Rieke M，Hammermeister J，Chase M. Servant leadership in sport：A new paradigm for effective coach behavior［J］. International Journal of Sports Science & Coaching，2008，3（2）：227-239.

2　Vidic Z，Burton D. Developing effective leaders：Motivational correlates of leadership styles［J］. Journal of applied sport psychology，2011，23（3）：277-291.

3　Cho O，Kim S. The Impact of Coaches' Servant Leadership on Athletes' Athletic Performance［J］. Research Quarterly for Exercise and Sport，2014，85（S1）：109.

4　Gillham A，Gillham E，Hansen K. Relationships among coaching success，servant leadership，cohesion，resilience and social behaviors［J］. International Sport Coaching Journal，2015，2（3）：233-247.

5　于少勇，陈洪波，张鑫."三大球"项目教练员服务型领导行为的结构及测量[J].武汉体育学院学报，2020，54（5）：82-87.

表2.9　教练员家长式领导（自变量）实证研究汇总

作者（年份）	队员类型	项目	因变量	中介变量	调节变量
杨毅（2007）	省队	混合	教练-运动员关系		
庄惠菁（2010）	高校	排球	运动自信心		
宋一夫（2010）	高中	排球	领导信任		
陈钰芳（2010）	高校	混合	运动员效能		
徐宏俊（2014）	高校	混合	团队冲突		
张海军（2015）	高校	混合	运动员精神	运动动机	运动价值观
张海军（2015）	高校	混合	心理幸福感	心理满足	激励气氛
刘国梁（2015）	国家队	乒乓球	运动员绩效	情感信任	
杜七一（2016）	省队/高校	混合	运动员主动性	自我效能感	
于少勇（2018）	职业/高校	篮球	团队信任		
金德阳（2019）	省队/体校	混合	运动员投入	心理需要	
李明（2019）	省队	混合	团队冲突		
李娟（2021）	足校/梯队	足球	运动员行为	信任/凝聚力	目标清晰度

资料来源：本书依据表中文献整理

　　林姿莙对我国台湾体育组织调查后发现，家长式领导在篮球、排球和游泳等项目中普遍存在。西方教练员与亚洲教练员同运动员的互动方式差别很大，西方教练员较偏向民主自由式的领导风格，而亚洲教练员则较偏向集权式的领导风格[1]。

　　谢拉杜莱等人在对比日本与加拿大运动员知觉教练员领导行为的差异后发现，日本运动员更愿意接受教练员的独裁和社会支持行为，认为日本教练员更加独裁；加拿大运动员更愿意接受教练员的训练指导行为，认为加拿大教练员更为民主、更乐意提供积极的训练反馈[2]。民族文化是造成不同国家之

1　林姿莙，连玉辉.运动情境中的家长式教练领导研究回顾［J］.体育学报，2016，49（2）：125-141.

2　Chelladurai P，Imamura H. Sport leadership in a cross-national setting：The case of Japanese and Canadian university athletics［J］. Journal of Sport and Exercise Psychology，1988（10）：347-389.

间教练员与运动员互动迥异的原因之一。

高三福对我国台湾高校运动队进行历时 3 年的质性研究后发现，在中国文化背景下教练员时常扮演着亦师亦父的角色，其领导风格与我国台湾学者郑伯埙提出的家长式领导的内涵颇为相似 [1]。随后，他根据所观察到的教练员领导行为特征，编制出教练员家长式领导行为量表，为后续实证研究提供了测量工具。随着实证研究数量的不断增加，越来越多的研究结果证实了家长式领导在华人运动团体中的存在。

随后，西方学者也逐渐关注到该领域的研究，有学者通过剖析美国加州大学洛杉矶分校篮球传奇教练约翰·伍登（John Wooden）出版的传记与其倡导的成功金字塔模型后表示，约翰·伍登的领导风格属于家长式领导，而不是西方国家的服务型领导 [2]；有学者通过质性研究访谈加拿大青少年曲棍球运动员后指出，教练员的家长式领导风格较为明显 [3]。由此可见，尽管东西方国家存在文化方面的差异，但是优秀运动员的长期培养仍有其共通之处，家长式领导已逐步超越原有文化界限，为以西方文化为主导的教练员领导力研究创设了更具解释力的话语空间。

第四节　基于领导力模型的教练员领导力研究

由于领导过程的复杂性，仅仅关注某项领导力并不能实现有效领导。因此，有必要把各项领导要素整合成一个模型，将领导力的内在结构更加直观地呈现出来。从 20 世纪 70 年代开始，构建领导力模型一直是领导学研究的热点。学者们相继提出了具有各学科特点的领导力模型，如教育学领域的校长领导力模型、园长领导力模型、教师领导力模型、学生领导力模型等；各组织机构也愈发重视领导力模型的构建，各种量身定制的领导力模型应运而生。领导力模型已成为开发、培育、提升领导力的有效工具，能够为组织成功提供

1　高三福. 团队文化与教练领导：质化与量化两种途径［D］. 台北："国立"师范大学，2001.

2　Jenkins S. John R. Wooden, Stephen R. Covey and Servant Leadership［J］. International Journal of Sports Science & Coaching, 2014, 9（1）: 1-24.

3　Battaglia A V, Kerr G, Stirling A E. Youth athletes' interpretation of punitive coaching practices［J］. Journal of Applied Sport Psychology, 2017, 29（3）: 337-352.

必要保障[1]。目前，体育学界已有零星研究借鉴其他学科领域的领导力模型率先针对篮球教练员需要具备的领导力展开论述：

（1）张福达通过借鉴康纳（Conner）提出的领导力模型，分别从个人领导力、情境领导力和团队领导力三个维度，阐述美国高校篮球教练员迪恩·史密斯（Dean Smith）的领导力，以期为我国篮球教练员领导力的提升提供参考[2]。

（2）杨森和关加安通过借鉴中国科学院"科技领导力研究"课题组开发的领导力五力模型，分别从前瞻力、感召力、影响力、控制力和决断力五个维度，阐述美国 NBA 教练员菲尔·杰克逊（Philip Jackson）和史蒂夫·科尔（Steve Kerr）的领导力[3-4]。

（3）徐建华通过借鉴博尔曼（Bolman）提出的领导力四框架模型，分别从结构领导力、人力资源领导力、政治领导力和象征领导力四个维度，阐述美国高校篮球教练员约翰·伍登的领导力[5]。

然而，各类型组织中领导者担负的组织任务各异，领导力模型的构建必须结合组织性质与岗位特征，加以区别对待[6]。运动团队是一个特殊的社会组织，其人力资源类型相对于其他组织而言有所差异，教练员是运动团队中特殊的人力资源[7]。教练员领导力的构成要素除具备普遍共性以外，还应考虑针对性和专业性。现有研究在模型的选择上略显生硬[8]，故而有必要构建更加适用于教练员的领导力模型。

第五节 综合评述

教练员领导力因其重要的理论价值与实践意义而受到体育学界的持续关

1 风里.五大品质：卓越领导力心理基因解码［M］.3版.上海：上海财经大学出版社，2013：22.
2 张福达.美国大学篮球教练迪恩·史密斯的执教领导力研究［D］.福州：福建师范大学，2018.
3 杨森.基于领导力五力模型对 NBA 教练菲尔·杰克逊领导力的研究［D］.福州：福建师范大学，2016.
4 关加安.NBA 主教练史蒂夫·科尔的领导力研究：基于领导力五力模型的分析［D］.北京：北京体育大学，2019.
5 徐建华，程丽平.美国大学篮球传奇教练约翰·伍登执教领导力研究［J］.体育成人教育学刊，2016，32（2）：5-9.
6 吴晓华.基于扎根理论的基层女性行政领导力模型构建与应用［D］.青岛：中国石油大学，2016.
7 熊焰，王平.竞技教练学［M］.苏州：苏州大学出版社，2016：24.
8 关加安.NBA 主教练史蒂夫·科尔的领导力研究［D］.北京：北京体育大学，2019.

注。研究者通过借鉴母学科的领导理论，结合运动情境，采用访谈、观察、问卷调查等研究方法，从不同学科、不同视角、不同层次对教练员应具备的领导特质、教练员领导行为的共性、不同情境下教练员领导行为的有效性等方面进行了深入探讨，为教练员采取何种领导方式与行为提供了有益指导，对领导力提升极具借鉴价值。但部分研究尚存在以下不足，为本研究留下了拓展空间。

一、研究不足

（一）研究视角：局限于某种单一领导理论

现有研究以提前设定教练员领导行为类型，进而探讨不同项目教练员各种类型的领导行为对个人、团队和组织的影响居多。然而，（1）教练员领导力并不是单一的某种能力，某些构成要素甚至有可能不在同一个层次，有必要从多学科、多理论的视角下进行探讨；（2）由于领导过程的复杂性和领导实践的不确定性，从特定类型切入难以全方位把握教练员需要具备的领导力，致使教练员从中获取的知识较为零散，对具体实践的指导意义较为有限；（3）任何领导理论的应用及其效果都是有边界的。

以研究者普遍采用的多维运动领导模型以及对应的运动领导行为量表为例，仍存在以下局限：

（1）MML模型主要基于提供等值报酬、物质奖励等低层次需求的交易型领导。在交易型领导下，教练员与运动员之间是一种社会交换性质的互动，运动员的组织承诺、训练努力程度和满意度都不会太高[1]。

（2）MML模型并未从短期和长期相结合的角度来考察运动员的满意度，例如：教练员的某种行为，在短期内会引起队员的不满，可是从长期角度，队员一旦理解了教练员的良苦用心，满意度定会增加。

（3）尽管考虑到部分情境因素的影响，但将情境因素转化为简单变量后其本质仍然停留在静态水平，情境因素也可能改变，例如：运动员竞技水平的不断提高。

---

1 王光辉，李卫东. 教练员领导力：概念、测评与类型［J］. 心理学进展，2019，9（1）：82-90.

（4）LSS量表主要用于测量教练领导行为的数量，不能考察其性质[1]。

（5）LSS量表的测量条目设定具有局限性，只能够测量相对有限的教练员领导行为，在内容效度上有待进一步提高[2]。

综上所述，目前教练员领导力研究所借鉴的领导理论过于单一，普遍陷入了"万能理论"的误区[3]。

（二）研究范式：过于偏向探讨变量关系的问卷调查研究

现有研究过度专注于通过问卷或量表的心理学测量方法，探讨教练员领导行为与相关变量之间的关系，以揭示教练员领导行为的有效性。然而，目前部分命题式变量关系的研究所揭示的领导行为（近端预测因子）与领导结果之间存在的共变关系可能是一种肤浅的相关关系[4]，并不是因为两者确实存在关联关系，而是因为这些变量共同依赖于某些被忽视的远端深层预测因子[5]。因此，有学者诟病探讨变量关系的领导行为研究是"幻象中的领导学"[6]，研究结果大抵只能提供某些片段性的"偶然性"知识[7]。

同样，教练员领导行为与某些结果变量之间可能并非直接影响关系[8]，这大概是导致部分研究结果不一致，甚至相互矛盾的原因之一。

（三）研究路径：过于偏向客位取向研究

主位取向和客位取向是科学研究的两种不同路径，主位取向的研究追求

1 徐文泉，王智.影响运动员训练和比赛心理状态的教练行为：运动员知觉模型的建立与测量［J］.山东体育科技，2013，35（2）：74-78.

2 KENOW, J., WILLIAMS, M. Coach-athlete compatibility and athletes' perceptions of coaching behaviors ［J］. Journal of Sport Behavior, 1999, 22（2）: 251-260.

3 余荣芳，吴贻刚.体育运动领导理论的起源与发展：从特质理论到变革型领导理论的应用［J］.山东体育学院学报，2018，34（6）：25-30.

4 Antonakis J. Leadership and individual differences: At the cusp of a renaissance［J］. Leadership Quarterly, 2012, 23（4）: 1-32.

5 文晓立，陈春花.领导特质理论的第三次研究高峰［J］.领导科学，2014（35）：33-35.

6 管春峰.煤炭企业高层管理者的胜任特征模型研究［D］.徐州：中国矿业大学，2014.

7 席酉民，韩巍.中国管理学界的困境和出路：本土化领导研究思考的启示［J］.西安交通大学学报，2010，30（2）：32-40.

8 马红宇，王二平.凝聚力对教练员领导行为、运动员角色投入和运动员满意度的中介作用［J］.体育科学，2006，26（3）：64-69.

情境化和具象化，客位取向的研究追求去情境化和抽象化[1]。以"中国知网文献库"为数据库，"教练员领导"为主题，对 1986 年 1 月至 2022 年 12 月间的文献进行检索，共检索出 204 篇相关文献。通过研究内容再确认、去除思辨和综述类文献，剩余 105 篇，其中主位取向的教练员领导力研究共 14 篇，含硕士论文 2 篇、博士论文 1 篇；客位取向的教练员领导力研究共 91 篇，含硕士论文 14 篇、博士论文 2 篇。如图 2.5 所示，现有研究缺乏从主位路径对教练员领导力的本土化研究和构建。在相对强调教练员权威的文化氛围中，教练员领导力对我国运动员的影响可能更加显著[2]。

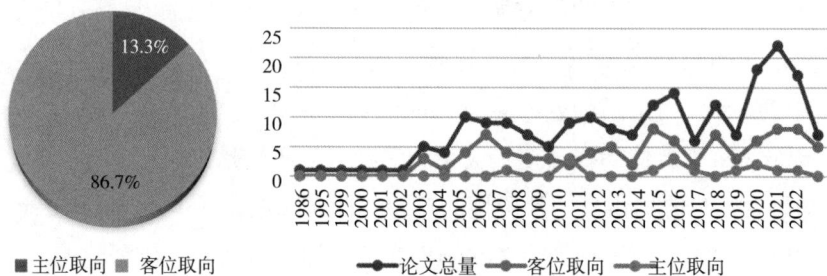

图 2.5　主客位取向文献总体比例及年度分布

二、拓展空间

（一）构建更加适用的教练员领导力模型

领导理论和模型的整合是领导力研究的发展趋势，相较单一领导理论更具解释力和实践指导性[3]。因此，有必要从知识重组的角度，把各种领导理论更好地串联起来，将领导力要素整合成一个模型，以便更加全面而直观地呈现教练员领导力的结构要素。

诚然，已有零星研究直接套用其他学科领域的领导力模型来阐述教练员需要具备的领导力。但是其他学科领域的领导力模型不一定具有全方位的适

1　赵新宇，曹春辉，席西民.文化视角下领导的主客位取向研究［J］.软科学，2014，28（8）：42-50.
2　程宏宇，王进，胡桂英.教练员领导行为与运动员竞赛焦虑：运动自信的中介效应和认知风格的调节效应［J］.体育科学，2013，33（12）：29-38.
3　柳恒超.领导（力）理论的演变：特质与情境之争及其整合性趋势［J］.上海师范大学学报，2014，43（5）：145-152.

用性，现有研究在模型的选择上略显生硬[1]。部分原因在于：

（1）与企业团队所处的商业环境不同，大多数运动团队处于教育环境之中，教练员除指导运动员提升竞技能力、取得优异运动成绩之外，还肩负着品德教育、人格培养的重任。

（2）由于团队属性不同，企业领导与员工之间大多是聘雇的合约关系。在运动团队中，除部分职业运动员以外，教练员和运动员更多是师生关系，教练员的一言一行都可能对运动员产生影响。

（3）教练员和运动员在长期训练、比赛及日常生活中建立起的信任关系在一定程度上比某些组织上下级之间的信任关系更为深厚。

综上所述，教练员领导力的构成要素除具有普遍共性以外，还需要考虑针对性和专业性。本研究综合多种领导理论，结合我国高校篮球教练员岗位工作特点，构建我国高校篮球教练员领导力理论模型，再通过我国高校篮球教练员领导力测评量表的编制与检验，验证理论模型的适切性。该模型的构建能够为我国高校篮球教练员提供领导力提升的理论指导，为后续研究者提供更加适用的教练员领导力模型。

（二）注重多样化测量方法的探讨

教练员领导力的开发离不开有效的测量方法，量表测量是现有研究中最常采用的测量方法。研究者通过让教练员、运动员及其他相关人员报告某种特定教练员领导行为在一段时期内出现的频率来评估教练员领导力。量表测量具有测评素质较为全面，在时间、人力和经费等方面极为节省，能进行常模比较等优势。但是，量表测量存在单向静态沟通所导致的信息收集和利用率较低，社会赞许效应所导致的信效度失真等不足。

继续探索创新测量工具，力求测量方法更加多样化，是未来教练员领导力研究需要努力的方向[2]。相比量表测评，面试测评能够在一定程度上弥补上述不足。在量表测评的基础之上，本研究根据我国高校篮球教练员领导力模型，围绕面试题库的编制、面试维度的赋权、面试流程的组织等主要环节开发我

1　关加安 . NBA 主教练史蒂夫·科尔的领导力研究［D］. 北京：北京体育大学，2019.
2　张力为，毛志雄，王进 . 运动与锻炼心理学研究手册［M］. 上海：华东师范大学出版社，2020：301.

国高校篮球教练员领导力面试测评体系，以期进一步丰富教练员领导力的测评方法和工具，拓展领导力模型的应用范围。

（三）重视跨文化研究及本土化理论构建

文化是行为背后的原理，后天习得的领导行为由于文化的不同，可能存在差异。领导行为的差异性是不同国家、不同民族的发展背景各异而造成的，扎根于不同的历史传统和社会文化环境之中。教练员领导力的跨文化研究是未来教练员研究的新领域[1]。

本研究在构建我国高校篮球教练员领导力模型、编制我国高校篮球教练员领导力测评量表的过程中借鉴了基于华人文化的家长式领导模型、教练员家长式领导行为量表，并选取了多位具有一定代表性的我国高校篮球教练员的多篇专访报道作为分析材料，以期为以西方文化为主导的教练员领导力研究提供有益补充，创造更具解释力的话语空间。

---

1 熊焰, 王平, 张宝峰, 等 . 我国教练员研究进展与热点评述 [J]. 北京体育大学学报, 2013, 36（2）：139-144.

第三章　我国高校篮球教练员领导力模型的理论构建

　　理论构建是科学研究始终关注的焦点。通常情况下，模型构建具有某种先验性，需要服从理论分析，以完善的理论预设或前人研究成果为先决假定条件和逻辑起点。这个理论框架可以是现有成熟理论，也可以是经过逻辑分析整合多种理论而提出的预设框架。

　　领导力模型由一定数量的能力维度构成。从目前所构建的众多领导力模型来看，部分研究者事先并未对领导力模型的理论框架做出假设，并未交代相关维度是在何种理论背景下提出的。纯粹依靠以"数据驱动"为导向的建模方法，在统计数据不理想的情况下很难构建出研究者所期望的领导力模型，部分维度设置带有很强的随意性[1]。倘若缺乏理论指引，再科学的统计方法也很难通过数据"自己说话"而构建出一个理论适切的预测模型[2]。

第一节　理论依据

　　我国高校篮球教练员在球队中需要扮演的角色呈现多元化特点，由多种能力构成的领导力系统结构复杂，内在逻辑也不甚明晰。明确我国高校篮球教练员究竟需要在哪些层面践行领导力，是本研究的主要难点。为突破这一难点，本章旨在界定篮球教练员领导力定义的基础上，通过先验理论和相关能力素质模型，推导出一个上下逻辑结构关系自洽的我国高校篮球教练员领导力理论模型。理论模型的建立将为庞杂的要素选取设定有效范围，避免因范围过大而无从下手的"海底捞针"，也不会轻易遗漏相应要素。

1　赵德成，马晓蓉 . 教学领导力研究中的问题与展望［J］. 外国教育研究，2016，43（9）：60-70.
2　赵必华，顾海根 . 心理量表编制中的若干问题及题解［J］. 心理科学，2010，33（6）：1467-1469.

一、领导行为二维构面理论

20 世纪 40 年代中期，美国俄亥俄州立大学教授拉尔夫·斯托格迪尔（R.M. Stogdilly）通过问卷调查让企业员工描述领导行为，对大量领导行为描述问卷整理后发现，至少可以将复杂的领导行为归纳为两个相对独立的维度：以人为中心、带领团队成员的关怀维度和以任务为中心、实现团队目标的结构维度。此外，管理方格理论、PM 理论同样围绕这两个维度展开，这两个维度是学界为数不多的共识之一。以人为中心和以任务为中心并不是非此即彼的关系，可通过相互调和的方式同时存在。单纯强调某一方面都不能视为高效率的领导方式[1]。在此基础上，后续研究进一步扩展到了组织层面。

在运动团队中，教练员领导行为亦可归纳为：以任务为导向的领导行为和以关系为导向的领导行为[2]。一方面，以任务为导向的领导行为需要教练员具备过硬的专业知识和技能。试问一个训练水平不高的教练员又如何能有队员追随，又怎么能谈得上领导艺术？[3] 在像篮球这种变化较多、活动性较强的运动项目中的运动员，比变化较少、封闭性更强的个人项目中的运动员更喜欢以任务为导向的领导行为，因为以任务为导向的领导行为传授技术、战术的效率更高[4]。对于教练员来说，业务能力是最根本的，如果当教练的能力不行，找不到克敌制胜的办法，即使人品再好、再会鼓动人心也无济于事[5]。要精通你的业务，这是受你领导的人最起码的期望。如果队员发现你不行，便不会长久地听你指挥[6]。由此可见，教练员需要具备专业发展的自觉意识，通过专业话语权的确立来树立威信，在专业领域发挥示范引领作用。毋庸置疑的专业能力是教练员的立业之本，贯穿教练员专业化发展始终。

另一方面，教练员是运动队中人际关系的主导者，要不断协调团队中的

1　李玉芳.论中小学校长领导力及其开发［D］.上海：华东师范大学，2009.

2　赵溢洋，刘一民，谢经良，等.教练员领导行为研究进展述评［J］.天津体育学院学报，2004（2）：31-33.

3　朱佩兰，钟秉枢.教练员——中国体育腾飞的关键［M］.北京：北京体育大学出版社，2002：259.

4　全国体育学院教材委员会.体育学院通用教材：运动心理学［M］.北京：人民体育出版社，2005：388.

5　吕峰，金志扬.像教练一样带团队［M］.北京：机械工业出版社，2007：19-20.

6　卡尔洛·安切洛蒂，克里斯·布雷迪，迈克·福德.安切洛蒂自传：寂静的领导力［M］.刘洋，译.北京：台海出版社，2017：164.

人际关系，在团队中形成良好的心理氛围，从而增强团队效能。教练员人际
关系处理能力的重要性，从如下知名篮球教练员和学者的表述就足以看出：

（1）原美国男篮、杜克大学男篮主教练迈克·沙舍夫斯基：几乎一切领
导才能都可以归宿为关系[1]。

（2）NBA 金州勇士队主教练史蒂夫·科尔（Steve Kerr）：对我而言，
进攻和防守是执教的重要组成部分，但仅仅是相对较小的部分，其余的80%
就是建立关系和氛围[2]。

（3）我国学者钟秉枢表示，教练员的执教并非只是懂得技术或者设计出
完美的比赛计划，更需要关注执行目标的人[3]。

（4）日本学者高畑好秀表示，与运动员建立稳固关系是一个金牌教练执
教队伍的首要能力[4]。

（5）美国学者韦德·吉尔伯特（Wade Gilbert）表示，无论执教男运动员
还是女运动员，无论领导风格有何差异，冠军教练员都有一个共同点，将与
运动员建立关系作为首要任务[5]。

由此可见，篮球教练员只有具备了出色的人际关系处理能力才能使球队
产生合力，将球队潜力最大化地发挥出来。

综上所述，教练员只有将以任务为导向的领导行为和以关系为导向的领
导行为有机结合起来，才能实现有效领导[6]。每一个成功的篮球队都需要一个
既懂得篮球又善于处理各种人际关系的教练员[7]。根据领导行为二维构面理论
的观点，我国高校篮球教练员领导力的结构维度中理应包括专业领导力和人
际领导力。

1　迈克·沙舍夫斯基，杰米·斯帕托拉.我相信你们［M］.韩玲，译.沈阳：万卷出版公司，2011：
　　38.

2　Kawakami, S. Warriors' Kerr found a mentor in Seahawks' Carroll［N］. San Jose Mercury News, 2014-
　　12-11（10）.

3　钟秉枢.做 NO.1 的教练：团队管理与领导艺术［M］.北京：北京体育大学出版社，2012：215.

4　高畑好秀.金牌教练的 55 则带队心理学［M］.高詹灿，译.台北：三悦文化图书事业有限公司，
　　2008：12.

5　韦德·吉尔伯特.高水平教练执教手册［M］.常喜，张旭，译.北京：人民邮电出版社，2019：71.

6　于少勇，陈洪波，张鑫."三大球"项目教练员服务型领导行为的结构及测量［J］.武汉体育学院学报，
　　2020，54（5）：82-87.

7　李忠义.校园篮球执教之路［M］.西安：世界图书出版社，2018：19.

二、自我领导理论

20 世纪 80 年代中期，美国马萨诸塞大学教授查尔斯·曼兹（Charles C. Manz）在综合社会认知、自我管理、自我调节、社会学习以及内部动机理论的基础上，提出了自我领导理论。虽然领导力最终作用于他人，但却源于自身素质，始于自我领导。自我领导是领导他人的基石、保障和先决条件。领导者在有效领导部属之前，首先要认识自己，学会眼睛向内看，在追求自我管理、自我发展的基础上实现自我领导[1]。作为团队的主心骨与领导者，要想领导好别人，首先需要学习自我领导。领导力大师约翰·麦斯威尔（John C. Maxwell）表示：领导力的最大挑战不是领导好别人，而是如何领导好自己[2]。同时，自我领导符合"育人者必先育己，立己者方能立人""明德格物，立己达人""知人者智，自知者明"的中国古语智慧。

基于传统领导理论的研究更多关注的是如何领导他人和处理事务，自我领导理论为有效领导提供了一条新的发展路径，随后被广泛应用于管理领域的诸多方面[3]。在运动团队中，教练员要想立德树人必先树己、要想铸魂培根必先铸己。美国传奇教练员文斯·隆巴迪（Vince Lombardi）表示：领导力由一个非常简单的前提开始。唯有了解自己以后，你才有可能成为一位有效的领导者。一旦你了解了自己，你便开始成长，塑造你的性格，培养起领导者必备的关键品质。这些一旦得到发展后，一位成功领导者的基础便一一就绪[4]。

综上所述，自我领导力是领导力的重要组成部分，是发挥个人权力的基础保障，是完善自我、发展自我的重要能力[5]。认识自我、提升自我应当成为所有篮球教练员的指导原则[6]。根据自我领导理论的观点，我国高校篮球教练

1　韩勇.自我领导力：国外领导科学研究的新视角［J］.领导科学，2013（29）：25-27.

2　孙健，张强，胡晓东.领导学［M］.北京：中国人民大学出版社，2019：84.

3　赵聪环，周作宇.自我领导研究热点评述［J］.高教发展与评估，2017，33（3）：1-18，121.

4　小文斯·隆巴迪.传奇教练的领导规则［M］.林宜萱，译.北京：清华大学出版社，2006：7.

5　付少堂，曾天德.公务员的自我领导力测评分析与教育建议［J］.闽南师范大学学报（自然科学版），2018，31（4）：126-132.

6　汤姆·柯林，拉尔夫·皮姆.执教团队篮球：培养具有球队至上精神的常胜球员［M］.杜婕，刘斌，译.北京：人民体育出版社，2008：53.

员领导力的结构维度中理应包括自我领导力。

三、文化领导理论

20 世纪 90 年代初期，随着领导理论的不断发展，美国康奈尔大学教授哈里森·特里斯（Harrison M. Trice）提出将文化融入领导活动转化为文化领导的观点。文化领导是指领导者通过构建具有组织特色的文化体系，形成共同遵循的价值观念和行为规范，从而实现某种目标的领导过程[1]。领导力与组织文化有着密不可分的联系：一方面，人是环境的产物，有效领导建立在组织文化的基础上，领导力的有效性在很大程度上需要一种文化氛围；另一方面，组织文化本身就是领导力的一种体现。有什么样的领导者，就会形成什么样的组织文化。领导者影响组织文化的能力就是文化领导力。领导者对组织文化的重要影响已得到学界普遍认同，越来越多的学者围绕领导者如何因时、因地、因人制宜地塑造组织文化展开研究。文化领导力是一种"无形领导力"，于无形之中发挥着导向、约束、激励、凝聚、示范和辐射等作用。总之，无论何种领导理论都不能完全代替文化领导[2]；无论以何种视角切入，领导力的核心构成要素都少不了文化领导力[3]。

国务院办公厅印发的《体育强国建设纲要》提出：推动运动项目文化建设，挖掘"三大球"项目文化；国家体育总局颁布的《"十四五"体育发展规划》提出：以"三大球"等群众基础较好的运动项目为突破口，打造重点运动项目文化建设示范工程。就篮球项目而言，篮球文化的倡导是篮球运动的生命线[4]。中国篮球协会颁布的《中国篮球文化建设纲要》是我国所有运动项目首部文化建设的纲领性文件，其中球队文化建设是篮球文化建设的重要内容。国际著名篮球评论员弗兰·弗拉施拉（Fran Vlaschla）表示：任何一个成功的球队都有成功的球队文化，它源于球队主教练，融入球队助教、管理

1　Trice H M，Beyer J M. Cultural leadership in organizations［J］. Organization science，1991，2（2）：149-169.

2　曲庆，富萍萍，康飞，等. 文化领导力：内涵界定及有效性初探［J］. 南开管理评论，2018，21（1）：191-202.

3　贺善侃. 文化领导力：领导力的核心和灵魂［J］. 中国浦东干部学院学报，2009，3（4）：31-36.

4　卢元镇. 中国文化对篮球运动的选择、认同与变异［J］. 体育文化导刊，2008（3）：21-23.

人员、工作人员，最后到达球员心中。教练员要善于构建球队文化，这种文化使球员确信，遵从于球队可以使他们无论从个人角度还是球队角度都能取得成功[1]。美国教练教育计划发起人雷纳·马腾斯（Rainer Martens）表示：由于缺乏团队文化的意识或发展团队文化的能力，相当多教练员未能达到他们的目标[2]。

综上所述，现代领导者领导作用的发挥，逐渐由刚性转向柔性、显性转向隐性。柔性化、隐性化领导力的实施需要教练员提供方向、建立团队文化、灌输价值观[3]。篮球教练员是球队文化的缔造者、践行者、维护者，需要具备从视觉、行为、制度、理念等多方面凝练和培育球队文化的意识和能力，充分发挥球队文化熏陶人、影响人的独特育人作用。根据文化领导理论的观点，我国高校篮球教练员领导力的结构维度中理应包括文化领导力。

第二节　模型构想

一、一级维度的拟定

在前一小节，分析了领导行为二维构面理论、自我领导理论、文化领导理论的演绎过程，本小节将从组织行为学层次性、领导系统要素和模型参照的角度，进一步论证我国高校篮球教练员领导力的模型构想。

（一）组织行为学层次性角度

组织行为学体系包括个体、群体和组织三个层面[4]（图 3.1）。在个体层面上表现为管自己；在群体层面上表现为管他人和管绩效；在组织层面上表现为管文化，分别对应我国高校篮球教练员领导力理论模型的自我领导力、人际领导力、专业领导力、文化领导力。

1　汤姆·柯林，拉尔夫·皮姆.执教团队篮球：培养具有球队至上精神的常胜球员［M］.杜婕，刘斌，译.北京：人民体育出版社，2008：73.

2　雷纳·马腾斯.执教成功之道［M］.3 版.钟秉枢，译.北京：北京体育大学出版社，2007：54.

3　钟秉枢.做 NO.1 的教练：团队管理与领导艺术［M］.北京：北京体育大学出版社，2012：55.

4　布鲁克斯.组织行为学：个体、群体和组织［M］.李永瑞，译.北京：高等教育出版社，2011：3.

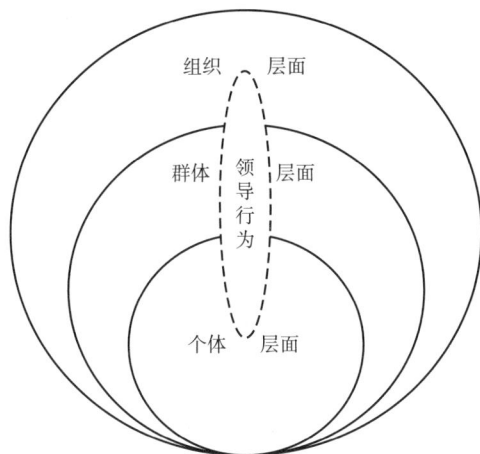

图 3.1　组织行为学层次结构图

资料来源：Ian Brooks（2011）

（二）领导系统要素角度

领导者、被领导者和领导环境共同构成了领导活动的最基本要素。领导活动的有效性（L）取决于领导者个人能力素质（i）、被领导者（b）和领导环境（e）三者相互作用的复合函数，即 $L=f(i, b, e)$。具体而言：

（1）领导者是领导活动的主体，领导者自身素质对领导活动起着关键作用。自我领导提出的一系列策略，为领导者因需而变地提升自我指明了方向[1]。

（2）被领导者是领导活动的客体，赢得被领导者的认同是领导力的重要体现。领导力并非孤立存在，领导者需要通过任务行为和关系行为的媒介作用与被领导者建立起连接。任务行为背后需要美国学者罗伯特·卡茨（Robert L.Katz）提出的专业技能作为支撑，关系行为背后需要人际技能作为支撑。

（3）任何领导活动都是在某种环境中进行的，领导环境是领导活动的必要条件，是领导力发挥的场域。改变组织的内外部环境（包括制度、文化等）是从事高层次工作的行为主体重要的工作内容[2]。教练员需要建立有助于实现团队目标的心理和社会环境，即商业领域所称的"企业文化"[3]。篮球教练员

1　李冲锋 . 领导力的自我提升与教育培养［J］. 中国浦东干部学院学报，2009，3（4）：37-44.

2　刘娟，孙庆祝 . 半结构化的优秀运动队教练员综合能力测评系统的研究［J］. 沈阳体育学院学报，2007，26（6）：63-66.

3　雷纳·马腾斯 . 执教成功之道［M］. 钟秉枢，译 . 3 版 . 北京：北京体育大学出版社，2007：49.

是球队文化的建设者、践行者和维护者，其主要职责之一就是培育和建设球队文化。良好的球队文化，对内可创设有凝聚力的内部环境，对外可创造有竞争力的外部环境。

（三）模型参照角度

（1）加拿大学者玛丽·克罗桑（Mary Crossan）认为，领导力是由一系列变量在多个层面上相互关联的动态系统。卓越领导者需要具备领导各个层面的能力，从个体、群体和组织层面构建了包含领导自我、领导他人和领导组织的多层次结构模型。领导自我聚焦领导者的自身素质；领导他人聚焦领导者对每个人施加直接作用时的领导；领导组织聚焦领导者如何有效影响整个组织[1]。领导力提升是一个动态循环的过程，从领导自我发端，然后到领导他人、领导组织。

（2）我国学者肖月强、袁永新将教师领导力划分为：自我领导力、专业领导力、人际领导力和行政领导力四个维度，自我领导力是指教师加强自我学习以及提升自我发展的能力；专业领导力是指教师在行使专业权威过程中所表现出来的能力；人际领导力是指教师在教学活动和日常生活中所展现出来的人际交往与沟通能力；行政领导力是指教师在处理行政工作的相关事宜时所表现出来的计划、组织、协调和控制能力[2]。然而，朱旭东则认为：教师领导是独特的，教师领导力的获得并非来源于所处的行政领导地位和权力；教师领导应当承担学校文化的建设者角色[3]。教练员应该把当老师作为首要角色，更何况高校篮球教练员首先也是一名教师。

（3）国际教练员教育委员会将教练员知识结构划分为：与个人成长相关的个人内省知识、与运动训练和参赛相关的专业知识、与人际关系处理相关的人际知识[4]。加拿大学者吉恩·科特（Jean Côté）将有效执教界定为"在特定执教情境中，始终如一地综合运用个人内省知识、专业知识和人际知识，

1　Mary Crossan, Dusya Vera, Len Nanjad. Transcendent leadership: Strategic leadership in dynamic environments [J]. The Leadership Quarterly, 2008, 19（5）: 569-581.

2　肖月强，袁永新. 高等院校教师领导力建设研究 [J]. 国家教育行政学院学报，2011（4）: 66-70.

3　朱旭东. 教师专业发展理论研究 [M]. 北京：北京师范大学出版社，2015: 265-268.

4　钟秉枢. 教练学 [M]. 北京：高等教育出版社，2019: 35.

以提高运动员竞技能力、品格、信心和人际交往的能力"[1]。能力在知识的基础上形成，知识在能力的指导下活化。个人内省知识、专业知识和人际知识在一定条件下可转化为自我领导力、专业领导力和人际领导力。此外，有效执教是在特定执教情境中进行的，还需要教练员具备适应和塑造团队文化氛围的文化领导力。

本研究在通过领导行为二维构面理论、自我领导理论、文化领导理论演绎的基础上，结合组织行为学层次性、领导系统要素和模型参照角度的进一步论证，从个体、群体和组织层面将我国高校篮球教练员领导力的外延划分为自我领导力、人际领导力、专业领导力和文化领导力四个一级维度（表3.1）。各维度之间既相对独立、各有侧重，又紧密关联、相互促进，通过并列性和相容性、同时性和继时性组合，产生相互配合下的协同效应；各个维度又进一步包含各类子能力，形成我国高校篮球教练员领导力结构体系。

表 3.1 一级维度及其释义

理论基础	一级维度	维度释义
自我领导理论	自我领导力	在明确自身优劣势、岗位职责及角色定位的基础上，通过自我控制、自我学习和自我反思等行为，不断进行自我完善的能力。
领导行为二维构面理论	人际领导力	通过情感性、工具性的关系管理，建立、协调和维护球队内外人际关系的能力。
	专业领导力	在选材用人、训练指导和参赛指导方面应具备的能力。
文化领导理论	文化领导力	为发挥球队文化在全面育人中的导向作用，在物质、行为、制度和精神层面全方位塑造和培育球队文化的能力。

二、二级维度的拟定

（一）自我领导力维度划分

自我领导是一个认识自我、改变自我和提升自我的过程[2]。具体而言：

---

1 Côté J，Gilbert W. An integrative definition of coaching effectiveness and expertise［J］. International journal of sports science & coaching，2009，4（3）：307-323.
2 郑展，张剑.从一般到更高：自我领导理论研究综述［J］.中国人力资源开发，2016（17）：40-47.

1. 认识自我

依据社会认知理论的观点，自我领导力的提升应该以清晰的自我意识为前提，具体包括认识自己的身心特征（身高、体重、能力、性格）以及自己与他人的关系（在集体中的位置与作用）。只有当个体对自身优劣势以及在团队中需要扮演的角色和承担的岗位职责有着充分认识的基础上，才能够影响他人。教练员执教成功与否和自己对自己的认识有着密切联系[1]。

2. 改变自我

自我领导常常与强调自我控制与约束的自我管理联系在一起，借鉴了自我管理理论中控制、约束自身言行和情绪的策略。自我管理被定义为：当缺少外部约束时，个体依靠主观能动性有意识地对自己的思想和行为进行控制的能力。领导者通过自我管理不断缩小自身行为与理想标准之间的差距，被视为自我领导实践过程中的调节器[2]。

3. 提升自我

自我领导不仅是一种自我管理，其核心在于自我发展，包含了一套明确的个人提升策略，即通过自主学习、自我反思等一系列行为，更好地促进自我发展[3]。

根据自我领导理论，本研究将我国高校篮球教练员的自我领导力（A）划分为3个二级维度：自我认知（A1）、自我管理（A2）和自我发展（A3），各维度释义和相互关系如表3.2、图3.2所示。

表3.2　自我领导力二级维度内涵释义

一级维度	二级维度	内涵释义
自我领导力	自我认知	清楚地了解自身优劣势以及在球队中需要扮演的角色和承担的职责。
	自我管理	个体的一种自我控制能力，教练员的自我管理主要涉及情绪管理、时间管理和压力管理等方面。
	自我发展	自我发展包含自主学习、自我反思等一系列自我提升策略。教练员的自我发展主要包括学习力、反思力和创新力等。

1　钟秉枢. 做NO.1的教练：团队管理与领导艺术［M］. 北京：北京体育大学出版社，2012：23.

2　鲁子问，夏谷鸣. 自我领导力：促进国民发展的关键能力［J］. 浙江社会科学，2014（11）：69-75，157.

3　赵国祥，梁瀚中. 国外自我领导研究的现状述评［J］. 心理科学进展，2011，19（4）：589-598.

（二）人际领导力维度划分

自 20 世纪 70 年代末以来，领导学研究主要集中在关系层面，人际关系被看作有效领导的重要因素[1]。

1. 依据人际关系理论

（1）人与人之间的沟通不但传递了信息，而且会改变人与人之间的关系，沟通是维系良好人际关系的重要手段和基础。积极的人际沟通是教练员获取正确反馈

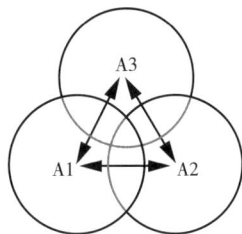

图 3.2　自我领导力各维度关系

的重要渠道，是教练员和运动员彼此理解、相互信任的桥梁，是提高运动员竞技水平不可或缺的手段[2]。

（2）在人际沟通的基础上，教练员能够发挥的最有用的人际关系处理技巧就是建设性地解决冲突，人际协调是化解矛盾冲突的有效方式[3]。

2. 依据社会支持理论

通过社会关系网络所获取的来自他人在物质和精神方面的支持对个体身心发展至关重要[4]。社会支持被认为是帮助运动员应对比赛压力、缓解心理疲劳、提升运动表现、获取自信、增强主观幸福感的重要保证[5]。一系列研究表明：

（1）家人、朋辈、队友和教练员支持是运动员获取社会支持的重要来源，其中教练员支持对运动员训练比赛满意度的预测贡献最大[6]。

（2）教练员给予更多的鼓励和支持，可提高运动员的自信心、对个人成绩的满意度、促使运动员在训练比赛中更加投入[7-8]。

1 理查德·L. 达夫特. 领导学［M］. 杨斌，译. 5 版. 北京：电子工业出版社，2018：17.

2 钟秉枢. 教练学［M］. 北京：高等教育出版社，2019：96.

3 雷纳·马腾斯. 执教成功之道［M］. 钟秉枢，译. 3 版. 北京：北京体育大学出版社，2007：435.

4 杜文娅，仇军，张帆，等. 运动员社会支持量表编制与检验［J］. 武汉体育学院学报，2020，54（11）：94-100.

5 刘羽，张力为，张连成. 运动员多维社会支持量表的研制［J］. 中国运动医学杂志，2013，32（12）：1095-1102.

6 张力为，林岭，赵福兰. 运动性心理疲劳：性质、成因、诊断及控制［J］. 体育科学，2006（11）：49-56，74.

7 程宏宇，王进，胡桂英. 教练员领导行为与运动员竞赛焦虑：运动自信的中介效应和认知风格的调节效应［J］. 体育科学，2013，33（12）：29-38.

8 史为临，季浏. 上海市学校篮球队教练领导行为与运动员满意度之间关系的研究［J］. 北京体育大学学报，2004（1）：40-42.

（3）教练员给予运动员积极的反馈并提供社会支持是影响教练员和运动员关系的关键因素[1]。

（4）在教练员支持球员并给予鼓励和认可的球队中，球员严重受伤的发生率要低 29% ~ 40%[2]。

（5）从高中到大学，篮球运动员随着成熟度的增加，对教练员社会支持行为的偏好逐渐增加，对教练员训练指导行为的偏好逐渐降低[3]。从大一到博士，随着年龄、训练年限的增加，年级越高，大学生篮球运动员接受教练员训练指导行为越少，对教练员社会支持行为越认可[4]。此外，教练员为运动员提供支持的同时，还要善于争取外部资源，为球队发展提供支持。管理人员、教练团队、家人和朋友是教练员获取社会支持的主要来源，获得高社会支持的教练员能够更好地处理压力；获得低社会支持的教练员表现出更高的感知压力和职业倦怠[5]。

根据人际关系理论和社会支持理论，本研究将我国高校篮球教练员的人际领导力（B）划分为 3 个二级维度：人际沟通（B1）、人际协调（B2）和人际支持（B3），各维度释义和相互关系如表 3.3、图 3.3 所示。

表 3.3　人际领导力二级维度内涵释义

一级维度	二级维度	内涵释义
人际领导力	人际沟通	根据不同的情境和对象，有效地运用适当的方式以实现传递信息、交流情感和解决问题的能力。具体包括良好的表达能力、倾听能力等。
	人际协调	正确处理球队内外的各种关系，协调彼此的关系和利益，及时化解矛盾冲突的能力。

1　Chelladurai P，Saleh S D. Dimensions of leader behavior in sports：Development of a leadership scale［J］. Journal of Sport Psychology，1980，2（1）：34-45.

2　Ekstrand J，Lundqvist D，Lagerbäck L，et al. Is there a correlation between coaches' leadership styles and injuries in elite football teams? A study of 36 elite teams in 17 countries［J］. British journal of sports medicine，2018，52（8）：527-531.

3　Chelladurai P，Carron A V. Athletic maturity and preferred leadership［J］. Journal of Sport and Exercise Psychology，1983，5（4）：371-380.

4　任春刚，安辉，王亮.CUBA 篮球教练员领导行为特征研究［J］.沈阳体育学院学报，2012，31（4）：114-117.

5　Hendrix A E，Acevedo E O，Hebert E. An examination of stress and burnout in certified athletic trainers at division I-A universities［J］. Journal of Athletic Training，2000，35（2）：139-144.

续表

一级维度	二级维度	内涵释义
人际领导力	人际支持	为队员提供以及从外部获取，情感支持（如关心、鼓励）、信息支持（如建议、经验）和有形支持（如奖金、物品）等各种支持的能力。

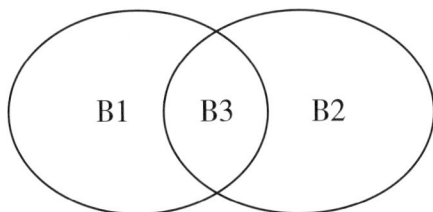

图 3.3　人际领导力各维度关系

（三）专业领导力维度划分

心理学领域通常将能力划分为一般能力和特殊能力。专业领导力是从专长理论的视角审视，个体在从事某种专业活动中需要具备的特殊能力，需要根据不同岗位的工作任务进行区分[1]。竞技体育理论体系将竞技体育行为划分为：运动选材、运动训练、竞技参赛、竞技体育管理四个部分。教练员的专业能力应区别于其管理方面的基本素质，具有明显的专业特点[2]。教练员的专业能力主要包括选材能力、训练能力和竞赛能力[3]。因此，本研究将我国高校篮球教练员的专业领导力（C）划分为 3 个二级维度：选材用人（C1）、训练指导（C2）、竞技参赛（C3），各维度释义和相互关系如表 3.4、图 3.4 所示。

表 3.4　专业领导力二级维度内涵释义

一级维度	二级维度	内涵释义
专业领导力	选材用人	根据篮球项目特点和球队发展需要，通过特定测试和经验判断，挑选适合的队员进行系统、有针对性的培养，进而合理搭配完成一系列比赛任务的能力。
	训练指导	在对篮球项目特点和规律有着较为深刻认识的前提下，组织队员训练，并对训练过程的规划、实施和监控加以指导的能力。
	竞技参赛	指导队员针对特定比赛进行赛前准备、参加比赛及赛后总结与调训的能力。

1　魏艳，付宝森.中小学体育教师专业领导力探究［J］.沈阳体育学院学报，2015，34（2）：126-129.

2　刘兵.新编体育管理学教程［M］.上海：复旦大学出版社，2004：201-202.

3　王芹.我国体育教练员核心竞争力的培育研究［M］.济南：山东大学出版社，2019：77.

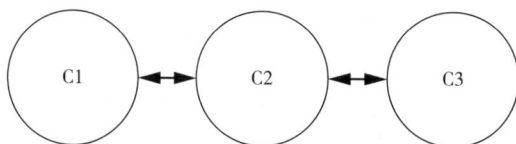

图 3.4　专业领导力各维度关系

（四）文化领导力维度划分

高校篮球教练员不仅要向大学生球员传授篮球运动的基本知识和技能，更要帮助其树立正确的世界观、人生观和价值观。育人深处是文化，文化具有天然的育人功能。只有充分发挥教练员对球队文化的引领作用，营造良好的育人环境，才能够在潜移默化中对球员的价值取向、思想观念和行为模式产生积极影响。球队文化是有形外在要素和无形内在要素的综合，高校篮球教练员如何从根本处入手建设好球队文化？深入了解球队文化的构成要素是前提。根据学者张岱年提出的文化结构"四层次说"，从文化载体的角度可将文化领导力划分为：物质文化领导力、行为文化领导力、制度文化领导力和精神文化领导力[1]。

球队文化的营造亦可从这四个层次入手，故本研究将我国高校篮球教练员的文化领导力（D）划分为 4 个二级维度：物质文化领导力（D1）、行为文化领导力（D2）、制度文化领导力（D3）和精神文化领导力（D4），各维度释义和相互关系如表 3.5、图 3.5 所示。

表 3.5　文化领导力二级维度内涵释义

一级维度	二级维度	内涵释义
文化领导力	物质文化领导力	通过创设训练环境、开发象征性标识（如队旗、队徽、队歌）和组织团建活动等方式，在物质层面对球队文化的培育和塑造。
	行为文化领导力	通过狠抓球队作风、打造技战术风格等方式，在行为层面对球队文化的培育和塑造。
	制度文化领导力	通过制定和执行生活、学习、训练和比赛等各项管理制度的方式，在制度层面对球队文化的培育和塑造。
	精神文化领导力	通过向队员灌输核心价值观（如团队精神）、执教理念以及设定目标等方式，在精神层面对球队文化的培育和塑造。

1　白海燕.城市中学校长文化领导力研究［D］.西安：西安外国语大学，2019.

本章小结

　　我国高校篮球教练员在球队中需要扮演的角色呈现多元化特点，由多种能力构成的领导力系统结构复杂，内在逻辑也不甚明晰。为了能够概括归纳出我国高校篮球教练员领导力模型的理论框架，本章通过自上而下的演绎推理，以领导行为二维构面理论、自我领导理论和文化领导理论为支撑，再结合多角度的进一步论证，构建了我国高校篮球教练员领导力理论模型。

图 3.5　文化领导力各维度关系

　　我国高校篮球教练员领导力理论模型是由自我领导力、人际领导力、专业领导力和文化领导力四个维度构成。各维度之间既相对独立、各有侧重，又紧密关联、相互促进，通过并列性和相容性、同时性和继时性组合，产生相互配合下的协同效应。各维度又进一步包含各类子能力，形成我国高校篮球教练员领导力结构体系。

　　我国高校篮球教练员领导力理论模型建立之后，还需要凭借相关方法进一步验证理论模型的合理性与有效性，这将是下一章的主要任务。

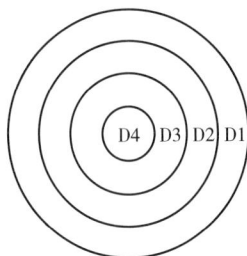

第四章　我国高校篮球教练员领导力测评量表的编制及检验

验证能力素质模型的方法主要有：考察结构效度。根据构想的能力素质模型编制测评量表，选取适当的样本施测，通过对回收数据的统计分析考察量表的结构是否与模型构想相吻合；考察交叉效度。对效标样本进行结构化访谈，通过对访谈资料的分析予以验证；考察预测效度。运用能力素质模型对相关人员展开培训，跟踪培训后一段时间内工作表现是否有所提升。

在以上三种方法中，考察结构效度的量表测量法是国内外学者最常采用的模型验证方法。本研究亦采用量表测量法验证我国高校篮球教练员领导力理论模型，即根据理论模型编制我国高校篮球教练员领导力测评量表，利用量表施测回收的统计数据进行因素分析，检验量表结构是否与理论模型相吻合，从而验证我国高校篮球教练员领导力理论模型的有效性，同时开发出用于自我内观、自我诊断的我国高校篮球教练员领导力测评量表。

第一节　量表编制

量表编制的理论模型应以大量的题目数量为基础。一般而言，预试量表题库题目至少为最终量表题数的两倍，题库越大，可供筛选的空间也就越大，经过逐步删减形成最终的正式量表题目。为保证测量的全面性，最好将某些维度进一步分解，分解得越细，相应测量条目就越不容易遗漏，测量的准确性就越高[1]。编写量表所需要的测量条目最常用、最直接的方法是从已经出版的各种标准测验中选择合适的题目，也可以从具有丰富经验的行为主体和有

1　罗伯特·F.德威利斯.量表编制：理论与应用［M］.席仲恩，杜珏，译.重庆：重庆大学出版社，2016：75.

关文献中提取 [1]。

据此，本研究主要通过以下三种途径广泛收集我国高校篮球教练员领导力测评量表的初始条目：从以高校篮球教练员为主的国内外优秀"三大球"教练员所著有关球队管理与领导艺术方面的传记和专访报道中进一步提取细化维度，继而转化为测量条目；从相关文献中进一步补充细化维度，通过对维度内涵的情境化、通俗化表达以形成测量条目；借鉴相关领域成熟量表中适合我国高校篮球教练员的测量条目。

一、基于传记分析的条目收集

（一）样本选取

广泛查阅教练员传记类书籍，所选传记的纳入标准为：

（1）传记人物为具有一定代表性的"三大球"项目主教练，以高校篮球教练员为主，其他执教对象和项目的教练员作为补充。传记资料多元且公开，符合质性研究信息丰富性和伦理性要求。

（2）传记类型为自传体传记（第1人称）或自传体和回忆体（第3人称）相结合的传记。传记内容大多包含教练员本人以及助理教练、队员、同行、朋友、家人、媒体等对其执教经历的点滴描述，具有较强的纪实性和人物立体感。根据以上标准，最终搜集到9位教练员的13本传记（表4.1）。经粗略统计，传记资料总字数约228万字。在此基础上，进一步选取4位多次荣获CUBA最佳教练员、专访报道丰富翔实的我国高校篮球教练员代表作为分析对象（表4.2）。

表4.1 所选取教练员及相关传记

编号	姓名	项目	执教球队	相关传记
ZJ01	约翰·伍登	篮球	加州大学洛杉矶分校男篮	《教导：伍登教练是怎样带队伍的》《他们称呼我为教练》《我的教练，我的队》《伍登教练成功法则》
ZJ02	迈克·沙舍夫斯基	篮球	杜克大学男篮、美国男篮	《领导带队更要带心》《我相信你们》

---

1 Hinkin, T.R. A brief tutorial on the development of measures for use in survey questionnaires [J]. Organizational Research Methods, 1998（1）: 104-124.

续表

编号	姓名	项目	执教球队	相关传记
ZJ03	里克·皮蒂诺	篮球	路易斯维尔大学男篮	《为生命的每分钟增加价值》
ZJ04	汤姆·柯林	篮球	佐治亚大学男篮	《执教团队篮球》
ZJ05	鲍勃·希尔	篮球	匹兹堡大学男篮、堪萨斯州立大学男篮、步行者、马刺	《篮球教练员成功之道》
ZJ06	亚历克斯·弗格森	足球	曼彻斯特联队	《领导力：弗格森38年领导心法》
ZJ07	卡尔洛·安切洛蒂	足球	切尔西、AC米兰、拜仁	《寂静的领导力》
ZJ08	袁伟民	排球	中国女排	《我的执教之道》
ZJ09	郎平	排球	中国女排	《激情岁月：郎平自传》

表 4.2 　所选取教练员及相关专访报道

编号	姓名	项目	执教球队	相关专访报道
ZF01	李笋南	篮球	北京师范大学女篮	《一个大学篮球冠军教练的忧虑》《李笋南 用心缔造神话》《篮球生不能放松对自己的要求》《走近李笋南，淡定随和的麻辣教官》《打好基本功，无招胜有招》
ZF02	白江	篮球	中南大学男篮	《"铁腕教头"白江：绝不仅仅是铁腕》《中国版科尔白江："中南从来不是靠运气！"》《白江：从一枝独秀到遍地开花》《这支球队为何领军湖"篮"》
ZF03	陈磊	篮球	清华大学男篮	《只想做好大学教练 校园篮球未来可期》《希望篮球教给他们坚强》《再坚持七分钟，冠军就是清华的》《十年，从冠军队长到冠军主帅》
ZF04	任峰	篮球	宁波大学男篮	《宁波大学：王朝终结者是怎样练成的？》《任峰：严要求 爱队员》《"草根球队"宁大男篮如何十年磨一剑》《他们不是湘北》

（二）基本步骤

（1）根据文本类型，将选取的 13 名教练员进行编号，人物传记类编号 ZJ01-ZJ09，专访报道类编号 ZF01-ZF04，以人为单位对文本资料进行分析。

（2）由 1 名有 8 年高校执教经历的篮球方向在读博士、1 名有丰富建模经验的心理学硕士独立阅读上述 13 本人物传记和 17 篇专访报道。以我国高校篮球教练员领导力模型框架为编码主题手册，相关主题为初步拟定的教练员领导力结构维度。对每本传记、每篇报道中教练员在带领球队过程中相关行为的描述性语句进行标注，用简明的概念化词条予以编码，概念化词条尽量使用或贴近原著中的字词，若遇到有相似表达的描述性语句则合并在一起，不再重复编码。

（3）根据概念类属，将所有编码进一步归类到教练员领导力模型框架中，以形成更加细化的维度。为了不轻易遗漏相关要素，所有材料的阅读都在两遍以上，当对所有人物传记编码后发现无新概念出现，继续阅读余下的 17 篇专访报道，仍然没有新编码出现，判断理论基本饱和。

（4）根据公式计算编码一致性系数，为两名编码者对某文本资料基本一致的编码个数，和为两名编码者分别对某文本资料编码的总个数。

（5）邀请其他研究者对编码一致性系数未达到 0.7 以上的人物传记和专访报道展开讨论，对不一致的编码进行适当调整，直至编码一致性系数达到可接受水平。按照以上操作步骤，最终整理出 281 条原始描述性语句（附录 A）。

（三）结果分析

对 13 本人物传记和 17 篇专访报道逐一编码后，经过整理共收集到 49 项反映教练员领导力的要素特征。由于 49 项领导力要素在传记中出现的频次并不相同，某些出现频次较低的编码并不能反映研究样本的共性特征。按照编码频次大于等于 25% 的研究样本人数则认定为该编码能够反映研究样本共性特征的纳入标准[1]，对 49 项领导力要素再次进行筛选。根据本研究所选取的教练员人数，达到 3 人以上，即同一编码第 3 次出现在另一人物的传记或专访报道中即可作为共性要素予以保留。经统计，在 49 项领导力要素中有 34 项达到了上述标准，按照基本属性分别纳入自我领导力、人际领导力、专业领导力和文化领导力四大核心类属。

---

1 陈泊蓉.中小学创新型教师的素质与成长研究［D］.西安：陕西师范大学，2017.

二、基于文献分析的条目收集

为了保证测量条目的全面性，通过文献分析从以下资料中进一步补充和完善测量条目：

（1）具有一定代表性的通用领导力模型：领导力五力模型、六维领导力模型、三元领导力模型（附录 B）；本土化领导力模型：家长式领导模型。

（2）教练员领导力有关文献，例如：熊焰指出，教练员领导力可通过决策、组织、沟通、激励、执行等维度来体现[1]；徐建华指出，教练员领导力主要体现在团队凝聚力的构建、球员激励、压力管理等方面[2]。

（3）篮球教练员能力素质有关文献，例如：贾志强指出，篮球教练员的能力结构应包括科学化训练能力、组织管理能力、临场指挥比赛能力、认知能力、创新能力、人际交往协作能力和完善知识结构能力[3]。

当文献分析完毕后，将收集到的测量条目与传记分析收集到的测量条目进行比较，合并具有相似表达或对等关系的测量条目，共获得 40 项反映我国高校篮球教练员领导力的测量条目（表 4.3）。进一步将其编制成格式和文字长度基本相近的测量题目，同时满足各二级维度对应 3 个以上的测量题目。

表 4.3　基于传记分析和文献分析收集的测量条目

一级维度	二级维度	测量条目
自我领导力	自我认知	自我意识、角色意识、责任意识
	自我管理	情绪管理、时间管理、压力管理
	自我发展	自我学习、自我反思、创新能力、科研能力
人际领导力	人际沟通	乐于倾听、善于表达、营造沟通氛围
	人际协调	预防冲突、化解冲突
	人际支持	建立信任、适当授权、动机激励、学会关爱、赢得支持
专业领导力	选材用人	识人有术、用人有方
	训练指导	规划设计、组织实施、检查评定
	竞技参赛	赛前准备、临场指挥、赛后调整

1　熊焰, 王平, 张宝峰, 等. 我国教练员研究进展与热点评述[J]. 北京体育大学学报, 2013, 36（2）: 139-144.
2　徐建华, 黄汉升. 美国大学篮球教练成长历程及启示[J]. 成都体育学院学报, 2013, 39（12）: 45-50.
3　贾志强. 篮球教练员能力结构需求与绩效评估研究[M]. 北京: 北京体育大学出版社, 2016: 16.

续表

一级维度	二级维度	测量条目
文化领导力	物质文化领导力	创设训练环境、设计象征标识、组织团建活动
	行为文化领导力	培养球队作风、打造技战术风格、树立典范
	制度文化领导力	制定制度、执行制度
	精神文化领导力	培育核心价值观、塑造团队精神、建立执教理念、确立执教目标

三、基于量表借鉴的条目收集

结合传记分析和文献分析所收集到的测量条目，从现有针对篮球教练员、教练员、教师所开发的相关量表中进一步收集相同、相似测量条目所对应的题目（表4.4）。对部分表达相同含义但表述相对宽泛的题目，根据我国高校篮球教练员的执教情境和话语体系进行适当改编。

表 4.4　借鉴量表简介

学者/年份	量表名称/题目数量	测量维度	施测对象
Chelladurai/1980	运动领导行为量表/40	训练指导行为、社会支持行为、奖励行为、民主行为、专制行为	教练员/运动员
高三福/2001	教练员家长式领导行为量表/30	才德领导、威权领导、仁慈领导	教练员/运动员
徐建平/2004	教师胜任力测验量表/95	个人特质、关注学生、专业素养、人际沟通、建立关系、信息搜集、职业偏好、尊重他人、理解他人	教师
杨勇/2008	教练员领导方式量表/10	民主型领导、专制型领导	教练员/运动员
邱芬/2008	专业教练胜任特征评价量表/36	知识获取、创新、团队合作、沟通、权威、关注细节、洞察力、解决问题、分析思考	教练员
郭宇刚/2016	教练员-运动员关系维持策略量表/29	冲突管理、动机激励、沟通策略、支持性、社交网络、保持性	教练员/运动员

续表

学者 / 年份	量表名称 / 题目数量	测量维度	施测对象
孙哲 /2018	职业篮球教练胜任特征测评量表 /54	认知能力、专业技能、管理能力、个人特质	教练员
于少勇 /2020	三大球教练服务型领导行为量表 /12	愿景、服务、授权	运动员

　　小结：通过以上三种途径，初步编制出 94 项反映我国高校篮球教练员领导力的测量条目（表 4.5）。其中，自我领导力维度共计 21 题，题项数占比 22%（自我认知 7 题、自我管理 6 题、自我发展 8 题）；人际领导力维度共计 25 题，题项数占比 27%（人际沟通 9 题、人际协调 4 题、人际支持 12 题）；专业领导力维度共计 26 题，题项数占比 28%（选材用人 6 题、训练指导 8 题、竞技参赛 12 题）；文化领导力维度共计 22 题，题项数占比 23%（物质文化 6 题、行为文化 6 题、制度文化 4 题、精神文化 6 题）。

表 4.5　我国高校篮球教练员领导力量表初始测量条目

测量条目	条目来源	二级维度	一级维度
1. 能够正确认识和评价自己	文献分析	自我认知	自我领导力
2. 能够将自身优势在执教过程中充分发挥出来	文献分析		
3. 能够正视自己在某些方面存在的不足	文献分析		
4. 始终按照岗位职责严格要求自己	量表借鉴		
5. 面对比赛失利，勇于承担应尽的责任	量表借鉴		
6. 为球队尽心尽力，不惜牺牲个人休息时间	量表借鉴		
7. 将自己在球队中的角色定位为领导者	文献分析		
8. 不管多大的烦心事，一到训练场上就不再想它	量表借鉴	自我管理	
9. 遇事沉着冷静，能够控制自己的情绪	量表借鉴		
10. 在压力之下，我依然能够保持镇定自若	传记分析		
11. 当有压力时，知道该用什么方法减压	量表借鉴		
12. 更倾向于把执教压力视为一种动力	传记分析		
13. 根据球队事务的重要程度来决定处理顺序	传记分析		

续表

测量条目	条目来源	二级维度	一级维度
14. 我认为学习篮球理论知识完全有必要	量表借鉴	自我发展	自我领导力
15. 经常抽出一定时间学习，提升自己	量表借鉴		
16. 经常关注国内外篮球教学训练的发展动态	文献分析		
17. 即使有失败危险对新的技战术我也愿意尝试	量表借鉴		
18. 当一项技战术处于萌芽状态时，常能看出其发展前景	量表借鉴		
19. 在训练和比赛中总有一些新的设想在我头脑中涌现	量表借鉴		
20. 勤于思考，不断总结执教过程中的经验教训	文献分析		
21. 在抓好训练的前提下，积极从事相关科研活动	文献分析		
22. 能够清晰表达自己的观点、信念以及期望	量表借鉴	人际沟通	人际领导力
23. 我是一个善于说服他人接受自己观点的人	量表借鉴		
24. 有时会通过委婉的方式或第三方来间接表达观点	文献分析		
25. 针对不同性格的队员，选择不同的交流方式	文献分析		
26. 鼓励队员表达其观点、思想和感情，并给予理解和回应	量表借鉴		
27. 在意见不同时，会听取队员的意见	量表借鉴		
28. 经常给队员一些建设性反馈	量表借鉴		
29. 了解队员的肢体语言，体察其情绪状态	量表借鉴		
30. 能够在队员之间营造融洽的沟通氛围	传记分析		
31. 积极主动地协调球队的外部关系	文献分析	人际协调	
32. 留意和杜绝球队内部的"小圈子"文化	传记分析		
33. 能够预见并及时化解球队内部的矛盾冲突	文献分析		
34. 与他人发生冲突，能够以礼貌的方式表达意见和观点	量表借鉴		
35. 我尊重和信任每一个队员	文献分析	人际支持	
36. 我会让队员知道，他/她能信赖我	量表借鉴		
37. 我会让队员知道，他/她可以和我谈论任何事情	量表借鉴		

续表

测量条目	条目来源	二级维度	一级维度
38. 经常把某些任务授权给队员来完成	文献分析	人际支持	人际领导力
39. 运用多种激励手段,充分调动队员的积极性	传记分析		
40. 如果队员在训练、比赛和学习方面表现出色,我会及时给予鼓励	传记分析		
41. 如果队员遇到困难,我会主动关心帮助	量表借鉴		
42. 对队员的关心有时会扩及其家人	量表借鉴		
43. 就算有时候训练不顺利,我也会支持我的队员	量表借鉴		
44. 努力为球员的成长和发展提供平台和机会	量表借鉴		
45. 向朋友倾诉自己的烦恼,以获得理解和支持	量表借鉴		
46. 尽力争取外部可利用资源,为球队的发展提供支持	传记分析		
47. 我会根据球队需要,选拔适合的队员	传记分析	选材用人	专业领导力
48. 我相信我选拔队员的眼光不会错	文献分析		
49. 即使能力稍逊,我也会优先选用具有良好品格的队员	传记分析		
50. 把队员放在能使其优势得到充分发挥的位置	文献分析		
51. 根据队员各自特点,合理搭建阵容体系	传记分析		
52. 重视球队人才梯队建设	文献分析		
53. 能够合理安排各阶段训练的重点、内容和负荷	量表借鉴	训练指导	
54. 根据具体情况,及时调整训练计划	量表借鉴		
55. 狠抓技术动作和战术配合细节	传记分析		
56. 经常安排分类多套的战术配合练习	文献分析		
57. 针对不同条件的队员,采取不同的教学方法	文献分析		
58. 能够指出队员在训练中出现的细小问题	传记分析		
59. 适时安排必要的恢复训练	文献分析		
60. 定期检查评估训练效果	文献分析		
61. 及时分析、有效利用有关比赛的情报信息	量表借鉴	参赛指导	

续表

测量条目	条目来源	二级维度	一级维度
62. 针对比赛中可能遇到的问题，我会提前做好预案	文献分析	参赛指导	专业领导力
63. 根据比赛对手情况，有针对性地组织赛前训练	文献分析		
64. 通过多种途径，帮助队员调整赛前心理状态	文献分析		
65. 善于捕捉比赛中对手的弱点和漏洞	文献分析		
66. 比赛到了关键时刻，敢于决策，即使输了也不怕	量表借鉴		
67. 征求队员对具体比赛策略的意见	量表借鉴		
68. 力争用最简单的话语和动作，向队员传递临场决策信息	传记分析		
69. 有信心应对比赛中的各种意外事件	量表借鉴		
70. 比赛结束后，努力平息队员的情绪	传记分析		
71. 比赛结束后，能清楚地记得队员场上发挥的情况	量表借鉴		
72. 比赛结束后，及时与队员讨论和总结比赛经验	量表借鉴		
73. 通过张贴励志标语等形式，营造良好训练氛围	传记分析	物质文化	文化领导力
74. 为球队训练条件的改善做力所能及之事	文献分析		
75. 经常检查训练场地及配套设施是否安全	文献分析		
76. 经常提醒队员要爱护训练设施和器材	文献分析		
77. 设计具有球队象征性的标识（如：队旗、队徽、队歌）	传记分析		
78. 经常组织一些有助于球队建设的集体活动	量表借鉴		
79. 努力打造适合球队特点的技战术风格	文献分析	行为文化	
80. 注重队员良好行为习惯的养成教育	文献分析		
81. 始终把队风的培养和建设放在首位	传记分析		
82. 经常关注队员在校期间的学习情况	传记分析		
83. 自觉规范言行，为队员树立榜样	传记分析		
84. 有意识地在球队中培养和树立模范队员	传记分析		

续表

测量条目	条目来源	二级维度	一级维度
85. 明确告诉队员，什么该做，什么不该做	传记分析	制度文化	文化领导力
86. 要求队员必须按照统一的规则办事	量表借鉴		
87. 能够及时制止队员的不良行为	量表借鉴		
88. 对队员的奖励和处罚一视同仁	传记分析		
89. 致力于塑造和维护球队核心价值观	传记分析	精神文化	
90. 时常向队员灌输团队精神至上的观念	传记分析		
91. 倡导"人球并重""以球育人"的执教理念	文献分析		
92. 为队员指明奋斗目标和努力方向	文献分析		
93. 对我而言，帮助队员成长比赢得比赛更为重要	文献分析		
94. 只要发挥了水平，我觉得即使输掉比赛也是令人满意的	量表借鉴		

第二节　专家评价

一、评价目的

通过"自上而下"的理论演绎和"自下而上"的总结归纳，构建我国高校篮球教练员领导力理论模型、编制了测评量表，其构成要素的合理性以及测量题目的适切性仍有待进一步验证。专家评价法是判断一个测验是否具有内容效度的常用方法。为了方便专家对测验做出客观评价，需要尽可能详细地说明测验目的和编制过程，并编制评价问卷[1]。因此，编制《我国高校篮球教练员领导力模型及测评量表专家评价问卷》(附录C)，邀请相关领域专家(表4.6)对篮球教练员领导力定义、我国高校篮球教练员领导力理论模型的合理性以及基于传记分析、文献分析和量表借鉴收集到的测量条目与我国高校篮球教练员领导力的相关性进行评价。

1　张力为，毛志雄.体育科学常用心理量表评定手册［M］.北京：北京体育大学出版社，2004：241.

表4.6　评价专家基本信息

序号	姓名	工作单位	研究方向	职称
1	钟**	首都体育学院	教练学	教授
2	张**	西北师范大学	运动训练理论与实践	教授
3	于**	首都体育学院	篮球运动理论与实践	教授
4	陶*	哈尔滨师范大学	篮球运动理论与实践	教授
5	徐**	福建师范大学	篮球教练员领导力	教授
6	李**	云南大学	运动心理学	教授
7	宋**	北京师范大学	运动心理学	副教授
8	马**	同济大学	组织行为学	教授
9	李**	北京师范大学	领导力测评 / 运动心理学	副教授

二、评价过程

（1）邀请各位专家以审查的方式对模型构建的合理性和条目设置的适切性进行第一轮探讨与修订。

（2）第一轮审查结束后，将修订后的评价问卷呈交给各位专家进行打分。在专家评价问卷中，采用李克特5点量表（非常不合理1→非常合理5）对篮球教练员领导力定义和我国高校篮球教练员领导力模型维度划分进行评价，通过计算给出"合理""非常合理"的专家人数占总人数的百分比来判断其合理程度。同时设置了用于填写专家宝贵意见和建议的"附言栏"。

（3）专家对初始测量条目相关程度的评价通常采用4等级评分[1]，分别为"1不相关（直接删除）、2弱相关（直接删除或大幅度修改）、3较强相关（文辞性修改后保留）、4非常相关（直接保留）"。通过计算给出"较强相关""非常相关"的专家人数占总人数的百分比（条目内容效度指数）以及全部专家均认为"较强相关""非常相关"的条目数占总条目数的百分比（量表内容效度指数）来判断其适切程度。同时设置了用于填写修改、删除、

1　史静静，莫显昆，孙振球. 量表编制中内容效度指数的应用［J］. 中南大学学报（医学版），2012，37（2）：49-52.

归纳合并意见的"补充意见"栏和填写条目池中尚未涉及条目的"需要增加的条目"栏。

三、评价结果

（一）第一轮专家评价概述

1. 概念界定

李**指出领导力是教练员执教过程中表现出来的一种综合能力，是教练员素养的外化表现。领导力可拆分为领向（方向目标）和导人（运动员及关联人物的追随），本研究对篮球教练员领导力的定义较为合理；钟**表示领导力是一种中性能力，在发挥正向效应的同时，也可能导致负向效应的出现，并非所有教练员领导行为都会对运动员产生积极影响。由此建议去掉"积极"二字；徐**建议将"其他相关人员"修改为"球队相关人员"。最终修改为：为实现"育人夺标"的球队目标，篮球教练员对球员及球队相关人员施加影响的过程中所需要具备的能力结构。

2. 测量维度

于**指出专业领导力中"选材用人""训练指导"均站在教练员角度命名，而"竞技参赛"实际是站在运动员角度命名，而非教练员。由此建议将"竞技参赛"修改为"参赛指导"；钟**指出文化领导力主要体现在从物质、行为、制度和精神层面塑造和培育球队文化，二级维度的命名没有必要在每个层面后边再加上"领导力"三个字，去掉后也能与其他二级维度的命名保持一致。由此建议将"物质文化领导力""行为文化领导力""制度文化领导力""精神文化领导力"修改为"物质文化建设""行为文化建设""制度文化建设""精神文化建设"。

3. 测量条目

（1）对表达空泛、特异性不足的条目修订（10道）

自我意识测量条目中，有专家认为"1. 能够正确认识和评价自己"过于空泛，较难客观回答，建议删除；情绪管理测量条目中，有专家认为"9. 遇事沉着冷静，能够控制自己的情绪"过于空泛，建议删除；自我学习测量条目中，有专家认为"15. 经常抽出一定时间学习，提升自己"过于空泛，建议删除；创新能力测量条目中，有专家认为"18. 当一项技战术处于萌芽状态时，常能看出其发展前景"与高校篮球教练员的实际情况可能不相符，建议删除；乐于倾听测量条目中，有专家认为"27. 在意见不同时，会听取队员的意见"需要视具体情况而定，建议删除；建立信任测量条目中，有专家认为"35. 我尊重和信任每一个队员"表面效度过高，建议删除。"37. 我会让队员知道，他 / 她可以和我谈论任何事情"过于绝对，建议删除；学会关爱测量条目中，有专家认为"43. 就算有时候训练不顺利，我也会支持我的队员"需要视具体情况而定，建议删除；识人有术测量条目中，有专家认为"47. 我会根据球队需要，选拔适合的队员"不符合大多数高校篮球队的实际情况，建议删除；赛后调整测量条目中，有专家认为"71. 比赛结束后，能清楚地记得队员场上发挥的情况"适用于考察教练员的记忆力，建议删除。

（2）对表述不够简洁、含义不够明确的条目修订（25 道）

自我意识测量条目中，有专家建议将"2. 能够将自身优势在执教过程中充分发挥出来"修改为"能够将个人特点转化为执教优势""3. 能够正视自己在某些方面存在的不足"修改为"能够正视自己在执教中存在的不足"；责任意识测量条目中，有专家建议将"4. 始终按照岗位职责严格要求自己"修改为"清楚地知道教练员的岗位职责""5. 面对比赛失利，勇于承担应尽的责任"修改为"面对比赛失利，会进行自我反思""6. 为球队尽心尽力，不惜牺牲个人休息时间"修改为"为了球队发展，经常加班工作"；压力管理测量条目中，有专家建议将"10. 在压力之下，我依然能够保持镇定自若"修改为"即使压力很大，我也能保持训练热情""11. 当有压力时，知道该用什么方法减压"修改为"知道如何缓解执教压力""12. 更倾向于把执教视为一种动力"修改为"把执教压力视为一种动力"；创新能力测量条目中，有专家建议将"17. 即使有失败危险对新的技战术我也愿意尝试"修改为"即使有失败风险，我也愿意尝试新的技战术"；自我反思测量条目中，有专家建议将"20. 勤于思考，不断总结执教过程中的经验教训"修改为"时常总结训练和比赛中的经验教训"；科研能力测量条目中，有专家建议将"21. 在抓好训练的前提下，积极从事相关科研活动"修改为"积极从事与教学训练有关的科研活动"。

善于表达测量条目中，有专家建议将"23. 我是一个善于说服他人接受自己观点的人"修改为"善于说服他人接受自己的观点"；化解冲突测量条目中，有专家建议将"33. 能够预见并及时化解球队内部的矛盾冲突"修改为"能够采取合理方式，及时化解队员之间的矛盾""34. 与他人发生冲突，能够以礼貌的方式表达意见和观点"修改为"与他人发生冲突时，我会尽量克制情绪"；动机激励测量条目中，有专家建议将"40. 如果队员在训练、比赛和学习方面表现出色，我会及时给予鼓励"修改为"如果队员在某方面表现出色，我会及时给予肯定"；有专家建议将测量条目"学会关爱"修改为"付出关爱"；赢得支持测量条目中，有专家建议将"45. 向朋友倾诉自己的烦恼，以获得理解和支持"修改为"向家人或好友倾诉自己的压力和烦恼""46. 尽力争取外部可利用资源，为球队发展提供支持"修改为"尽力争取外部资源，为球队发展提供支持"。

用人有方测量条目中，有专家建议将"52. 重视球队人才梯队建设"修改为"通过比赛有目的地考察和锻炼新人"；组织实施测量条目中，有专家建议将"57. 针对不同条件的队员，采取不同的教学方法"修改为"根据队员的理解能力，尝试不同的教学方法"；赛前准备测量条目中，有专家建议将"62. 针对比赛中可能遇到的问题，我会提前做好预案"修改为"比赛前，会做好预案"；临场指挥测量条目中，有专家建议将"68. 力争用最简单的话语和动作，向队员传递临场决策信息"修改为"力争用最简洁的话语和动作，向队员传递临场决策信息"。

创设训练环境测量条目中，有专家建议将"74. 为球队训练条件的改善做力所能及之事"修改为"积极争取和改善训练条件"；设计象征标识测量条目中，有专家建议将"77. 设计具有球队象征性的标识（如：队旗、队徽、队歌）"修改为"创建属于自己球队的队名、队徽及吉祥物等"；确立执教目标测量条目中，有专家建议将"94. 只要发挥了水平，我觉得即使输掉比赛也是令人满意的"修改为"只要发挥了水平，我觉得比赛输赢并不重要"。

（3）对包含多重意思、语义表达相近的条目修订（8 道）

乐于倾听测量条目中，有专家建议将"26. 鼓励队员表达其观点、思想和感情，并给予理解和回应"修改为"鼓励队员表达个人观点和想法"。有专家建议将"29. 了解队员的肢体语言，体察其情绪状态"修改为"注意观察队员的情绪状态，包括说话语气、肢体语言等"；有专家认为，授权建立在信任的基础之上。由此建议删除适当授权，把对应的测量条目合并到建立信任之中；用人有方测量条目中，有专家认为"50. 把队员放在能使其优势得到充分发挥的位置"与其他测量条目意思相近且不完全符合实情，建议删除；培养球队作风测量条目中，有专家建议将"81. 始终把队风的培养和建设放在首位"修改为"始终把队风的培养放在首位"。有专家认为树立典范应该是培养球队作风的前提和手段，建议删除树立典范，把对应的测量条目合并到培养球队作风之中；制定制度测量条目中，有专家认为"85. 明确告诉队员，什么该做，什么不该做"与下一条重复，建议删除；有专家认为塑造团队精神是培育核心价值观的着力点和突破口，建议删除塑造团队精神，把对应的测量条目合并到培育核心价值观之中。

（二）第二轮专家评价概述

1. 概念界定和测量维度

经过第一轮修订，专家一致认可本研究对篮球教练员领导力的定义和我国高校篮球教练员领导力维度划分，表明模型构建臻于完善。

2. 测量条目

经过第一轮修订，测量条目由 94 道精简至 82 道。根据专家对测量条目的评价结果，第一步，计算专家之间的评价一致性 IR。若 IR 不低于 0.70 或 0.80 表明评价一致性较好；第二步，计算条目水平的内容效度指数 $I\text{-}CVI$、通过随机一致性概率 Pc 计算校正后的随机一致性 K^*。当有 9 名专家对某一条目进行评价时，可接受其中 2 名专家对该条目给出"1 不相关""2 弱相关"的评价，条目水平的内容效度指数 $I\text{-}CVI=0.78$。K^* 的取值在 0.40 与 0.59 之间为一般，0.60 与 0.74 之间为良好，大于 0.74 为优秀；第三步，计算量表水平的内容效度指数 $S\text{-}CVI$。量表所有测量条目 $I\text{-}CVI$ 的平均数 $S\text{-}CVI \geqslant 0.90$，表明量表的内容效度较好[1]。

1　史静琤，莫显昆，孙振球. 量表编制中内容效度指数的应用［J］. 中南大学学报（医学版），2012，37（2）：49-52.

第二轮专家评价结果显示：（1）评价者间一致性 $IR=0.85$，表明9名专家之间的评价一致性较好；（2）如表4.7所示，我国高校篮球教练员领导力测评量表基本符合内容效度指数的相关判断标准，但个别测量条目内容效度指数仍然偏低，需要根据专家修改意见进行调整；（3）我国高校篮球教练员领导力测评量表所有测量条目 $I\text{-}CVI$ 的平均数 $S\text{-}CVI=0.95$，表明量表的内容效度较好。

表4.7　测评量表的内容效度指数计算

条目	评分为3或4的专家人数	I-CVI	Pc	K*	评价
1	9	1.000	0.002	1.000	优秀
2	9	1.000	0.002	1.000	优秀
3	6	0.667	0.164	0.602	良好
4	9	1.000	0.002	1.000	优秀
5	7	0.778	0.070	0.761	优秀
6	9	1.000	0.002	1.000	优秀
7	9	1.000	0.002	1.000	优秀
8	6	0.667	0.164	0.602	良好
9	9	1.000	0.002	1.000	优秀
10	9	1.000	0.002	1.000	优秀
11	9	1.000	0.002	1.000	优秀
12	9	1.000	0.002	1.000	优秀
13	9	1.000	0.002	1.000	优秀
14	9	1.000	0.002	1.000	优秀
15	9	1.000	0.002	1.000	优秀
16	9	1.000	0.002	1.000	优秀
17	9	1.000	0.002	1.000	优秀
18	7	0.778	0.070	0.761	优秀
19	9	1.000	0.002	1.000	优秀
20	9	1.000	0.002	1.000	优秀
21	9	1.000	0.002	1.000	优秀

续表

条目	评分为3或4的专家人数	I-CVI	Pc	K*	评价
22	9	1.000	0.002	1.000	优秀
23	9	1.000	0.002	1.000	优秀
24	9	1.000	0.002	1.000	优秀
25	9	1.000	0.002	1.000	优秀
26	9	1.000	0.002	1.000	优秀
27	9	1.000	0.002	1.000	优秀
28	9	1.000	0.002	1.000	优秀
29	9	1.000	0.002	1.000	优秀
30	8	0.889	0.014	0.887	优秀
31	5	0.556	0.246	0.413	一般
32	9	1.000	0.002	1.000	优秀
33	9	1.000	0.002	1.000	优秀
34	9	1.000	0.002	1.000	优秀
35	9	1.000	0.002	1.000	优秀
36	9	1.000	0.002	1.000	优秀
37	5	0.556	0.246	0.413	一般
38	9	1.000	0.002	1.000	优秀
39	9	1.000	0.002	1.000	优秀
40	9	1.000	0.002	1.000	优秀
41	9	1.000	0.002	1.000	优秀
42	9	1.000	0.002	1.000	优秀
43	9	1.000	0.002	1.000	优秀
44	6	0.667	0.164	0.602	良好
45	9	1.000	0.002	1.000	优秀
46	9	1.000	0.002	1.000	优秀
47	9	1.000	0.002	1.000	优秀
48	9	1.000	0.002	1.000	优秀
49	9	1.000	0.002	1.000	优秀

续表

条目	评分为3或4的专家人数	I-CVI	Pc	K*	评价
50	9	1.000	0.002	1.000	优秀
51	9	1.000	0.002	1.000	优秀
52	8	0.889	0.014	0.887	优秀
53	9	1.000	0.002	1.000	优秀
54	9	1.000	0.002	1.000	优秀
55	9	1.000	0.002	1.000	优秀
56	9	1.000	0.002	1.000	优秀
57	9	1.000	0.002	1.000	优秀
58	9	1.000	0.002	1.000	优秀
59	9	1.000	0.002	1.000	优秀
60	9	1.000	0.002	1.000	优秀
61	9	1.000	0.002	1.000	优秀
62	9	1.000	0.002	1.000	优秀
63	9	1.000	0.002	1.000	优秀
64	8	0.889	0.014	0.887	优秀
65	9	1.000	0.002	1.000	优秀
66	9	1.000	0.002	1.000	优秀
67	9	1.000	0.002	1.000	优秀
68	9	1.000	0.002	1.000	优秀
69	9	1.000	0.002	1.000	优秀
70	9	1.000	0.002	1.000	优秀
71	9	1.000	0.002	1.000	优秀
72	6	0.667	0.164	0.602	良好
73	9	1.000	0.002	1.000	优秀
74	9	1.000	0.002	1.000	优秀
75	9	1.000	0.002	1.000	优秀
76	9	1.000	0.002	1.000	优秀
77	9	1.000	0.002	1.000	优秀

续表

条目	评分为 3 或 4 的专家人数	I-CVI	Pc	K*	评价
78	9	1.000	0.002	1.000	优秀
79	5	0.556	0.246	0.413	一般
80	9	1.000	0.002	1.000	优秀
81	9	1.000	0.002	1.000	优秀
82	9	1.000	0.002	1.000	优秀

第三节 初步检验

一、测试工具

将编制的《我国高校篮球教练员领导力初始量表》作为测试工具，采用基于问卷星的在线填答方式。初始量表采用李克特 5 点量表，数字 1 代表"完全不符合"，数字 5 代表"完全符合"，其他数字代表不同程度的符合（附录 D）。

为了尽量避免被试的社会赞许效应，借鉴相关量表设置了 2 道测谎题，如果测谎题"遇到裁判不公，我都能保持头脑清醒""不管和谁谈话，我总是一个好听众"被试均选择 5 "完全符合"，判定为无效问卷。

为了尽量避免被试的不认真填答，设置了 1 道迫选题，如果迫选题"这道题的选项请选择完全不符合"选择错误，判定为无效问卷；如果问卷星显示答题时间小于 2 分钟，判定为无效问卷。

二、被试样本

初步检验多采用立意抽样或便利性抽样，建立一个小型样本，施以初始量表，以决定题目的可用程度。预试样本人数以包含最多题目数量的分量表题目总数的 3 到 5 倍为原则[1]。我国高校篮球教练领导力初始测评量表包括自

---

1 邱皓政 . 量化研究与统计分析：SPSS 中文视窗版数据分析范例解析［M］. 重庆：重庆大学出版社，2009：297.

我领导力、人际领导力、专业领导力和文化领导力4个分量表，题目数量分别为17题、21题、23题、21题。按照上述标准，选取69～115人即可满足预试样本的人数要求。

本研究采用便利性抽样，结合我国高校所处地理位置的均衡性（七大区域）、办学类型的层次性（本科院校/高职高专院校）以及参加大学生篮球联赛的层级性（一级联赛/二级联赛/三级联赛）等方面的综合考虑，在各高校篮球队主教练中选取调查对象。主教练在高校篮球队中扮演着主要的领导角色，他们更有可能将自己视为一个领导者[1]。

笔者于2022年5月以问卷星的形式发放调查问卷（附录D），回收163份问卷，剔除无效作答问卷，134份有效，有效问卷率为82.2%。其中，男教练124人、女教练10人，主要来自北京、河北、辽宁、浙江、福建、宁夏、河南、四川、贵州9个省市自治区，具体人口统计学特征，如表4.8所示。

表4.8 预试施测被试基本特征

变量	选项	人数	比例	变量	选项	人数	比例
年龄	30岁以下	27	20.1%	职称	助教	4	3.0%
	30～40岁	47	35.1%		讲师	46	34.3%
	41～50岁	56	41.8%		副教授	58	43.3%
	51～60岁	4	3.0%		教授	11	8.2%
	60岁以上	0	0		其他	15	11.2%
执教年限	5年以下	43	32.1%	学历	大专及以下	2	1.5%
	5～10年	41	30.6%		本科	39	29.1%
	11～20年	40	29.9%		硕士	84	62.7%
	20年以上	10	7.5%		博士	9	6.7%

三、项目分析

当初始量表编制完成后，不能仅凭量表编制者主观臆想来决定量表质量

---

1 Raidbard M. How NCAA Division I, II, & III Men's College Basketball Head Coaches Perceive Themselves as Leaders［D］. Chicago：Chicago State University，2018.

优劣。为保障实际测评效果，必须经过实际测试收集客观数据，通过项目分析对其测量学属性进行一系列统计检验，以此进一步评估预试题目的适切性，从而产生用于正式施测的量表。本研究采用的项目分析判别指标如下[1]：

极端组比较：首先，根据预试样本在该量表总分的高低排序，取极端的27% 分为高低分二组，然后计算每个题目在两个极端组的平均数得分。具有鉴别度的题目需满足，在高低组平均数差异的独立样本 T 检验达到 0.05 的显著水平，决断比值 CR ≥ 3。

题目总分相关：计算每个题目与分量表总分的简单积差相关系数，删除相关系数未达显著水平和相关系数小于 0.40 的题目；删除修正的项目总相关系数小于 0.40 的题目。

同质性检验：根据某题目删除后，量表信度系数的变化来判断该题目与其他题目的同质性，若分量表 α 系数高出许多，则删除该题目；共同性和因素负荷量愈低的题目与量表的关系愈不密切，同质性愈低，删除共同性值小于 0.20、因素负荷量小于 0.45 的题目。

（一）自我领导力分量表项目分析

通过极端组比较、题目总分相关和同质性检验，将未达标累计数大于等于 2 的题目予以删除。从共计 17 题的自我领导力分量表中删除第 3 题、第 9 题，保留 15 题（表 4.9），用于下一阶段的正式量表施测。

表 4.9　自我领导力分量表项目分析摘要表

题目	极端组比较	题目总分相关		同质性检验			未达标累计数	备注
	决断值 CR	题目与总分相关	校正题目与总分相关	题目删除后的 α 值	共同性	因素负荷量		
1	16.478***	0.754**	0.714	0.932	0.789	0.822	0	保留
2	14.389***	0.748**	0.708	0.932	0.780	0.810	0	保留
3	4.628***	0.374**	0.299	0.941	0.235	0.104	4	删除
4	15.257***	0.699**	0.652	0.933	0.760	0.826	0	保留
5	20.702***	0.746**	0.703	0.932	0.751	0.800	0	保留

1　吴明隆 . 问卷统计分析实务：SPSS 操作与应用 [M].重庆：重庆大学出版社，2010：41.

续表

题目	极端组比较	题目总分相关		同质性检验			未达标累计数	备注
	决断值 CR	题目与总分相关	校正题目与总分相关	题目删除后的 α 值	共同性	因素负荷量		
6	16.943***	0.786**	0.750	0.931	0.742	0.751	0	保留
7	15.075***	0.770**	0.731	0.931	0.708	0.610	0	保留
9	1.908	0.162	0.084	0.944	0.257	0.494	4	删除
10	13.785***	0.747**	0.704	0.932	0.693	0.625	0	保留
11	12.357***	0.733**	0.694	0.932	0.679	0.616	0	保留
12	12.649***	0.747**	0.707	0.932	0.724	0.650	0	保留
13	17.432***	0.792**	0.758	0.931	0.800	0.841	0	保留
14	18.179***	0.792**	0.756	0.931	0.748	0.775	0	保留
15	17.284***	0.754**	0.715	0.932	0.708	0.780	0	保留
16	15.953***	0.788**	0.753	0.931	0.742	0.791	0	保留
17	16.933***	0.778**	0.740	0.931	0.706	0.764	0	保留
18	18.384***	0.769**	0.732	0.931	0.715	0.779	0	保留
标准	≥ 3.000	≥ 0.400	≥ 0.400	≤ 0.936	≥ 0.200	≥ 0.450		

注：题目 8 为测谎题未计入分析；*** 表示 $p < 0.001$，** 表示 $p < 0.01$。

（二）人际领导力分量表项目分析

通过极端组比较、题目总分相关和同质性检验，将未达标累计数大于等于 2 的题目予以删除。从共计 21 题的人际领导力分量表中删除第 19 题、第 31 题、第 33 题、第 39 题，保留 17 题（表 4.10），用于下一阶段的正式量表施测。

表 4.10　人际领导力分量表项目分析摘要表

题目	极端组比较	题目总分相关		同质性检验			未达标累计数	备注
	决断值 CR	题目与总分相关	校正题目与总分相关	题目删除后的 α 值	共同性	因素负荷量		
19	1.586	0.193*	0.119	0.934	0.058	0.191	6	删除

续表

题目	极端组比较 决断值 CR	题目总分相关 题目与总分相关	校正题目与总分相关	同质性检验 题目删除后的 α 值	共同性	因素负荷量	未达标累计数	备注
20	17.401***	0.805**	0.777	0.922	0.746	0.706	0	保留
21	21.730***	0.820**	0.794	0.922	0.795	0.756	0	保留
22	19.818***	0.806**	0.777	0.922	0.738	0.685	0	保留
23	17.160***	0.767**	0.732	0.923	0.819	0.837	0	保留
25	21.388***	0.802**	0.771	0.922	0.743	0.684	0	保留
26	16.346***	0.769**	0.735	0.923	0.732	0.750	0	保留
27	22.028***	0.773**	0.738	0.923	0.738	0.744	0	保留
28	9.853***	0.607**	0.554	0.926	0.784	0.856	0	保留
29	8.951***	0.556**	0.506	0.927	0.767	0.857	0	保留
30	9.256***	0.570**	0.518	0.927	0.723	0.824	0	保留
31	0.904	0.113	0.042	0.935	0.030	-0.069	6	删除
32	12.298***	0.729**	0.691	0.924	0.724	0.804	0	保留
33	6.043***	0.463**	0.397	0.930	0.372	0.272	3	删除
34	13.638***	0.743**	0.710	0.924	0.745	0.819	0	保留
35	12.574***	0.741**	0.705	0.924	0.693	0.761	0	保留
36	12.061***	0.726**	0.688	0.924	0.736	0.815	0	保留
37	12.677***	0.715**	0.677	0.924	0.663	0.762	0	保留
38	10.915***	0.702**	0.662	0.924	0.756	0.841	0	保留
39	3.595***	0.333**	0.267	0.931	0.105	0.191	5	删除
40	11.952***	0.750**	0.717	0.923	0.678	0.737	0	保留
标准	≥ 3.000	≥ 0.400	≥ 0.400	≤ 0.929	≥ 0.200	≥ 0.450		

注：题目 24 为测谎题未计入分析；*** 表示 $p < 0.001$，** 表示 $p < 0.01$，* 表示 $p < 0.05$。

（三）专业领导力分量表项目分析

通过极端组比较、题目总分相关和同质性检验，将未达标累计数大于等于 2 的题目予以删除。从共计 23 题的专业领导力分量表中删除第 47 题、第

55 题，保留 21 题（表 4.11），用于下一阶段的正式量表施测。

表 4.11 专业领导力分量表项目分析摘要表

题目	极端组比较	题目总分相关		同质性检验			未达标累计数	备注
	决断值 CR	题目与总分相关	校正题目与总分相关	题目删除后的 α 值	共同性	因素负荷量		
41	7.952***	0.532**	0.484	0.944	0.821	0.867	0	保留
43	9.400***	0.595**	0.550	0.943	0.770	0.813	0	保留
44	8.693***	0.565**	0.519	0.944	0.776	0.836	0	保留
45	7.481***	0.516**	0.469	0.944	0.694	0.782	0	保留
46	12.931***	0.727**	0.695	0.941	0.698	0.761	0	保留
47	0.014	0.021	-0.040	0.950	0.019	0.051	6	删除
48	13.683***	0.768**	0.739	0.941	0.788	0.812	0	保留
49	13.237***	0.769**	0.741	0.941	0.753	0.779	0	保留
50	12.385***	0.739**	0.708	0.941	0.756	0.807	0	保留
51	13.309***	0.707**	0.673	0.942	0.670	0.747	0	保留
52	12.925***	0.725**	0.693	0.941	0.750	0.808	0	保留
53	14.504***	0.716**	0.682	0.941	0.734	0.803	0	保留
54	15.855***	0.776**	0.748	0.940	0.788	0.843	0	保留
55	3.994***	0.340**	0.281	0.947	0.301	0.157	4	删除
56	21.951***	0.805**	0.779	0.940	0.742	0.774	0	保留
57	15.710***	0.754**	0.724	0.941	0.747	0.816	0	保留
58	17.394***	0.757**	0.726	0.941	0.692	0.771	0	保留
59	17.681***	0.735**	0.702	0.941	0.711	0.812	0	保留
60	17.085***	0.780**	0.753	0.940	0.744	0.807	0	保留
61	17.157***	0.769**	0.740	0.941	0.738	0.791	0	保留
62	21.512***	0.773**	0.743	0.940	0.776	0.825	0	保留
63	18.916***	0.752**	0.720	0.941	0.704	0.785	0	保留
64	22.791***	0.753**	0.724	0.941	0.727	0.812	0	保留
标准	≥ 3.000	≥ 0.400	≥ 0.400	≤ 0.944	≥ 0.200	≥ 0.450		

注：42 题是迫选题，未计入分析；*** 表示 $p < 0.001$，** 表示 $p < 0.01$。

（四）文化领导力分量表项目分析

通过极端组比较、题目总分相关和同质性检验，将未达标累计数大于等于 2 的题目予以删除。从共计 21 题的文化领导力分量表中删除第 67 题、第 75 题、第 82 题，保留 18 题（表 4.12），用于下一阶段的正式量表施测。

表 4.12　文化领导力分量表项目分析摘要表

题目	极端组比较	题目总分相关		同质性检验			未达标累计数	备注
	决断值 CR	题目与总分相关	校正题目与总分相关	题目删除后的 α 值	共同性	因素负荷量		
65	14.621***	0.756**	0.724	0.939	0.709	0.708	0	保留
66	18.235***	0.773**	0.743	0.938	0.706	0.669	0	保留
67	1.168	0.145	0.077	0.948	0.439	0.565	4	删除
68	16.406***	0.781**	0.751	0.938	0.760	0.721	0	保留
69	15.059***	0.739**	0.703	0.939	0.678	0.691	0	保留
70	17.258***	0.752**	0.718	0.939	0.741	0.722	0	保留
71	19.111***	0.766**	0.733	0.938	0.762	0.803	0	保留
72	19.207***	0.822**	0.798	0.937	0.780	0.754	0	保留
73	17.313***	0.776**	0.744	0.938	0.763	0.797	0	保留
74	18.267***	0.759**	0.727	0.939	0.758	0.795	0	保留
75	2.822**	0.214*	0.147	0.947	0.340	0.079	5	删除
76	16.829***	0.783**	0.754	0.938	0.795	0.811	0	保留
77	10.133***	0.706**	0.669	0.940	0.714	0.659	0	保留
78	10.212***	0.719**	0.683	0.939	0.672	0.603	0	保留
79	10.478***	0.668**	0.624	0.940	0.704	0.691	0	保留
80	19.137***	0.788**	0.761	0.938	0.700	0.503	0	保留
81	16.830***	0.757**	0.725	0.939	0.741	0.701	0	保留
82	4.377***	0.351**	0.289	0.945	0.550	0.735	3	删除
83	19.530***	0.780**	0.750	0.938	0.710	0.596	0	保留
84	14.349***	0.715**	0.681	0.939	0.618	0.576	0	保留
85	16.413***	0.764**	0.733	0.939	0.665	0.603	0	保留
标准	≥ 3.000	≥ 0.400	≥ 0.400	≤ 0.943	≥ 0.200	≥ 0.450		

注：*** 表示 $p < 0.001$，** 表示 $p < 0.01$，* 表示 $p < 0.05$。

四、探索性因素分析

通过项目分析，删除题目3、9、19、31、33、39、47、55、67、75、82。采用主成分分析法对保留的测量题目重新进行探索性因素分析，以检验各量表的建构效度。

（一）自我领导力分量表探索性因素分析

首先检验数据是否适合进行因素分析，结果显示 KMO=0.935，Bartlett 球形检验 χ^2=1590.814（ p=0.000），说明该组数据满足因素分析的前提。采用主成分分析法进行因素抽取，采用最大方差法正交旋转后发现特征值大于 1 的因素有 3 个，3 个共同因素可以解释测量题目 75.846% 的变异量（表 4.13），表明提取 3 个共同因素较为理想，我国高校篮球教练员自我领导力分量表具有良好的建构效度。

表 4.13　自我领导力分量表探索性因素分析结果（ n=134 ）

条目	因素 1	因素 2	因素 3	共同度
SLD1	0.822			0.806
SLD4	0.776			0.733
SLD5	0.762			0.712
SLD6	0.757			0.751
SLD3	0.757			0.725
SLD2	0.733			0.718
SLA2		0.814		0.784
SLA4		0.808		0.800
SLA1		0.804		0.758
SLA5		0.790		0.759
SLA6		0.733		0.747
SLM6			0.790	0.767
SLM4			0.776	0.770
SLM5			0.764	0.752
SLM1			0.754	0.794
特征根值	4.379	3.855	3.143	
方差解释率 %	29.194%	25.699%	20.953%	
累积方差解释率 %	29.194%	54.893%	75.846%	

注：SLA、SLM、SLD 为自我认知、自我管理、自我发展的英文首字母缩写。

（二）人际领导力分量表探索性因素分析

首先检验数据是否适合进行因素分析，结果显示 KMO=0.914，Bartlett 球形检验 χ^2=1929.228（p=0.000），说明该组数据满足因素分析的前提。采用主成分分析法进行因素抽取，采用最大方差法正交旋转后发现特征值大于 1 的因素有 3 个，3 个共同因素可以解释测量题目 74.986% 的变异量（表 4.14），表明提取 3 个共同因素较为理想，我国高校篮球教练员人际领导力分量表具有良好的建构效度。

表 4.14 人际领导力分量表探索性因素分析结果（n=134）

条目	因素 1	因素 2	因素 3	共同度
IAS7	0.842			0.722
IAS3	0.814			0.749
IAS5	0.807			0.689
IAS1	0.792			0.734
IAS6	0.751			0.661
IAS4	0.745			0.768
IAS9	0.729			0.684
IAC5		0.858		0.764
IAC3		0.794		0.79
IAC9		0.789		0.743
IAC2		0.780		0.810
IAC8		0.773		0.756
IAC4		0.747		0.722
IAC7		0.745		0.749
IAI1			0.869	0.836
IAI2			0.855	0.794
IAI3			0.836	0.774
特征根值	5.063	5.051	2.634	
方差解释率 %	29.781%	29.711%	15.493%	
累积方差解释率 %	29.781%	59.492%	74.986%	

注：IAC、IAI、IAS 为人际沟通、人际协调、人际支持的英文首字母缩写。

（三）专业领导力分量表探索性因素分析

首先检验数据是否适合进行因素分析，结果显示 $KMO=0.922$，Bartlett 球形检验 $\chi^2=2583.199$（$p=0.000$），说明该组数据满足因素分析的前提。采用主成分分析法进行因素抽取，采用最大方差法正交旋转后发现特征值大于 1 的因素有 3 个，3 个共同因素可以解释测量题目 74.659% 的变异量（表 4.15），表明提取 3 个共同因素较为理想，我国高校篮球教练员专业领导力分量表具有良好的建构效度。

表 4.15　专业领导力分量表探索性因素分析结果（n=134）

条目	因素 1	因素 2	因素 3	共同度
COG1	0.849			0.792
COG9	0.818			0.741
COG6	0.816			0.747
COG11	0.814			0.689
COG4	0.812			0.714
COG7	0.807			0.745
COG10	0.791			0.738
COG8	0.785			0.777
COG3	0.773			0.708
COG5	0.772			0.729
TNG7		0.817		0.707
TNG5		0.804		0.783
TNG3		0.797		0.749
TNG8		0.789		0.760
TNG1		0.766		0.672
TNG4		0.759		0.763
TNG6		0.749		0.727
SAE1			0.895	0.844
SAE4			0.848	0.786
SAE3			0.838	0.779
SAE5			0.822	0.728
特征根值	7.119	5.200	3.360	
方差解释率 %	33.898%	24.760%	16.001%	
累积方差解释率 %	33.898%	58.659%	74.659%	

注：SAE、TNG、COG 为选材用人、训练指导、参赛指导的英文首字母缩写。

（四）文化领导力分量表探索性因素分析

首先检验数据是否适合进行因素分析，结果显示 KMO=0.910，Bartlett 球形检验 χ^2=2049.729（p=0.000），说明该组数据满足因素分析的前提。采用主成分分析法进行因素抽取，根据理论模型固定提取因子数为 4。最大方差法正交旋转后得到的因素分析结果显示，4 个共同因素可以解释测量题目 76.549% 的变异量（表 4.16），表明提取 4 个共同因素较为理想，我国高校篮球教练员文化领导力分量表具有良好的建构效度。

表 4.16　文化领导力分量表探索性因素分析结果（n=134）

条目	因素 1	因素 2	因素 3	因素 4	共同度
MAC6	0.789				0.769
MAC4	0.789				0.765
MAC1	0.783				0.811
MAC2	0.727				0.692
MAC5	0.710				0.784
BOC3		0.793			0.774
BOC4		0.768			0.795
BOC1		0.759			0.815
BOC6		0.752			0.785
BOC2		0.695			0.793
SAC2			0.736		0.798
SAC6			0.731		0.789
SAC4			0.700		0.749
SAC5			0.682		0.742
SAC1			0.668		0.731
EAC1				0.792	0.762
EAC3				0.773	0.686
EAC2				0.771	0.738
特征根值	3.844	3.818	3.472	2.645	
方差解释率 %	21.354%	21.212%	19.290%	14.694%	
累积方差解释率 %	21.354%	42.565%	61.855%	76.549%	

注：MAC、BOC、EAC、SAC 为物质、行为、制度、精神文化建设的英文首字母缩写。

第四节　再次检验

一、测试工具

《我国高校篮球教练员领导力正式调查问卷》（附录 E）。

二、被试样本

笔者利用受邀为 2022 年中国大学生篮球联赛教练员线上培训班讲授《篮球教练员领导科学与艺术》系列课程的机会，于 2022 年 6 月 13 日、15 日以课后测验的形式邀请参加培训的主教练填写正式调查问卷，若被试者参与过初步检验阶段的问卷作答则不再重复填写。此次培训班主要面向本届联赛各分区赛参赛球队，共有 238 支队伍的 440 名教练员报名参加。最终共计回收问卷 295 份，剔除无效作答问卷，有效回收 273 份，有效回收率 92.5%。其中，男教练 251 人，女教练 22 人，分布在除江西省、台湾地区、上海市、西藏自治区之外的所有省市自治区，具体人口统计学特征，如表 4.17 所示。在进行因素分析时，采用较大样本分析所呈现的因素组型比只用较小样本所呈现的因素组型要来得稳定，被试人数最好在 150 人以上，题项数最多的分量表题目总数与被试人数比例约 1：5 最为适合[1]。

表 4.17　正式施测被试基本特征

变量	选项	人数	比例	变量	选项	人数	比例
年龄	30 岁以下	64	23.4%	职称	助教	15	5.5%
	30 ~ 40 岁	107	39.2%		讲师	75	27.5%
	41 ~ 50 岁	88	32.2%		副教授	128	46.9%
	51 ~ 60 岁	13	4.8%		教授	28	10.3%
	60 岁以上	1	0.4%		其他	27	9.9%
执教年限	5 年以下	96	35.2%	学历	大专及以下	4	1.5%
	5 ~ 10 年	79	28.9%		本科	68	24.9%
	11 ~ 20 年	71	26.0%		硕士	179	65.6%
	20 年以上	27	9.9%		博士	22	8.1%

1　吴明隆 . 问卷统计分析实务：SPSS 操作与应用［M］. 重庆：重庆大学出版社，2010：67.

三、验证性因素分析

大多数新编量表都要经过因素分析来检验构想效度，因素分析可分为探索性因素分析和验证性因素分析。在前一节已对初步检验的数据进行了探索性因素分析，接下来采用 AMOS26.0 统计软件对再次检验所收集的数据进行验证性因素分析。如果模型拟合度良好，则模型构想即可获得支持。

（一）自我领导力分量表验证性因素分析

利用再次检验回收的观测数据对自我领导力分量表进行验证性因素分析，检验量表结构是否与自我领导力一阶三因素结构模型相吻合。通过参考前人研究所选取的指标来判断模型的拟合程度，结构方程模型结果如图4.1、表4.18所示。将指标值与参考值对比，多项拟合指数达到标准，模型拟合度较好，表明我国高校篮球教练员自我领导力分量表具有良好的结构效度。

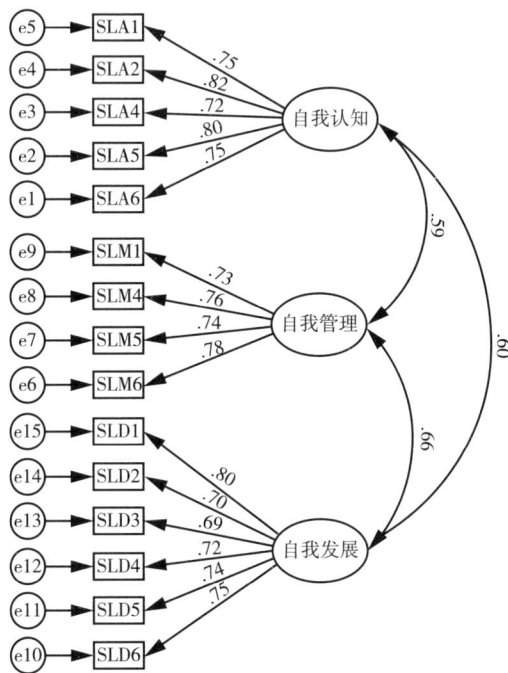

图 4.1　自我领导力分量表结构方程模型

注：SLA、SLM、SLD 为自我认知、自我管理、自我发展的英文首字母缩写。

表 4.18 自我领导力分量表验证性因素分析结果（n=273）

常用指标	χ^2	df	p	χ^2/df	GFI	RMSEA	CFI
参考值	-	-	>0.05	<3	>0.9	<0.08	>0.9
指标值	135.170	87	0.001	1.554	0.938	0.045	0.976
其他指标	TLI	AGFI	IFI	PGFI	PNFI	SRMR	NFI
参考值	>0.9	>0.9	>0.9	>0.5	>0.5	<0.05	>0.9
指标值	0.971	0.914	0.976	0.680	0.776	0.036	0.937

（二）人际领导力分量表验证性因素分析

利用再次检验回收的观测数据对人际领导力分量表进行验证性因素分析，检验量表结构是否与人际领导力一阶三因素结构模型相吻合。通过参考前人研究所选取的指标来判断模型的拟合程度，结构方程模型结果如图4.2、表4.19所示。将指标值与参考值对比，多项拟合指数达到标准，模型拟合度较好，表明我国高校篮球教练员人际领导力分量表具有良好的结构效度。

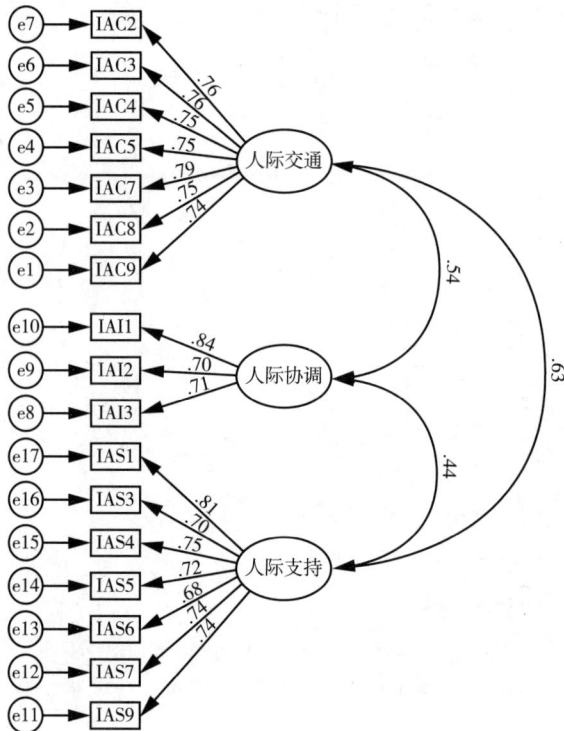

图 4.2 人际领导力分量表结构方程模型

注：IAC、IAI、IAS 为人际沟通、人际协调、人际支持的英文首字母缩写。

表 4.19　人际领导力分量表验证性因素分析结果（n=273）

常用指标	χ^2	df	p	χ^2/df	GFI	RMSEA	CFI
参考值	-	-	>0.05	<3	>0.9	<0.08	>0.9
指标值	155.337	116	0.008	1.339	0.937	0.036	0.983
其他指标	TLI	AGFI	IFI	PGFI	PNFI	SRMR	NFI
参考值	>0.9	>0.9	>0.9	>0.5	>0.5	<0.05	>0.9
指标值	0.980	0.917	0.983	0.711	0.799	0.030	0.937

（三）专业领导力分量表验证性因素分析

利用再次检验回收的观测数据对专业领导力分量表进行验证性因素分析，检验量表结构是否与专业领导力一阶三因素结构模型相吻合。通过参考前人研究所选取的指标来判断模型的拟合程度，结构方程模型结果如图4.3、表4.20所示。将指标值与参考值对比，多项拟合指数达到标准，模型拟合度较好，表明我国高校篮球教练员专业领导力分量表具有良好的结构效度。

表 4.20　专业领导力分量表验证性因素分析结果（n=273）

常用指标	χ^2	df	p	χ^2/df	GFI	RMSEA	CFI
参考值	-	-	>0.05	<3	>0.9	<0.08	>0.9
指标值	291.206	186	0.000	1.566	0.913	0.046	0.964
其他指标	TLI	AGFI	IFI	PGFI	PNFI	SRMR	NFI
参考值	>0.9	>0.9	>0.9	>0.5	>0.5	<0.05	>0.9
指标值	0.960	0.892	0.965	0.735	0.804	0.039	0.908

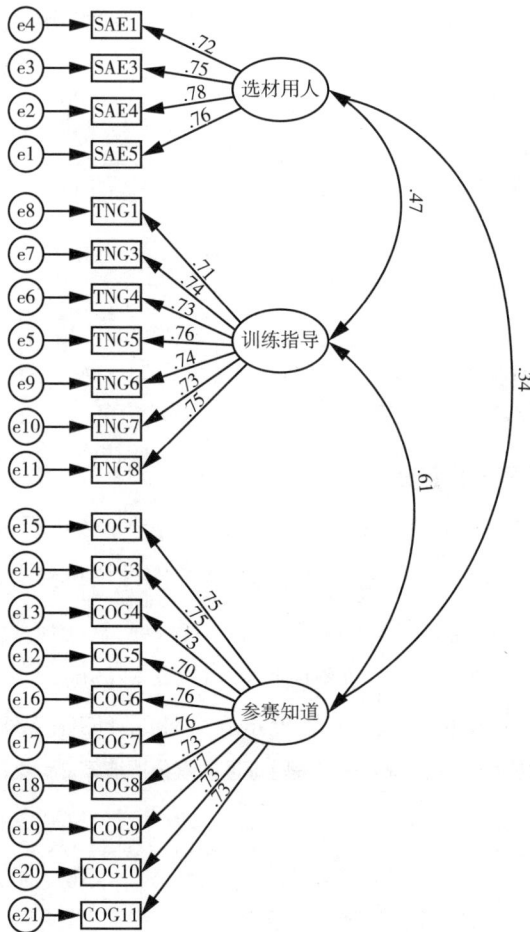

图 4.3 专业领导力分量表结构方程模型

注：SAE、TNG、COG 为选材用人、训练指导、参赛指导的英文首字母缩写。

（四）文化领导力分量表验证性因素分析

利用再次检验回收的观测数据对文化领导力分量表进行验证性因素分析，检验量表结构是否与文化领导力一阶四因素结构模型相吻合。通过参考前人研究所选取的指标来判断模型的拟合程度，结构方程模型结果如图 4.4、表 4.21所示。将指标值与参考值对比，多项拟合指数达到标准，模型拟合度较好，表明我国高校篮球教练员文化领导力分量表具有良好的结构效度。

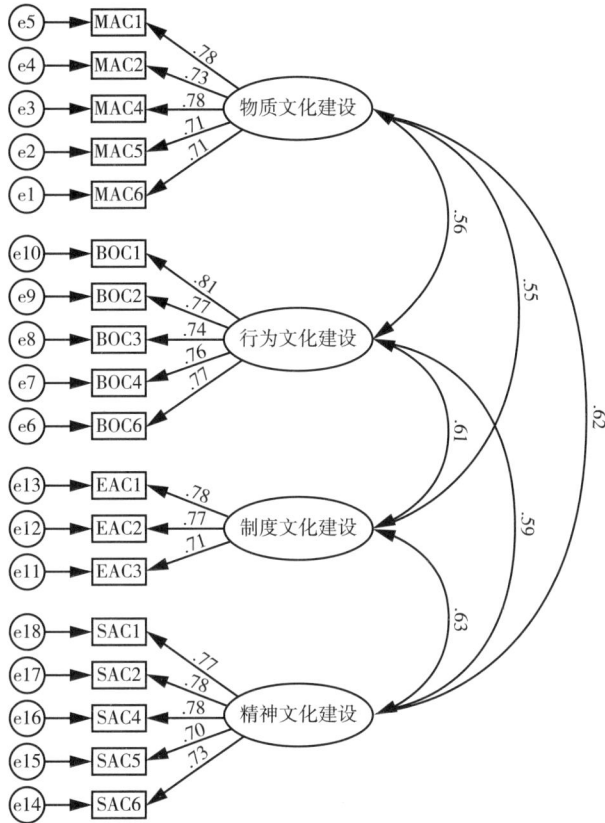

图 4.4　文化领导力分量表结构方程模型

注：MAC、BOC、EAC、SAC 为物质、行为、制度、精神文化建设的英文首字母缩写。

表 4.21　文化领导力分量表验证性因素分析结果（n=273）

常用指标	χ^2	df	p	χ^2/df	GFI	$RMSEA$	CFI
参考值	-	-	>0.05	<3	>0.9	<0.08	>0.9
指标值	291.206	186	0.000	1.566	0.913	0.046	0.964
其他指标	TLI	AGFI	IFI	PGFI	PNFI	SRMR	NFI
参考值	>0.9	>0.9	>0.9	>0.5	>0.5	<0.05	>0.9
指标值	0.960	0.892	0.965	0.735	0.804	0.039	0.908

（五）领导力总量表验证性因素分析

利用再次检验回收的观测数据对领导力总量表进行验证性因素分析，检验量表结构是否与领导力二阶四因素结构模型相吻合。通过参考前人研究所选取的指标来判断模型的拟合程度，结构方程模型结果如图 4.5、表 4.22 所示。

将指标值与参考值对比，多项拟合指数达到标准，模型拟合度较好，表明我国高校篮球教练员领导力总量表具有良好的结构效度。

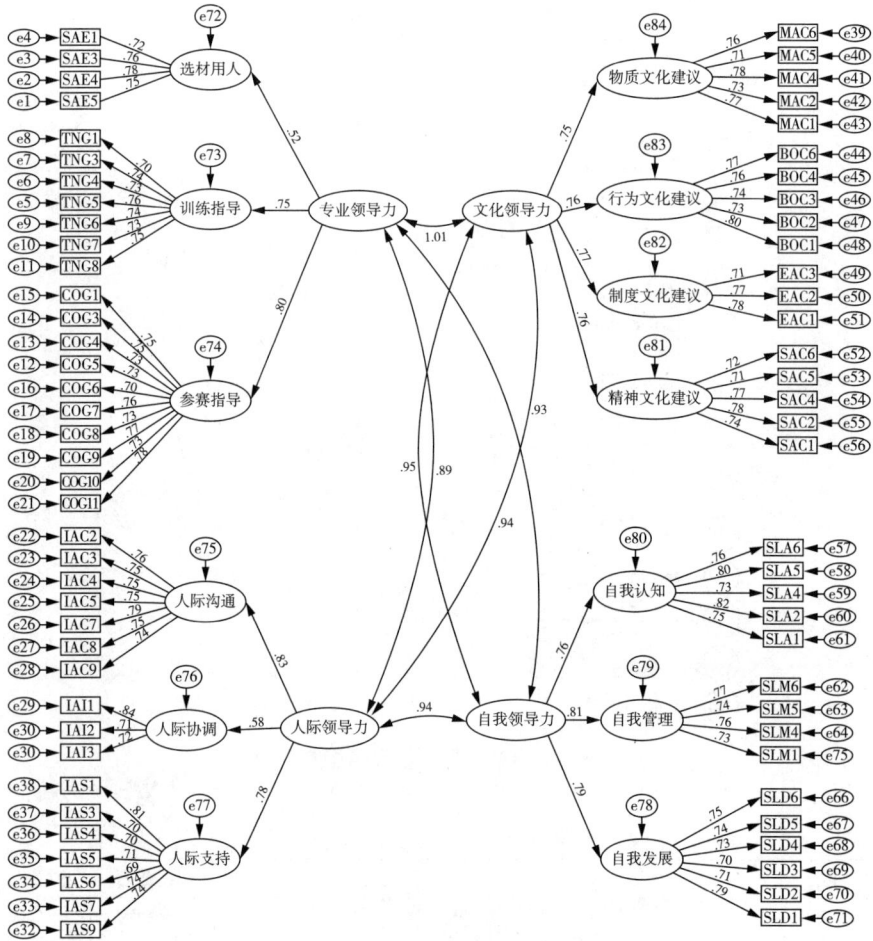

图 4.5　领导力总量表结构方程模型

表 4.22　领导力总量表验证性因素分析结果（ n =273）

常用指标	χ^2	df	p	χ^2/df	GFI	RMSEA	CFI
参考值	-	-	>0.05	<3	>0.9	<0.08	>0.9
指标值	3772.353	2395	0.000	1.575	0.838	0.046	0.881
其他指标	TLI	AGFI	IFI	PGFI	PNFI	SRMR	NFI
参考值	>0.9	>0.9	>0.9	>0.5	>0.5	<0.05	>0.9
指标值	0.877	0.814	0.882	0.692	0.706	0.046	0.832

四、信度分析

采用同质性信度和折半信度，检验我国高校篮球教练员领导力测评量表的信度。

（一）同质性信度

同质性信度考察量表中条目与条目之间的一致性程度。在提出或验证某种理论假设时，需要对理论构想进行"纯粹"的测量，才能通过测量结果做出意义明确的推论，这时必须考察同质性信度[1]。同质性信度通常使用Cronbach's α 系数进行估计，心理学研究中几乎所有的测量工具都需要报告Cronbach's α 值。α 系数取值为 0 ~ 1，α 系数越高，量表的内部一致性越好。一份信度系数好的量表，其总量表的 α 系数最好在 0.8 以上；如果是分量表，其 α 系数最好在 0.7 以上[2]。如表 4.23 所示，领导力总量表同质性信度为 0.972，各分量表 α 系数为 0.918 ~ 0.924，均符合心理测量学标准。

（二）折半信度

折半信度是指将量表题目分成对等的两半后，被试在两半题项上所得分数的一致性程度。通常将奇数题号分成一组，偶数题号分成另一组，计算两部分的相关系数求得折半信度。如表 4.23 所示，领导力总量表折半信度为0.901，各分量表折半信度为 0.699 ~ 0.834，均符合心理测量学标准。

表 4.23　量表的各项信度指标

量表	题目数量	同质性信度	折半信度
自我领导力分量表	16	0.924	0.699
人际领导力分量表	18	0.918	0.761
专业领导力分量表	22	0.924	0.699
文化领导力分量表	18	0.919	0.834
领导力总量表	74	0.972	0.901

1　张力为，毛志雄.体育科学常用心理量表评定手册［M］.北京：北京体育大学出版社，2004：237.
2　吴明隆.问卷统计分析实务：SPSS 操作与应用［M］.重庆：重庆大学出版社，2010：109.

五、效度分析

采用聚合效度和区分效度，检验我国高校篮球教练员领导力测评量表的效度。

（一）聚合效度

采用平均方差萃取 AVE 和组合信度 CR 用于聚合效度的分析，通常情况下 AVE 值大于 0.5 且 CR 值大于 0.7，则表明聚合效度较高；如果 AVE 值或 CR 值较低，则需要考虑移除某个因子后重新对聚合效度进行分析。

如表 4.24 所示：自我领导力分量表的 3 个因子、人际领导力分量表的 3 个因子、专业领导力分量表的 3 个因子、文化领导力分量表的 4 个因子所对应的平均方差萃取 AVE 值均大于 0.5 且组合信度 CR 值均高于 0.7，表明领导力量表具有良好的聚合效度。

表 4.24　模型 AVE 和 CR 指标结果

因子	平均方差萃取 AVE 值	组合信度 CR 值
自我认知	0.595	0.880
自我管理	0.565	0.838
自我发展	0.541	0.876
人际沟通	0.573	0.904
人际协调	0.570	0.798
人际支持	0.544	0.893
选材用人	0.565	0.839
训练指导	0.542	0.892
参赛指导	0.544	0.923
物质文化建设	0.567	0.867
行为文化建设	0.588	0.877
制度文化建设	0.572	0.800
精神文化建设	0.555	0.862

（二）区分效度

采用 AVE 平方根值和 Pearson 相关用于区分效度的分析，AVE 平方根值代表因子的聚合性，Pearson 相关代表相关关系。如果某个因子的 AVE 平方根值大于该因子与其他因子的相关系数绝对值，并且所有因子都出现这样的结果，则表明区分效度良好。

如表 4.25 所示：自我认知 AVE 平方根值为 0.771，大于因子间相关系数绝对值的最大值 0.524；自我管理 AVE 平方根值为 0.752，大于因子间相关系数绝对值的最大值 0.571；自我发展 AVE 平方根值为 0.736，大于因子间相关系数绝对值的最大值 0.571。

人际沟通 AVE 平方根值为 0.757，大于因子间相关系数绝对值的最大值 0.566；人际协调 AVE 平方根值为 0.755，大于因子间相关系数绝对值的最大值 0.458；人际支持 AVE 平方根值为 0.738，大于因子间相关系数绝对值的最大值 0.566。

选材用人 AVE 平方根值为 0.752，大于因子间相关系数绝对值的最大值 0.405；训练指导 AVE 平方根值为 0.736，大于因子间相关系数绝对值的最大值 0.551；参赛指导 AVE 平方根值为 0.737，大于因子间相关系数绝对值的最大值 0.551。

物质文化建设 AVE 平方根值为 0.753，大于因子间相关系数绝对值的最大值 0.540；行为文化建设 AVE 平方根值为 0.767，大于因子间相关系数绝对值的最大值 0.513；制度文化建设，AVE 平方根值为 0.756，大于因子间相关系数绝对值的最大值 0.521；精神文化建设 AVE 平方根值为 0.745，大于因子间相关系数绝对值的最大值 0.540。

表 4.25　*Pearson* 相关与 *AVE* 平方根值

自我领导力	自我认知	自我管理	自我发展	
自我认知	0.771			
自我管理	0.515	0.752		
自我发展	0.524	0.571	0.736	
人际领导力	人际沟通	人际协调	人际支持	
人际沟通	0.757			
人际协调	0.458	0.755		
人际支持	0.566	0.371	0.738	

续表

自我领导力	自我认知	自我管理	自我发展	
专业领导力	选材用人	训练指导	参赛指导	
选材用人	0.752			
训练指导	0.405	0.736		
参赛指导	0.299	0.551	0.737	
文化领导力	物质文化建设	行为文化建设	制度文化建设	精神文化建设
物质文化建设	0.753			
行为文化建设	0.492	0.767		
制度文化建设	0.458	0.507	0.756	
精神文化建设	0.540	0.513	0.521	0.745

注：斜对角线为 AVE 平方根值，其余值为相关系数。

本章小结

本章根据我国高校篮球教练员领导力理论模型，编制了我国高校篮球教练员领导力测评量表。经专家评价后，以测评量表为调查工具对样本区域的我国高校篮球教练员展开问卷调查。对回收数据的因素分析、信效度分析表明，量表结构与理论模型较为吻合，总量表与分量表信效度良好，从而验证了理论模型的适切性。同时，进一步细化了理论模型的结构维度，也确认了测评量表是测量该结构模型的有效量表。

我国高校篮球教练员领导力模型包括 4 个一级维度、13 个二级维度，共计 37 个基本构成要素（图 4.6）；我国高校篮球教练员领导力测评量表由 4 个分量表组成，共计 74 道测量题目。该测评量表可作为我国高校篮球教练员自我内观、自我诊断的测量工具，可作为我国高校篮球教练员综合测评的补充参考，亦可供大范围、大规模调研使用。

在我国高校篮球教练员领导力模型的结构维度得到验证并进一步细化之后，有必要系统分析各基本构成要素在教练员执教过程中有何作用，具体如何提升，与不同层次、不同项目教练员相比有何差异，从而为我国高校篮球教练员提供领导力提升的具体建议，这将是下一章的主要任务。

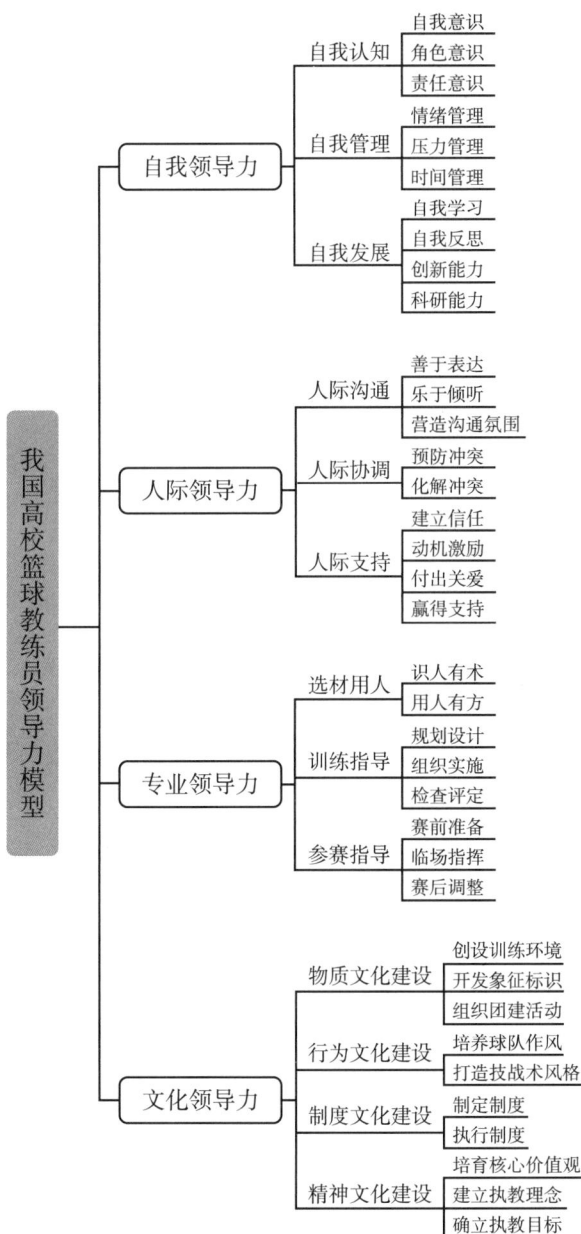

图 4.6　我国高校篮球教练员领导力模型

第五章　我国高校篮球教练员领导力模型的维度及差异分析

第三章通过理论演绎，构建了我国高校篮球教练员领导力理论模型；第四章通过量表编制及检验，验证和细化了理论模型；本章前半部分的维度分析将系统阐释我国高校篮球教练员领导力模型的基本构成要素在教练员执教过程中有何作用，具体如何提升；后半部分的差异分析将进一步阐释，由于教练、球员、情境和项目的不同特征，我国高校篮球教练员与不同层次、不同项目教练员相比，在领导力模型某些基本构成要素的重要程度上所存在的差异。以期为我国高校篮球教练员提供领导力提升的具体建议。

第一节　维度分析

一、自我领导力

自我领导力是指教练员在明确自身优劣势、岗位职责及角色定位的基础上，通过自我控制、自我学习和自我反思等行为，不断进行自我完善的能力。自我领导力由自我认知、自我管理和自我发展 3 个二级维度构成。

（一）自我认知

自我认知是指教练员清楚地了解自身优劣势以及在球队中需要扮演的角色和承担的职责。自我认知的内涵主要表现为：

1. 自我意识

准确认识自己需要强烈的自我意识，成功的领导者常常会花时间去探寻自我，认清自身的优势和劣势。每个人都有自己的优势，但是很多领导者并没有认清自己，也没能很好地利用自身优势[1]。当人们利用自己的优势时，会

1　理查德·L.达夫特.领导学［M］.杨斌，译.5版.北京：电子工业出版社，2018：29.

更加投入本职工作，精力和表现水平也会大幅度提升，从而有更强的幸福感和更乐观[1]。有成就的教练员会培养如何以及何时能够最好地利用自身优势的敏锐意识[2]。每名教练员都有其自身的性格与魅力，应该将自身性格的优点运用在球场上和更衣室里[3]。美国大学篮球传奇教练约翰·伍登（John Wooden）的优势是观察和分析技能："我一直认为自己在很多方面都是中等水平。但是，我的优势是分析球员和统计数据。"[4] 当教练员认识到自己的优势时，会建立起执教的信心并增加意志力，但应该在合适的时间，以合适的方式，使用合适的优势。最终，建构优势将有助于提高执教适应力和执教效能[5]。

正如识别和建构优势一样，发现弱点或待提升领域，然后不断努力缩小差距也是至关重要的。领导力学者彼得·圣吉（Peter Senge）强调，自我超越水平高的人非常清楚自己无知的、不成熟的和有待提升的领域[6]。然而，如同寻找自身优势一样，很多领导者也不善于发现自己的不足。随着年龄增长、地位和收入日益提高，愿意揭示自己缺点的身边人越发稀少，领导者越来越无法客观理性地看待自身缺点。更有甚者，倾向于掩盖自身不足。清华大学男篮主教练陈磊表示，"并不是拿了冠军你就什么都好，我自己看得很清楚，我和队伍都还有非常多的缺点。"当教练员以坦然的态度审视自己的不足，除了对自己有更清醒的认识，也会给别人留下真实、自信和勇于自嘲的印象。通过自我意识，教练员可以建立指导行动的原则，发展执教理念[7]。成功的教练员会在努力克服自己短处的同时，运用自己的长处并将其

1 Linley P A, Woolston L, Biswas-Diener R. Strengths coaching with leaders［J］. International Coaching Psychology Review, 2009, 4（1）: 37-48.

2 Packer B, Lazenby R. Why we win: Great American coaches offer their strategies for success in sports and life［M］. McGraw-Hill Companies, 1999: 82.

3 杰伊·马丁.足球教练执教精要：技战术、心理、营养及球队管理［M］.黄海枫，张嘉源，译.北京：人民邮电出版社，2017：229.

4 约翰·伍登，史蒂夫·贾米森.教导：伍登教练是怎样带队伍的［M］.杨斌，译.北京：清华大学出版社，2020：48.

5 韦德·吉尔伯特.高水平教练执教手册［M］.常喜，张旭，译.北京：人民邮电出版社，2019：284.

6 亚历山大·格罗斯.360度领导力：中层领导者全方位领导力提升技巧［M］.贡晓丰，译.北京：电子工业出版社，2021：28.

7 钟秉枢.做NO.1的教练：团队管理与领导艺术［M］.北京：北京体育大学出版社，2012：23.

发挥到最大功效[1]。

2.角色意识

"角色"一词从戏剧和影视中借用而来,是社会心理学研究中的重要概念。从角色理论视角看,篮球教练员角色意识的强弱直接影响对工作预见性的效果[2]。传统的教练员角色相对单一,现代运动训练管理需要教练员扮演的角色更具多样性。教练员除了训练比赛、组织安排的领导角色之外,还身兼许多超越运动场或球场的角色[3]。

据笔者不完全统计,专家学者曾使用过以下社会角色来隐喻教练员:采购员、指导员、训导员、裁判员、管理员、推销员、服务员、说书人、经理人、科研人员、身体训练师、设计师、心理师、医生、工程师、教师、导师、学者、学生、父母代理人、朋友、教父、外交家、军事家、将军、发明家、作曲家、雕塑家、生理学家、商业家、法官、社会工作者、鼓动宣传者、新闻工作者、纪律执行者、编剧、导演、演员等等。

当这些角色汇总在一起,教练员应该把当老师作为首要角色,更何况高校篮球教练员首先也是一名教师,而篮球场就是教室。美国大学篮球传奇教练约翰·伍登(John Wooden)表示,伟大的教练首先必须是一名优秀教师——体育和生活的教师,与其他学科的不同之处只是在于教练所教授的是一种运动;中国女排功勋教练郎平在其自传中表示,作为中国女排的主教练,除了要训练队员打球,我的责任,更重要的是,要教育她们做人。主教练,首先是个教育者。领导学者蒂奇(Tichy)强调:在组织中的任何层级上,一个人要想成为领导者,必须是一个老师。如果你不是在教别人,你就不是在领导[4]。

约翰·伍登在《教导》一书中进一步指出,仅仅自称为老师是远远不够的,还必须知道如何教人,不会教人的领导者不可能带出像样的篮球队。领导者作为教师如何教人可分为五个层次,由低到高分别是:管教、说教、身

1 小文斯·隆巴迪.传奇教练的领导规则[M].林宜萱,译.北京:清华大学出版社,2006:24.
2 贾志强.篮球教练员能力结构需求与绩效评估研究[M].北京:北京体育大学出版社,2016:119.
3 田麦久,熊焰.竞技参赛学[M].北京:高等教育出版社,2019:142.
4 Tichy N M, Cohen E. The leadership engine[M]. New York: HarperCollins, 2005:37.

教、请教、传教[1]。（1）管教依靠职位，以"管"来"教"，教练常说"必须照我说的做"。（2）说教依靠沟通，以理服人，教练常说"我说给你听"。（3）身教依靠示范，用行动来教，教练常说"我做给你看"。（4）请教与提问密切联系，通过提问引导启发，教练常问"你想怎么做"。（5）传教与价值观紧密联系，用价值观激发动力，教练常说"为了什么做"。

美国传奇教练文斯·隆巴迪（Vince Lombardi）将焦点放在"解惑"上。他曾表示："我从来不会告诉球员，'你就照着做！'相反我会说，'我们要这样做，而这是我们要这样做的理由'。"[2]

3. 责任意识

领导力的本质是承担领导职位的责任[3]，正所谓"在其位，谋其职，尽其责。"教育家马卡连柯（Макаренко）有言，教师的威信首先建立在责任心上。教练员威信的树立更多的是源于对每一位运动员高度的责任心[4]。为了球队的利益，时刻将责任内化于心，外化于行。（1）当全队出现问题，教练员应首先意识到承担责任的是自己。即使不是自己的错，但至少存在监管不力的问题。（2）当队员犯了错，教练员应主动承担因队员犯下的错误而带来的责任，给队员足够的时间和空间反思，站出来承担应尽的责任，并把责任化作训练的动力。（3）当教练犯了错，不要将自己的错误推脱给队员，这样会侵蚀信任关系。面对错误坦率承认，不仅不会丢面子，反而能赢得队员的信任与爱戴。

"坏"的责任最能体现教练员对于工作和队员的态度，教练员不应害怕承担"坏"的责任，敢于为不良后果负责是获得认可的有效途径。意大利足球名帅卡尔洛·安切洛蒂（Carlo Ancelotti）在其自传中表示，只有在一个时候，每个人都觉得教练员最重要，那就是输球的时候。因为要找人负责任，教练员就成为唯一重要的人了；原中国女排主教练郎平在上任之初就曾公开表示，队伍是主教练负责制，不管是好是坏，我都应该承担责任；原中国男篮主教练蒋兴权在临场指挥时向队员所说的一席话至今令人印象深刻：立功

1　刘澜. 领导力：解决挑战性难题［M］. 北京：北京大学出版社，2019：154.
2　小文斯·隆巴迪. 传奇教练的领导规则［M］. 林宜萱，译. 北京：清华大学出版社，2006：100.
3　刘澜. 领导力：解决挑战性难题［M］. 北京：北京大学出版社，2019：39.
4　徐英男. 做合作型教练［M］. 北京：北京体育大学出版社，2017：46.

算你们的，输了算我的！然而，有部分教练员在总结失败时却常说"队员没有刻苦训练""队员缺少执行力""后勤保障不到位"等等，把压力和责任都抛给他人，而不愿承认"比赛策略有误""临场指挥太过紧张"等个人原因。

（二）自我管理

自我管理是指个体的一种自我控制能力，教练员的自我管理主要涉及情绪管理、压力管理和时间管理等方面。

1.情绪管理

只有能够妥善管理情绪的领导者才会被视为值得信赖和性情稳定，不会令人觉得难以相处。情绪管理的关键在于尺度掌控，在某些情况下要表露情绪，另一些时候即使内心翻江倒海，也要努力保持表面的平静，避免负面情绪外露、喜形于色、迁怒于人[1]。在训练和比赛中，教练员的情绪会受到各种因素的影响而发生变化。对球员的表现不满意或是遇到裁判员的误判，愤怒是一种自然反应，教练员应该尝试用平静而职业的态度去应对，尤其在关键时刻对公开展示愤怒必须非常谨慎，愤怒只会助长愤怒，最终必然引发冲突。如果教练员都失去冷静，那么队员也可能做同样的事情[2]。

尽量不要频繁发火，次数少、效果才好。时机的选择要追求效果最大化，之后快速恢复平静。有"禅师"之称的 NBA 名帅菲尔·杰克逊（Philip Jackson）表示，尽量不要对球员发怒，但偶尔为之不失为整顿球队最高明的手段之一，只是实施时需深思熟虑且必须发自内心；意大利足球名帅卡尔洛·安切洛蒂（Carlo Ancelotti）表示，球员记得我发火的时候，因为很少见。如果我每天都大动肝火，他们不会记得，那样对他们也毫无效果了；清华大学男篮主教练陈磊表示："执教大学球队以后，我的心绪比以前平稳了不少。""有些事不是你发火就能解决的，还是要从根本上解决问题。"

---

1 亚历山大·格罗斯.360度领导力：中层领导者全方位领导力提升技巧［M］.贡晓丰，译.北京：电子工业出版社，2021：228.

2 Vicki Williams.The Leadership traits of head basketball coach C. Vivian Stringer: path way to leadership ［M］. LAP LAMBERT academic publishing，2010：79.

2. 压力管理

竞技体育的竞争性决定了运动员和教练员需要承受来自与其他人竞争的外部压力，运动员在压力之下可能会出现心跳加速、呼吸急促、手心流汗、胃部痉挛以及频繁上洗手间等状况；面对压力，教练员同样会产生一系列身心反应。有研究发现，篮球教练员即使只是坐在板凳上也往往会在比赛中出现接近最快心率[1]。对每一位教练员来说，镇定自若的价值是无可比拟的，尤其是在压力之下[2]。

有学者将工作压力源划分为激发性压力和抑制性压力：（1）激发性压力对教练员的成长会产生积极影响。美国大学生篮球联赛冠军教练里克·皮蒂诺（Rick Pitino）表示，压力是一种激励你取得更大成就的力量，它迫使你专注精力去做事情，使你的脑子充满为了达到目标而必须付出的那种努力。作为一名教练，压力是你的盟友，要学会在压力的影响下去准备比赛，这是驱使你朝着卓越前进的驱动力。（2）抑制性压力又不可避免地会对教练员，甚至是运动员产生消极影响。对教练员而言，职业倦怠是教练员长期面对抑制性压力的一种极端反应；对运动员而言，教练员的情绪状态会在某种程度上潜在地影响运动员的精神状态和表现。有研究表明，在分别为心力交瘁的教练员和精神饱满的教练员效力的大学生运动员中，前者的焦虑和倦怠水平更高[3]。

教练员可通过以下应对策略来缓解和释放压力：（1）在训练和比赛前，将注意力集中在做好面对压力情形的策略准备上，采取积极措施将风险降到最低程度，问题管理是减少和消除压力来源的有效策略。（2）在训练和比赛中，将注意力集中在可控的过程目标和策略执行上，仅仅关注来自比赛本身的压力，采用诸如自我暗示、分散注意力和放松想象等技能来缓解压力。（3）在日常生活中，抽时间进行有意义的放松可以帮助教练员从篮球世界的

1　Porter D T, Allsen P E. Heart rates of basketball coaches [J]. The Physician and sportsmedicine, 1978, 6 （10）: 84-90.

2　约翰·伍登, 史蒂夫·贾米森. 我的教练, 我的队 [M]. 李兆丰, 译. 北京: 东方出版社, 2011: 33.

3　Frey M. College coaches' experiences with stress "Problem solvers" have problems, too [J]. The sport psychologist, 2007, 21（1）: 38-57.

紧张和压力中暂时脱身。

3.时间管理

我国高校篮球教练员往往身兼数职，除带队训练和比赛外，还有较为繁重的教学与科研任务，时间管理的重要性不言而喻。教练员必须充分管理好时间才能提高训练和参赛活动的效益[1]。在伍登教练看来，个人领导力的成功与明智利用时间有直接关联，时间管理是教练员执教的核心资本之一[2]。传统教练员被视为努力工作的人，而当今教练员要被看作聪明的人，并不是你在于其投入了多少时间，而在于其所投入时间的质量[3]。

时间管理的提升建议如下：（1）在有限的时间内把主要精力集中在擅长领域和重要事务，不要在一些无关紧要的琐事上操劳不已，可以将一些不太紧迫或不太关键的任务委派给他人。老K教练表示，当你被委以重任去打造一支球队时，有些事是必须要花时间去做的；同样，有些事则完全不必浪费时间。（2）列出待办事项的清单并设置优先顺序是教练员领导能力的必备要素[4]。美国大学生篮球联赛冠军教练里克·皮蒂诺（Rick Pitino）总是在时间管理上投入很多，并且一直在寻找更有效率的执教方式。他在每次训练前会根据事情对球队的重要性来安排每个训练动作占用几分钟，每个会议占用几分钟。

（三）自我发展

自我发展包含自我学习、自我反思等一系列自我提升策略。教练员是一个需要在整个执教生涯中积累经验、不断自我发展的职业。教练员的自我发展主要包括学习力、反思力和创新力等[5]。

1.自我学习

学习是一切创新的源泉，是教练员掌握最新训练信息、不断探究项目

1　熊焰，王平．竞技教练学［M］．苏州：苏州大学出版社，2016：124.

2　约翰·伍登，史蒂夫·贾米森．教导：伍登教练是怎样带队伍的［M］．杨斌，译．北京：清华大学出版社，2020：179.

3　杰伊·马丁．足球教练执教精要：技战术、心理、营养及球队管理［M］．黄海枫，张嘉源，译．北京：人民邮电出版社，2017：218.

4　里克·皮蒂诺，埃里克·克劳福德．一日之约：为生命的每分钟增加价值［M］．冯庆，译．北京：电子工业出版社，2016：106.

5　王芹．我国体育教练员核心竞争力的培育研究［M］．济南：山东大学出版社，2019：76.

规律的必经之路。最有成就的教练员是终身学习者，他们将持续学习视为执教中最为深爱和重要的组成部分[1]。德国足球名帅尤尔根·克洛普（Jürgen Klopp）表示，伟大教练的伟大之处就在于他们从不停止学习，每天都渴望学到更多东西，而且会不停地问。停止学习就是停止执教，当教练员认为已经知道所有问题答案的时候，就是学习停止的时候。要知道在已经懂得一切之后又学到的东西才是最有价值的。如果教练员不注意学习，运动员很可能把学习不当回事。让运动员看到教练员同样在学习，这也是极其重要的。

完善知识结构是一名优秀篮球教练员不可或缺的能力[2]。为了将知识更加高效地传授给运动员，在掌握具体专业知识的同时，还需要具备必要的领导技能[3]。在不断学习提高专项理论水平的同时，加强领导科学知识的学习，逐步掌握并运用领导的艺术与方法，将新知识融入球队管理工作中去[4]。训练水平高才能有追随者，领导讲艺术才能使运动员心悦诚服。大数据时代，为教练员掌握前沿的篮球技战术理念，了解篮球运动发展的潮流和趋势提供了便捷资源。学习途径不仅限于参加培训、看书观赛，还要善于向周围人学习，走博采众长、吸收消化的道路。意大利足球名帅卡尔洛·安切洛蒂（Carlo Ancelotti）表示，随着我们的成长和经验的累积，永远不应该停止学习。我的球员、工作人员、家人、文化、语言，在我周围有那么多可学的；美国大学生篮球联赛冠军教练里克·皮蒂诺（Rick Pitino）指出，作为一名教练，可以从我们的老师，以及那些在比赛中最成功的、每个人都想以这种方式或那种方式来效仿的人那里学习。

2. 自我反思

反思的本质是对思之再思，就是对既有思考方式、过去行动进行再次思考，并探寻其他可能性。反思最主要的形态是自我反思，通过自我反思产生的真

1　Schempp P G，McCullick B A，Busch C A，et al. The self-monitoring of expert sport instructors［J］. International Journal of Sports Science & Coaching，2006，1（1）：25-35.

2　贾志强 . 篮球教练员能力结构需求与绩效评估研究［M］. 北京：北京体育大学出版社，2016：136.

3　Hackman J R，Wageman R. A theory of team coaching［J］. Academy of management review，2005，30（2）：269-287.

4　Ermeling B A. Improving teaching through continuous learning： The inquiry process John Wooden used to become coach of the century［J］. Quest，2012，64（3）：197-208.

正意识被称为自我知识。领导力学者沃伦·本尼斯（Warren G.Bennis）指出：
"自我反思是领导者从过去学习的一种主要方式。要想成为卓有成就的领导者，
应该抽出时间对个人和工作进行反思。"[1]然而，一系列心理学研究却发现：

（1）相比坐下来花几分钟思考，绝大多数人更愿意干点什么，把自己
淹没在行动中。例如：很多领导者常常深陷于日常工作中而无暇反思，教练
员在训练课结束后早已身心疲惫，很难有时间静下心来回顾、思考、总结
自己的训练工作。（2）当出现坏的结果时，人们更倾向于认为决策有误。
（3）当出现好的结果时，人们却不再质疑决策。领导者常常是在遭受失败打
击后才会重新审视自己。但是，及时总结在获胜时所犯的错误也很有必要[2]。

教练员的执教过程是一个系统性反思的过程，有成就的教练员都是系统
性反思的实践者[3]。系统性反思可分为实践性反思和批判性反思，实践性反思
是教练员专注于解决具体的执教问题时所进行的反思；批判性反思是教练员
思考整体执教理念时所进行的反思。

自我反思是篮球教练员修养的一项重要内容，篮球名帅菲尔·杰克逊
（Philip Jackson）无论在价值观方面，还是在训练比赛和处理球员关系方面堪
称自我反思的典范[4]。篮球教练员要勤于思考、善于思考，学会运用思考，以
执教理念为指导，深度思考每天的训练投入、训练内容、训练方法、训练效果，
深度思考篮球运动的规律和发展方向，深度思考球队面临的困难和解决方案，
深度思考球员和球队的未来发展。在此基础上，还要带领球队成员反思，打
造一支善于反思的球队。

3. 创新能力

篮球教练员的创新能力是指在一定知识和经验的基础上，教练员采用超
常规甚至反常规思维，解决训练和比赛中出现的问题并提高运动成绩，获得

1　Bennis W G. On becoming a leader [M]. New York：Basic Books，2009：45.

2　WILSON, Timothy D. Just think：The challenges of the disengaged mind [J]. Science, 2014, 345(6192)：
　　75-77.

3　Trudel P，Gilbert W，Rodrigues F. The journey from competent to innovator：Using appreciative inquiry
　　to enhance high performance coaching [J]. International Journal of Appreciative Inquiry, 2016, 18 (2)：
　　39-45.

4　中国篮球协会 . 中国篮球教练员岗位培训 A 级教程 [M]. 北京：人民体育出版社，2007：50.

创新成果的能力[1]。创新能力的前提是创新意识，只有具备强烈创新意识，才能激发出高度活跃的创新思维。创新意识来自于对实践的好奇，在实践中产生灵感，将获得的灵感转化为新方法，运用到训练和比赛中。意大利足球名帅卡尔洛·安切洛蒂（Carlo Ancelotti）表示，在训练中我经常尝试一些新东西，其后纯属偶然地找到了一个能够带来改进的新点子。并不是所有尝试都能带来进步，但是尝试新方法，验证新方法本身就是创新能力不断提升的过程。由此可见，教练员在平时的训练和比赛中，要注重培养对所不了解的事物好奇而感兴趣的心态。

有成就的优秀教练员都是训练创新的典范，技战术创新、训练方法手段创新是训练创新的主要表现[2]。其中，是否有能力将重复的训练课程进行一定的创造，而不会让球员感到枯燥是衡量优秀教练员的标准之一[3]。在日常训练和比赛中部分教练员很容易重复同样的话语、采用同样的训练方法，周而复始。久而久之，球员开始对教练员给出的信息无动于衷。"反复练习，但不重复进行"是执教艺术的一部分，CBA吉林东北虎男篮原美籍教练托尼（Tony）在训练课中介绍：当教练员一进入训练场，你要说的话或要实施的训练计划，球员都已了如指掌，那就意味着你已经失败了。作为一个称职的教练员，要有不断创新的意识，才能体现你的训练特色，形成你的竞赛风格，哪怕是每次训练时你的语音变一变都是好的。应强调指出，篮球运动永远有创新，但没有过时的内容。创新是为了让对手不适应，灵活运用过时的内容，也可能让对手不适应。教练员需要正确看待创新内容和既有内容的关系。

4. 科研能力

教练员科学研究是指教练员在指导运动员训练比赛、提高运动技术水平的过程中，综合运用科学研究的理论与方法，探索并揭示运动项目本质规律的认知活动[4]。在加强科学研究实现运动训练科学化的进程中，充分发挥教练

1　贾志强.篮球教练员能力结构需求与绩效评估研究［M］.北京：北京体育大学出版社，2016：109.
2　熊焰，王平.竞技教学学［M］.苏州：苏州大学出版社，2016：39.
3　杰伊·马丁.足球教练执教精要：技战术、心理、营养及球队管理［M］.黄海枫，张嘉源，译.北京：人民邮电出版社，2017：217.
4　周西宽，吴亚初.教练员学［M］.成都：四川教育出版社，1993：210.

员的主导作用，提高教练员科研能力是推动竞技体育高质量发展的重要途径。篮球运动发展与科学研究紧密相连，教练员是篮球科学研究的主力军[1]。篮球教练员进行科学研究的意义在于，揭示篮球运动内部各因素间的必然联系和发展规律，以解决篮球运动实践中遇到的问题，为提高训练质量服务。研究内容主要包括：篮球运动员的科学选材与成长规律；篮球体能、技术、战术和心理训练的理论与方法；篮球教学训练理论体系等多个方面。

除具备一般科学研究的基本特征外，篮球教练员科学研究还具有应用性和动态性。研究目的是直接或间接解决篮球运动实践中遇到的问题，研究选题一般直接来源于训练实践。比如：训练方法和手段的改进；研究对象是"篮球运动中的人"，在运动的前提下，研究人体系统在篮球运动中的动态变化。

高校篮球教练员理应充分利用高校良好的科研条件和科研氛围，理论研究结合训练实践并最终应用到日常训练和比赛中去。科研能力的提升建议如下：加强基础知识和方法论学习，拓展知识面；强化专业知识学习，提升综合能力；积极参加各类教练员培训班和学术研讨活动；善于积累资料，扩大信息来源；善于自学，刻苦钻研，从知识的接受者转变为知识的研究者和创造者[2]。

二、人际领导力

人际领导力是指教练员通过情感性、工具性的关系管理，建立、协调和维护球队内外人际关系的能力。人际领导力由人际沟通、人际协调和人际支持3个二级维度构成。

（一）人际沟通

人际沟通是指教练员根据不同的情境和对象，有效地运用适当的方式以实现传递信息、交流情感和解决问题的能力。人际沟通的内涵主要表现为：

1.善于表达

（1）语言表达

善于表达是一门艺术，教练员语言能力的高低从对运动员进行赞扬和批

1　黄优强，池建，孟凡素，等．新中国 70 年中国男篮主教练选拔任用的回顾、反思与展望［J］．天津体育学院学报，2019，34（5）：388-394.

2　周西宽，吴亚初．教练员学［M］．成都：四川教育出版社，1993：232-238.

评时表达方式的选择上就足以看出。从关系角度，人们更愿意跟欣赏自己的人建立关系，更愿意追随欣赏自己的人。现实中有部分教练员不愿意赞扬，也不懂得如何赞扬。赞扬的第一条原则就是：赞扬要真诚。而如何让赞扬真诚？首先就是具体，针对细节进行表扬。然而，部分教练员在批评运动员时会具体到细节，在赞扬时却笼统概括，从而有失偏颇。对球员的赞扬可以是基于某一技能的优异表现，也可以是尽己所能做出的拼搏努力；其次，赞扬要用接受者所喜欢的方式。有的运动员喜欢被公开表扬，有的运动员喜欢被私下赞美。

相较于赞扬，批评犯错的队员更应该掌握分寸，拿捏不当往往使之不满而产生逆反心理甚至抗拒行为，从而丧失训练积极性。美国传奇教练员文斯·隆巴迪（Vince Lombardi）表示："要做教练，你就不能不进行批评。了解如何个别地批评每一个人，这一点最重要。"[1]美国大学篮球传奇教练约翰·伍登（John Wooden）建议在对队员进行建设性批评时，稍微加一些赞美和表扬的话语是很有必要的；美国斯坦福大学教授吉姆·汤普森（Jim Thompson）创办的"积极执教联盟"倡导"5比1"法则，即批评1次，鼓励5次；中国女排功勋教练郎平在纠正队员错误时也经常给她们一些肯定：你这样做可以，但是以更高的水平要求还不够。

建议教练员采用反面映衬来代替正面批评。例如：在球场上对迟到的队员不正面批评，而总是表扬那些从未迟到的队员。这种暗示方式，在某种程度上会比直接正面批评更为有效；有的队员要面子，最好把批评之词留在私下场合。此外，语言表达是教练员组织训练和指挥比赛的主要媒介。在训练中，教练员一定要用球员听得懂的语言传授技能，重点明确，让运动员知道怎么去做。在比赛中，短时间内综合运用口头语言和身体语言将战术决策传递给球员，将起到事半功倍的效果。

（2）非语言表达

身体语言的信息交流是教练员执教工作中沟通交流的重要部分，教练员无时无刻不在运用眼神、面部表情、点头摇头、鼓掌、击掌等身体语言向队

1　小文斯·隆巴迪.传奇教练的领导规则［M］.林宜萱，译.北京：清华大学出版社，2006：172.

员传递信息。教练员必须重视表情语、身势语、体距语、体触语等身体语言交流方式。有研究表明：来自教练员的积极触碰（击掌、撞拳、轻拍背部等）会增加运动员对教练员的亲密感，进而提升团队凝聚力[1-2]。同时，教练员可通过解读对方身体语言来调整沟通方式。卓有成效的教练员会认真观察球员，学会读懂他们的身体语言[3]。最后，建议教练员还需要锻炼书面表达能力，训练心得、训练计划以及训练总结的撰写都需要书面表达。在战术训练或者临场指挥时，一个很难用简单语言表达的复杂战术，教练员在战术板上一写一画，便一目了然。

2. 乐于倾听

善于表达是一门艺术，乐于倾听则是艺术中的艺术。尽管教练员经常通过发送信息的方式进行沟通，但成为有效的倾听者对于教练员同样重要[4]。无影响力的教练员惯于夸夸其谈，有影响力的教练员惯于倾听[5]。美国大学传奇女篮教练帕特·萨米特（Pat Summitt）表示，学会倾听才能培养有效且有意义的关系……倾听让我成为一名更优秀的篮球教练员。NBA波士顿凯尔特人队传奇教练奥尔巴赫（Auerbach）最优秀的品质之一就是乐于倾听[6]。"奥尔巴赫教练最伟大的才华在于他是一个倾听别人说话的人，他能把自己听到的转化为有效的行动""他不仅拥有高超的篮球意识，更有一双伟大的耳朵"奥尔巴赫指导的队员如是说。意大利足球名帅卡尔洛·安切洛蒂（Carlo Ancelotti）在《寂静的领导力》一书中谈到：我愿意虚心接纳来自任何渠道的

1　Lorimer R. The development of empathic accuracy in sports coaches [J]. Journal of Sport Psychology in Action，2013，4（1）：26-33.

2　Kraus M W，Huang C，Keltner D. Tactile communication，cooperation，and performance：an ethological study of the NBA [J]. Emotion，2010，10（5）：745-749.

3　汤姆·柯林，拉尔夫·皮姆. 执教团队篮球：培养具有球队至上精神的常胜球员 [M]. 杜婕，刘斌，译. 北京：人民体育出版社，2008：48.

4　戴蒙·伯顿，托马斯·D. 雷德克. 教练员必备的运动心理学实践指南 [M]. 陈柳，译. 北京：人民邮电出版社，2017：30.

5　崔鲁祥. 篮球教练员岗位培训教材（高级）[M]. 北京：人民体育出版社，2019：352.

6　Janssen J，Dale G A. The seven secrets of successful coaches：How to unlock and unleash your team's full potential [M]. Winning the Mental Game，2002：51.

想法，我的上级、我的同伴、我的下属、球员甚至足球界之外的人[1]。

教练员要始终坚持自己的观点，但也要注意听取不同的意见和建议[2]。教练员应鼓励球队成员表达自己的想法，积极接受有建设性的意见和建议。即使最终没有采纳，也需要让对方感受到你很欣赏为这些想法所付出的努力。此外，不仅要听内容，还要善于从话语人的语调、面部表情等身体语言中获取所需要的反馈信息。在某种程度上，解读身体语言的重要性甚至超越了语言本身，正所谓"观其行而知其心"。

3.营造沟通氛围

有时单靠教练员是解决不了人际关系问题的，最好的办法是在球队中营造良好的沟通氛围。美国杜克大学男篮主教练迈克·沙舍夫斯基（Mike Krzyzewski）表示，在我的球队里，我试着向队员逐步灌输三种体系：进攻体系、防守体系和沟通体系。前两者包含的各种战略需要在实践中加以贯彻，而后者才是最重要的。为了营造良好的沟通氛围，NBA名帅鲍勃·希尔（Bob Hill）采用的具体方法是：在训练前或者训练后，全体队员在球场围成一个圈坐下来，以便大家都能相互面对，要求当某人讲话时，其他人必须认真听。首先，每名队员都讲一讲对其他队员肯定的方面；然后，每名队员再讲一讲对其他队员的意见和看法；接下来大家一起交流，相互沟通；最后，每个人还要发表对自己及球队的看法。这种方式为所有成员提供了一个真诚交流的机会，有助于建立融洽的人际关系，形成良好的队内氛围，而这种氛围最终将成功作用在篮球场上。此外，NBA名帅格雷格·波波维奇（Gregg Popovich）、原中国男篮主教练尤纳斯·卡兹劳斯卡斯（Jonas Kazlauskas）等教练员，特别强调队员在场上要大声呼应、互相沟通，以便帮助队友找出问题。

（二）人际协调

人际协调是指教练员正确处理球队内外的各种关系，协调彼此的关系和利益，及时化解矛盾冲突的能力。人际协调的内涵主要表现为：

1　卡尔洛·安切洛蒂，克里斯·布雷迪，迈克·福德.安切洛蒂自传：寂静的领导力［M］.刘洋，译.北京：台海出版社，2017：61.

2　鲍勃·希尔.篮球教练员成功之道［M］.谭朕斌，译.北京：人民体育出版社，2004：17.

1. 预防冲突

对运动团队而言，持续的人际冲突会造成团队成员的心理压力，带来精神上的不愉快和精力上的内耗，破坏团队凝聚力，影响团队成绩和团队目标的实现[1]。球队内部的争斗是篮球项目的头号不利因素，球队成员之间的紧张关系会逐渐发展成一种类似癌变的问题，教练员必须花费大量的时间来处理好球队的团结[2]。在现实中，很多教练员把主要精力放在了研究对手身上，却忽视了如何保障球队的内部和谐。建议教练员要随时了解球队情况，积极关注可能危害球队团结的各种因素，尽力将不安定因素消灭在萌芽状态。例如：有运动员经常与其他具有相似背景和兴趣爱好的运动员在一起，这是正常现象。然而，教练员必须保持警惕，不要让那些分化球队的小团体形成[3]。

为了避免队内形成小帮派而影响内部和谐，美国佐治亚大学男篮主教练汤姆·柯林（Tom Crean）在《执教团队篮球》一书中提出如下建议：在赛季中及时调整室友名单是建立队内伙伴关系的重要途径。如果感觉有球员相处不是太融洽，在去客场比赛时就不妨指定他们做室友，让队员自己找出问题的症结并解决它[4]；意大利足球名帅卡尔洛·安切洛蒂（Carlo Ancelotti）则利用一起用餐的机会诱导球员相互说话，调整座位的安排，让平常不打交道的人坐在一起；为了尽可能避免因角色分配而导致的冲突，美国大学篮球传奇教练约翰·伍登（John Wooden）反复向队员强调所有角色对球队整体成功的重要性。后备角色并不是重要性较低的角色，而是与首发的作用不同，但同样重要的角色。

2. 化解冲突

处理冲突的能力是领导者需要掌握的最重要技能之一，领导者平均需要花费 20% 的时间来处理冲突[5]。差异性是冲突产生的直接原因，一支球队是由

1 钟红燕. 教练学［M］. 北京：中央民族大学出版社，2019：86.

2 鲍勃·希尔. 篮球教练员成功之道［M］. 谭朕斌，译. 北京：人民体育出版社，2004：12.

3 Martin L J, Evans M B, Spink K S. Coach perspectives of "groups within the group"：An analysis of subgroups and cliques in sport［J］. Sport, Exercise, and Performance Psychology, 2016, 5（1）：52-56.

4 汤姆·柯林，拉尔夫·皮姆. 执教团队篮球：培养具有球队至上精神的常胜球员［M］. 杜婕，刘斌，译. 北京：人民体育出版社，2008：103.

5 圣铎. 领导素质与艺术一本全［M］. 南昌：江西美术出版社，2017：190.

具有不同个性、经历和价值观的球队成员所构成的，各种矛盾或多或少都会存在。其中，既有个体与团队的冲突，也有团队内部之间的冲突；既有运动员之间的冲突，也有运动员与教练员之间的冲突，管理人员和教练员之间也可能存在冲突。冲突犹如一把双刃剑，有建设性冲突和破坏性冲突之分。某些建设性冲突的存在更有利于球队的健康发展，教练员要善于因势利导地利用建设性冲突，让冲突各方更好地彼此了解，将冲突转化为力量，让矛盾演变成协作；对于破坏性冲突，教练员则要迅速控制局面，尽可能促使矛盾向有利于球队目标的方向转化，避免将潜在的和微弱的冲突激化到不可调和的地步。

处理球队内部冲突，教练员一定要坚持"一长制"原则[1]。在此基础上，建议做好如下几点：（1）正确认识和利用冲突。冲突是人际关系中正常的、不可避免的部分，不要试图掩盖分歧的存在。（2）冷静分析冲突的起因，找出介入冲突并寻求妥善解决的办法。（3）处理好球员之间的关系。冲突的解决可采用个别谈话或将发生冲突的球员叫到一起交流、教育的方式，力求营造相互信任、相互谅解、相互包容的友好氛围。（4）建立融洽的教练员-运动员关系。经常和队员谈心，倾听不同观点，寻求双方理解上的共同点。

（三）人际支持

人际支持是指教练员为队员提供以及从外部获取，情感支持（如关心、鼓励）、信息支持（如建议、经验）和有形支持（如奖金、物品）等各种支持的能力。人际支持的内涵主要表现为：

1. 建立信任

教练员与运动员的关系最重要的保证就是相互信任，教练员与运动员之间的信任感是建立稳固关系的基础[2]。教练员与运动员建立和发展关系的内核是信任感的树立，彼此之间是否有一种适宜的信任感决定了训练活动的绩效[3]。鲍勃·希尔（Bob Hill）表示，在篮球运动中，教练员应将信任看成是一

1　崔鲁祥.篮球教练员岗位培训教材（高级）［M］.北京：人民体育出版社，2019：20.
2　高畑好秀.金牌教练的55则带队心理学［M］.高詹灿，译.台北：三悦文化图书事业有限公司，2008：16.
3　熊焰，王平.竞技教练学［M］.苏州：苏州大学出版社，2016：26.

种感情投资，信任的建立关系到球队的成败；史蒂夫·科尔（Steve Kerr）表示，在你尝试做出任何改变之前，先建立信任；约翰·伍登（John Wooden）表示，给别人信任可能会偶尔失望，但要胜过不去信任而永远悲伤；迈克·沙舍夫斯基（Mike Krzyzewski）表示，即使是冠军球员也需要别人的信任，我要让他知道我就是那个信任他的人。不管你是一个教练、一个 CEO、还是一个家长，只要说出"我相信你们"这五个字，你就可以拥有最好的团队、员工和家人。不难看出，篮球名师都非常注重与队员建立良好的信任关系。在可能的情况下，教练员应该充分信任队员，以信任取得信任。交付相应的任务及对应的责任，但也要让队员知道滥用信任可能产生的后果。

古语有言："民不信不立""亲其师而信其道"，领导者只有在赢得追随者信任的情况下才能领导他人。一旦队员因为信任教练员，就愿意服从其领导，这样的认可意味着产生了某种长期的内在变化，其效果也将更加深远。美国佐治亚大学男篮主教练汤姆·柯林（Tom Crean）表示，教练员必须是可以信赖和值得信任的，这样才可能期望球队的所有成员都和你一样。此外，一项基于 30 支美国大学篮球队信任度的调查表明：球员对教练员的信任对球队的获胜率有明显影响，对教练员信任度最高的球队表现得最好[1]；一项基于29 支我国青少年篮球队 349 名球员的调查表明：球员对教练员的信任是教练员领导行为对球队凝聚力产生影响的中介变量[2]。社会心理学将人际信任分为认知型信任和情感型信任两种类型，认知型信任和情感型信任都是教练员建立良好人际关系的催化剂。队员对教练员的认知型信任主要来自教练员的执教能力和带队成绩；队员对教练员的情感型信任主要来自教练员的品行、对队员的关心、爱护以及肯定。其中，情感型信任对队员的影响更大[3]。

宁波大学男篮主教练任峰表示，带队不能一味严厉，关键还是要以真心换真心，和学生建立相互依托、相互信任的关系，让学生发自内心愿意跟着

1　Dirks K T. Trust in leadership and team performance： Evidence from NCAA basketball ［J］. Journal of applied psychology，2002，85（6）：1004-1012.

2　杨尚剑，孙有平，季浏. 教练领导行为与凝聚力：信任的中介作用［J］.上海体育学院学报，2014，38（2）：69-73.

3　贾志强. 篮球教练员能力结构需求与绩效评估研究［M］.北京：北京体育大学出版社，2016：128.

他打球；建立信任是非常不易的，要求学生完成的东西，你自己能不能做到？清华大学男篮主教练陈磊如是说。由于高校的学生运动员来自不同院系居多，利用课余和假期集中训练，与教练员缺乏亲密关系，教练员与队员、队员与队员之间缺乏了解和信任，团队凝聚力水平低于同吃同住的专业队队员[1]。因此，建议高校篮球教练员在不断提高业务能力的同时，还需要加强自身修养并投入足够的时间和精力，通过共有体验与队员建立相互信任的情感联系。

2. 动机激励

个人工作绩效主要取决于个人能力和所受到的激励水平两个因素，在能力一定的情况下，受激励程度越高其工作绩效越好。团队成员 40% 的积极性是依靠领导者的才能所诱发出来的[2]。一个优秀的教练员，在很大程度上也是一个优秀的动机激励专家[3]。教练员激励球员的能力将直接决定球队能够取得什么样的成功，一个被激励的球员和球队所能取得的成就要远远大于一个仅仅被要求去做什么的球员和球队所能取得的[4]。善于激发运动员的训练动机是教练员做好工作的核心[5]。约翰·伍登（John Wooden）指出，教练员必须拥有更多的难以用语言描述的能力去教导和激励球队，这决定了你的领导力。如果你不会教导球队、不会激励球队，那你就不会有领导力；文斯·隆巴迪（Vince Lombardi）表示："领导力建立在精神品质的基础上，是激励的力量，是激励他人跟随的力量。"他非常善于激励球员在球场上追求更加卓越的表现[6]。

根据双因素理论，保健因素和激励因素是激发工作动力的主要因素。保健因素可产生短暂的激励效果，激励因素的作用可长久保持。领导者可以对激励因素中的工作内容、责任、认可产生直接影响[7]。

建议教练员通过以下方式来实现对球员的动机激励：

1 李佳薇，鲁长芬，罗小兵.高校教练员领导行为对竞赛表现的影响研究：群体凝聚力与训练比赛满意感的链式中介效应［J］.体育与科学，2017，38（6）：87-96，109.

2 季浏，殷恒婵，颜军.体育心理学［M］.3 版.北京：高等教育出版社，2016：347.

3 熊焰，王平.竞技教练学［M］.苏州：苏州大学出版社，2016：145.

4 李忠义.校园篮球执教之路［M］.西安：世界图书出版社，2018：29.

5 钟秉枢.教练员如何做好工作［J］.中国体育教练员，2003，11（1）：4-7.

6 杨壮.橄榄球教练朗巴蒂的领导力哲学［J］.商务周刊，2007（13）：88.

7 亚历山大·格罗斯.360 度领导力：中层领导者全方位领导力提升技巧［M］.贡晓丰，译.北京：电子工业出版社，2021：107.

（1）工作内容。如果球员能够从篮球训练和比赛中体会到真正的乐趣，也就不怎么需要教练员进行激励。

（2）责任。将责任进行授权具有强烈的激励作用，它会造成一种教练员信任球员的直接印象。

（3）认可。当球员出色完成某项任务后，教练员以奖励的形式采取激励措施，球员积极性则明显提高。曾带队获得过奥运冠军也执教过大学女篮的奈尔·福特纳（Nell Fortner）表示，如果球员在罚球练习中可以25罚25中，作为奖励她们可以免除当日困难的体能训练。往往最有效的奖励都是免费的，对于大学生球员来说，更适当的外部奖励可以是对球员付出的努力提出特别表扬，也可以是一个微笑、点头、鼓掌、轻拍肩膀等等。

应强调指出：激励并不是一蹴而就的事，并非所有人都会对同一种方法有同样的反应，教练员需要找出适合每个队员的激励方式。激励如同发酵剂，何时该用、该用何种激励，都要根据队员具体情况进行。例如：多数队员喜欢正面激励，也有队员需要激将法，甚至小小的打击。

3. 付出关爱

教练员对球员付出的情感越多，球员对教练员的信赖感越高[1]。当教练员和运动员之间建立起情感联系之后，即便是因为某事而受到批评，运动员也会感觉教练员是真心为他们好，更愿意把教练员的批评当作赞扬来看待。很多伟大的教练员都把关爱作为创建执教理念的基石[2]。美国大学男篮传奇教练约翰·伍登（John Wooden）将关爱描述为在行动中考虑到每位球员的最佳利益，并强调永远不要低估关爱在球队中的积极作用；美国大学女篮传奇教练帕特·萨米特（Pat Summitt）表示，人们并不在乎你知道多少，除非知道你有多在乎。要让别人为你努力工作，你得先让人明白你是为他好，是想让他取得职业成功；宁波大学男篮主教练任峰将"把学生放在心里，把心放在学生身上"作为建队基石。

高校篮球教练员，不仅要对学生篮球场上的一切负责，更要对场下的生

1　崔鲁祥. 篮球教练员岗位培训教材（高级）［M］. 北京：人民体育出版社，2019：20.

2　Gilbert W, Nater S, Siwik M, et al. The pyramid of teaching success in sport: Lessons from applied science and effective coaches［J］. Journal of Sport Psychology in Action, 2010, 1（2）：86-94.

活、学业以及就业保持关注，给予多方面的关心呵护。其中，及时了解队员的学习情况，以保证他们的学习不会因为训练和比赛而受到影响，帮助他们顺利完成大学学业是高校篮球教练员最重要的职责，永远不要把篮球训练和比赛置于学生接受教育之上。关爱球员其实不需要太多成本，只需要将这种在意通过关心和支持表现出来。在球员无助的时候，教练员的一句关心问候、一个小小举动都会让他们倍感温暖。"我的一系列关切行为都不是什么大举动，但这些行动直接源自我对执教对象发自内心的关爱"，伍登教练如是说。

4. 赢得支持

如何在内外部资源有限的情况下，最大化提升球队竞争力是我国大部分高校教练员面临的一大挑战。美国杜克大学男篮主教练迈克·沙舍夫斯基（Mike Krzyzewski）表示，作为球队的领导者，你更需要在没有后顾之忧的情况下全心投入，背后拥有强大的个人支持系统，你就可以轻松地投入到球队事业中；美国大学女篮冠军教练艾米·鲁莱（Amy Ruley）强调："人际支持系统的核心意义就是在执教生涯中发展有意义的关系。"[1]

投入一定的时间和精力来建立个人支持系统是一种着眼于未来价值的长期投资，它能带来的重要益处就在于获得情感支持和不同意见的交流。在不同领域工作的人会为你带来新的视角，而局限在自己领域的关系网则难以拓宽视野。家人、朋友、同事、队员、队员家长、队员高中教练等都是高校篮球教练员个人支持系统的重要组成部分。建议在通过有效沟通赢得稳定支持的基础上，拓宽交流对象，与个人支持系统的"局外人"建立协同关系，进一步获取行动支持，进而转化为球队发展的内在动力。

三、专业领导力

专业领导力是指教练员在选材用人、训练指导和参赛指导方面应具备的能力。专业领导力由选材用人、训练指导和参赛指导3个二级维度构成。

（一）选材用人

选材用人是指教练员根据篮球项目特点和球队发展需要，通过特定测试

1　Reynaud C. She Can Coach：Tools for success from 20 top women coaches［M］. Human Kinetics，2004：63.

和经验判断，挑选适合的队员进行系统的、有针对性培养，进而合理搭配完成一系列比赛任务的能力。选材用人的内涵主要表现为：

1. 识人有术

篮球是选材标准最高的运动项目之一，对队员的身体形态、运动素质、生理机能、心理品质等方面的要求都非常严格[1]。选拔队员是一门不精确的科学，有些能力可以通过指标或数据进行测量，有些能力只能通过教练员的经验水平去判断，但这些能力又是选材中不可或缺的部分。一旦挑选不当，无论教练员如何激励和培养，都只会徒劳无功[2]。当被问及在选拔队员时，最看重哪些方面？

（1）美国杜克大学男篮主教练迈克·沙舍夫斯基（Mike Krzyzewski）表示，我们最看重天赋、学习能力和品格，它们同等重要，如果少了一个，就不会选择那个球员，尤其是在品格方面。

（2）美国佐治亚大学男篮主教练汤姆·柯林（Tom Crean）表示，诚实正直、相互尊重、勇担责任、无私奉献和顽强坚韧的球队核心价值，始终是选拔队员优先考虑的因素。我们高度维护这些品质，决不会将一个与之不相称的队员招到球队里来。

（3）德克萨斯大学男篮主教练斯科特·克洛斯（Scott Cross）表示："实际上，我拒绝了一些前100名的篮球队员，因为我感到他们可能不适应我们的球队文化。一个篮球冠军队可以有一两个队员不具备球队文化中的所有要素，但是其他13位最好非常符合。"[3]

（4）约翰·伍登（John Wooden）表示，我坚信大学教练不应该仅仅寻求运动天赋，应该同样优先关注运动员的品格以及在学业方面的志向。

不可否认，天赋是无法替代的。除此之外，教练员更应关心运动员的品格和态度。在试训之前，教练员不仅需要列出候选运动员需要具备的身体素质和运动技能，还需要列出运动员应该具备的品质特征。如果选拔的运动员

1　王万里.篮球之门［M］.北京：经济管理出版社，2018：32.

2　钟秉枢.做NO.1的教练：团队管理与领导艺术［M］.北京：北京体育大学出版社，2012：67.

3　戴夫·安德森.势不可挡：34位成功的职业教练和企业家教你如何达成高绩效［M］.管然，译.北京：人民邮电出版社，2018：50.

在品格和态度方面有问题，在今后的球队管理中，教练员则会一直忙于运用奖惩措施。从长远来看，一个有天赋但缺少良好品格的球员，常常会影响球队的团结合作，这种天赋的意义也就不是很大了；天赋略逊但更具奉献精神且积极进取的球员会做得更好。因此，建议高校篮球教练员应尽可能为球队挑选，勇于担责、甘于奉献，有才华的团队型球员。

2. 用人有方

在集体球类项目中，用好手中的队员是教练员的职责所在。中国女排功勋教练郎平在争议声中敢于重用新队员，也敢于使用未曾被重用过的老队员，更敢于弃用功成名就的队员，这正是郎平的用人之道。在高校篮球队中，大部分队员都不是全能型球员，也不可能指望每年都有极具天赋的新生力量加入，但天赋普通的球员可能会因为队友的特点而在球队中更具价值。可见，对高校篮球教练员而言，进行合理的人员搭配就显得尤为重要。

建议教练员在进行球员搭配时，首先要有一个主体框架，要有几个主要人选，运用这些球员的特质去打造一个篮球体系。在此基础上，根据不同的对手、不同的任务来选择搭配球员。合理搭配并非易事，教练员在日常训练中就要有针对性、有变化性地反复尝试。这样一来，便于教练员在临场指挥时的人员调配，队员一旦上场，也知道该干什么，教练员布置任务也就更加从容。

（二）训练指导

训练指导是指教练员在对篮球项目特点和规律有着较为深刻认识的前提下，组织队员训练，并对训练过程的规划、实施和监控加以指导的能力。教练员将单个运动员聚集在一起，追求团队成功的主要方式之一是通过强有力的训练指导[1]。

美国学者韦德·吉尔伯特（Wade Gilbert）将训练指导划分为：构想（Envision）、执行（Enact）、评估（Evaluate）三个阶段[2]；英国学者彼得·汤普森（Peter Thompson）将训练指导划分为：计划（Plan）、实施（Do）、评价

1　Sullivan P J, Kent A. Coaching efficacy as a predictor of leadership style in intercollegiate athletics［J］. Journal of Applied Sport Psychology, 2003, 15（1）: 1-11.
2　韦德·吉尔伯特. 高水平教练执教手册［M］. 常喜, 张旭, 译. 北京: 人民邮电出版社, 2019: 前言.

（Review）三个阶段[1]；我国学者胡亦海将训练过程的结构要素划分为训练过程规划、训练过程实施和训练过程监控三个阶段[2]。本研究根据运动训练过程的时间推移和阶段传递，将训练指导划分为规划设计、组织实施和检查评定三个阶段。

1. 规划设计

良好的赛季开端源于精心的规划设计，运动训练过程的规划设计主要包括：现实状态诊断、训练目标确定、训练计划制定三个基本环节。

（1）现实状态诊断是为训练过程建立一个基准起点，只有在掌握运动员的现实状态之后，才能确立切实可行的训练目标。

（2）训练目标确定是为训练过程确立一个目标状态，进而制定与之相适应的训练计划。训练目标按照时间可分为长期、中期、短期目标，按照主体可分为教练员、运动员、团队目标，按照内容可分为竞技能力各构成要素目标。

（3）训练计划是对训练过程在时间维度上，预先做出的理论设计。训练计划的制定通常需要耗费教练员大量精力，但有助于提高训练质量和效益，提高球员对教练团队的信心[1]。老 K 教练表示，训练前做计划一直是我训练工作中必不可少的步骤，我无法在还没有准备好的情况下就去要求队员；约翰·伍登表示，要想取得胜利，就得勤奋，其中就包括良好的计划。按照时间跨度，训练计划可分为：多年、年度、阶段、周和课训练计划，时间跨度越大、越体现框架性和总体性，时间跨度越小、越体现具体性和操作性。

高校篮球队的训练计划通常是根据学年主要比赛任务来划分，进而制定出赛季、周和课训练计划，并根据学期和假期制度进行必要调整。各类训练计划的基本内容包括三大要素：

（1）时间要素。由周期（单、双、多），时期（准备、竞赛、恢复），阶段（一般、专项、赛前）组成。

1　彼得·汤普森. 教练理论入门：国际田联田径运动教练官方指导书［M］. 张英波，孙南，译. 北京：北京体育大学出版社，2011：139.

2　国家体育总局科教司. 现代教练员科学训练理论与实践［M］. 北京：人民体育出版社，2014：80.

1　Fox A. The importance of coaching control［J］. International Journal of Sports Science & Coaching，2006，1（1）：19-21.

（2）内容要素。具有明显的阶段性特点，必须与训练目的和任务相适应。

（3）负荷要素。应符合项目自身特点。篮球训练通常需要在大强度，间歇、多变，保持一定量的情况下进行。

2. 组织实施

运动训练的组织实施是将预先做出的理论设计付诸实践的过程。篮球训练课的组织实施主要包括：队员的组织、内容的组织以及负荷安排三个方面[1]。

（1）队员的组织按照参与人数可分为：个人训练，小组训练（分区、分位）和集体（全队）训练三种形式。篮球比赛的集体同场对抗和篮球技术的多元异变组合，决定了教练员需要将三种组织形式结合起来进行训练。

（2）内容的组织既要考虑在合适的时间里为队员提供恰当的练习内容，又要对动作规格和质量、练习时长和顺序有明确要求。根据确定的内容，教练员对队员采用个性化的教学方法是伟大教练的标准之一[2]。因人不同、因位不同、采用的方法也不尽相同。此外，教练员需要向队员清楚地解释为什么要这么安排[3]。

（3）负荷安排既要以每堂课的训练任务为主要依据，又要符合大多数队员的抗负荷能力。负荷量可用练习的次数、组数、时间、重量以及距离来衡量，负荷强度可用练习的难度、质量、密度以及时间来衡量。技术训练课通常以负荷量为主，提高机能和比赛能力的训练课通常以负荷强度为主。

3. 检查评定

训练过程是一个复杂的动态系统，所涉及的内容广泛且各因素之间相互作用、相互影响，预定计划在实施过程中可能会产生一定程度的偏差。因此，教练员必须对训练过程实施有效的控制，才能确保教学训练是否正按照预先制定的计划进行，是否正朝着赛季规划目标的方向前进。

1　孙民治，李方膺．中国体育教练员岗位培训教材：篮球［M］．北京：人民体育出版社，2001：114.

2　Bloom G. You haven't taught until they have learned：John Wooden's teaching principles and practices［J］. The Sport Psychologist，2006，20（2）：246-248.

3　Vella S，Perlman D. Mastery，autonomy and transformational approaches to coaching：Common features and applications［J］. International Sport Coaching Journal，2014，2（1）：173-179.

对训练过程实施有效控制，首先要掌握反映训练过程实施情况的大量信息，而这些信息只有通过对日常教学训练的检查评定才能获得。执教高水平篮球队，教练员需要具备很强的训练质量控制能力[1]。及时获取信息是控制训练质量的前提，教练员可以通过课堂观察、队员感受、技术统计、专门测试等途径获取反馈信息，并及时与队员进行信息交流。在训练过程中，教练员对每个练习同步评估，将练习情况反馈给队员；在训练结束后，教练员将训练过程中各种反馈信息及时加以分析综合，并与训练目标进行比较，再将分析结果反馈给队员，修正原计划的相应环节。

（三）参赛指导

参赛指导是指教练员指导队员针对特定比赛进行赛前准备、参加比赛及赛后总结与调训的能力。参赛指导的内涵主要表现为：

1. 赛前准备

赛前准备工作的好坏直接影响球队是否成功，教练员必须把赛前准备作为执教理念的重要组成部分[2]。教练员是赛前准备的主要谋划者和指挥者，其考虑问题的全面性、实施过程的合理性会在很大程度上影响甚至决定运动员在比赛中的竞技表现。最成功的教练，是那些能够为每一场比赛都做好精心准备的教练[3]。赛前准备的工作流程主要包括：参赛信息募集、赛前状态诊断、参赛风险评估、赛前训练安排以及参赛方案制订[4]。

（1）参赛信息募集

在篮球比赛中，有很多因素是教练员相对无法控制的，如：对方队员表现、裁判的判罚、比赛环境因素等。为了增强可控性，参赛信息的募集应该主要围绕上述不可控因素展开。全面系统的情报信息能够帮助教练员了解比赛对手的现状，预测比赛对手可能采用的战术打法，裁判判罚特点，气候、海拔、观众行为等比赛环境信息，进而制定出更具针对性的比赛方案、更好地规避参赛风险。大多数教练员非常重视比赛对手情报信息的募集工作，通过观看

1　崔鲁祥.篮球教练员岗位培训教材（高级）［M］.北京：人民体育出版社，2019：16.

2　鲍勃·希尔.篮球教练员成功之道［M］.谭联斌，译.北京：人民体育出版社，2004：6.

3　李忠义.校园篮球执教之路［M］.西安：世界图书出版社，2018：208.

4　田麦久，熊焰.竞技参赛学［M］.北京：高等教育出版社，2019：78.

对手比赛录像、派球探侦察等途径尽可能了解比赛对手攻防战术打法与配合特点、主力队员的技术特长和习惯打法、替补阵容的实力、伤病情况、对方教练员指挥比赛的风格等情报信息。

总体而言，募集参赛信息是为比赛做准备的一个重要环节，了解对手十分必要，但更应立足于我方优势的充分发挥，坚持自己的打法。约翰·伍登（John Wooden）在接受采访时曾表示，我不喜欢去了解对手，对手信息有时会让我对将要面对的球队过度恐惧；有时又会使我过于自信。相反，我更愿意把时间用在球队训练上，从而让球队变得更好。

（2）赛前状态诊断

适宜准备状态、赛前热症和赛前冷淡是运动员赛前状态的三种主要类型。适宜的赛前状态对于运动员在比赛中充分发挥训练水平、创造优异运动成绩具有重要影响，教练员可采用训练学、生理学和心理学指标结合经验观察对运动员的赛前状态进行综合诊断。篮球比赛对运动员的心理素质要求很高，好的教练员会通过各种方式及时调整运动员的赛前心理状态，以避免由于心理因素导致球队的失败[1]。

篮球项目的心理调整与个人项目有所差异，球队可以影响个人，个人又可能影响球队。通过赛前心理状态的诊断和调整，旨在达到球队分担个人压力，个人减轻球队压力的状态，形成相互之间积极的心理影响。依据篮球项目特点，建议教练员着重考察技术应用的熟练程度、战术配合的默契程度等反映团队状态的指标。

（3）参赛风险评估

参赛各环节，任何不利于球队的外界干扰都会影响运动员比赛发挥。教练员要尽量排除干扰、规避风险，使运动员能够专心训练和比赛，以提高球队战斗力[2]。参赛风险可划分为：我方可能出现的风险，如体能、技战术、心理、伤病、纪律、比赛经验等；对方可能带来的风险，如体能、技战术、心理、比赛经验等；比赛环境风险，如地点、时间、气候、场地、器材、裁判员、媒体等。

1　鲍勃·希尔.篮球教练员成功之道［M］.谭朕斌，译.北京：人民体育出版社，2004：20.

2　鲍勃·希尔.篮球教练员成功之道［M］.谭朕斌，译.北京：人民体育出版社，2004：26.

教练员可以采取以下应对方式：在日常训练和赛前准备阶段，加强对运动员参赛风险的意识教育；参照风险管理理论提出的风险回避、风险控制、风险转移、风险自留的应对策略，制定相应的具体应对方案；根据教练团队的不同分工，各司其职应对风险。

（4）赛前训练组织

赛前训练是一个专门的训练阶段，其目的是通过系统有效的方法手段将运动员的竞技状态调控到最佳水平。根据众多著名教练带队参赛体会，赛会制比赛的赛前训练一般安排在赛前2～3周进行[1]。赛前训练要特别注意以下三个方面：

第一，合理安排训练内容，体能训练应以专项体能训练为主，以保证队员在比赛中充分发挥各项技术水平。加大战术配合和对抗性训练的比重，提高战术应变能力；第二，合理安排训练负荷，不过分追求训练量和训练时长，在训练质量上下功夫，适当增加练习强度，提高练习密度；第三，合理安排训练手段，每一个练习都要有很强的针对性，尽可能安排接近实战的模拟训练、训练性比赛来让队员熟悉主要对手和惯用打法。赛间训练应根据本队在比赛中暴露出的主要问题及下一场比赛对手情况，采取更加有针对性的训练手段。

（5）参赛方案制订

参赛方案制订是教练员落实与对手比赛具体细致的方法步骤阶段。程序化参赛方案的制订可参照以下四个步骤进行：

首先，根据收集到的对方情报信息与我方实力进行全方位的对比分析，对参赛目标进行合理定位，不同的对手、不同的参赛目标构成不同的参赛方案；其次，根据已经确定的攻防战略思想，确定上场阵容，布置每个队员在场上的具体任务；再次，充分估计比赛中可能随时出现的各种情况，如双方僵持阶段怎么打，我方领先怎么打，我方落后怎么打，凡此种种，教练员需要让队员明确不同情况下的各种打法；最后，制定针对各种情况进行人员调整的方案，比赛中有计划地运用换人战术是保证比赛胜利的重要手段，有时替补队员在比赛关键时刻上场会起到出奇制胜的效果。

1 范民运.最新篮球教练员实用手册［M］.北京：北京体育大学出版社，2009：267.

2.临场指挥

赛场变化犹如天气，虽可预测，但又深不可测。临场指挥能力是教练员领导力，更是其参赛活动中执教艺术的具体体现，尤其对于集体对抗类项目，它深刻地影响与制约着运动员的竞技表现和比赛结果[1]。

篮球教练员的临场指挥能力主要包括赛场观察、分析决策以及语言表达[2]。

（1）赛场观察

比赛过程中的有效指导以及何时与运动员进行有效沟通依赖于教练员观察并发现重要比赛线索的能力，如运动员表现、对手表现、比赛剩余时间、场上比分等。观察到应该注意的重点是所有教练员需要具备的能力，尽管教练员不可能注意到比赛过程中发生的所有事情，不同教练员的关注点可能会有所差异。如果教练员在比赛中的观察没有一个明确的重点，那么很容易因为纷乱的想法而分心。在准备比赛的过程中，提前确定需要观察的一些关键执行指标，将有助于避免由于关注所有事情而忽略最重要的方面[3]。

在比赛过程中，建议教练员采用"少即是多"的指导原则，即更多地观察、更少地干预。时刻关注队员的表现，在认为绝对有必要干预的时候才进行指导和鼓励[4]。奥运冠军教练里卡·查尔斯沃斯（Ric Charlesworth）表示，准备好做出指导并愿意使用你的判断，但要警惕过度指导。有时最好不要过度指导，控制自己是教练员的一种美德；NBA 名帅雷格·波波维奇（Gregg Popovich）表示，在执教生涯后期，我已经学会了更多地闭嘴。

（2）分析决策

由于篮球比赛的快节奏和时间压力，对于随机出现的各种事先无法预料的复杂问题和变化，教练员很难进行仔细推敲，也不可能有多种决策方案可

1　熊焰，王平.竞技教练学［M］.苏州：苏州大学出版社，2016：154.

2　崔鲁祥.篮球教练员岗位培训教材（高级）［M］.北京：人民体育出版社，2019：67.

3　韦德·吉尔伯特.高水平教练执教手册［M］.常喜，张旭，译.北京：人民邮电出版社，2019：198.

4　Ritchie D，Allen J. Let them get on with it： Coaches' perceptions of their roles and coaching practices during Olympic and Paralympic Games［J］. International Sport Coaching Journal，2015，2（2）：108-124.

供选择。这时，仅需要教练员在观察重要信息的基础上，抓主要矛盾和矛盾的主要方面，基于经验当机立断地做出各种战术性决策，某个战术性决策甚至仅需依靠教练员的直觉和本能[1]。

与此同时，利用比赛规则允许的暂停和换人机会，是教练员临场指挥的重要手段。伍登教练的一席话表明了掌握好时机的重要性：我努力谨慎地使用暂停，并努力将其保留到比赛的最后时刻。但在一些关键比赛、关键时刻，我感觉必须要叫暂停时，我会先叫暂停。通常在以下几种情况下，教练员可以考虑暂停和换人（表5.1）。

表5.1　暂停和换人决策时机

序号	暂停时机	换人时机
1	本队出现由高潮跌落，陷入僵局	为制约对方球员特点，执行针对性计划
2	发现对方薄弱环节，改变战术以扩大战果	本队需要改变计划
3	需要向队员布置新任务	无暂停或保留暂停，用换人传达战术意图
4	在特殊情况下需要暂停	核心队员犯规较多，在关键时刻保存实力
5	对方进行新的部署，本队不适应	有计划地锻炼新队员
6	对方士气高涨并连续得分	
7	队员情绪不稳定，发挥失常	
8	队员特别疲劳（又不能换人→暂停；受伤→换人）	
9	队员思想不统一，行动不协调（作风表现不好→换人）	

注：6～9既可考虑暂停也可考虑换人；据《篮球教练员能力结构需求与绩效评估研究》整理合并[2]。

（3）语言表达

语言是教练员将决策信息告知运动员的重要途径，教练员应充分利用暂停、换人、场下呼叫、半场节间间歇等机会及时向运动员传递决策信息，有时甚至会用到关于时间、比分和战术调整的联络暗语，如口哨、头势、手势、表情、坐姿等。为了避免分散运动员注意力，教练员所提供的反馈信息不宜

1　Harvey S, Lyle J W B, Muir B. Naturalistic decision making in high performance team sport coaching [J]. International Sport Coaching Journal；2015，2（2）：152-168.

2　贾志强. 篮球教练员能力结构需求与绩效评估研究 [M] .北京：北京体育大学出版社，2016：80-81.

过多，要简明、扼要、切实、具体、重复，并且在可能的情况下，还要确认运动员是否已经收到并理解。运动员的各种能力是长期训练的结果，练到才能指挥到，在训练中都没有解决的问题，比赛中通过临场指挥也很难解决。因此，在比赛中有效执教的关键是用简短的语言提醒运动员在训练中练习过的内容，不要试图传递新的策略信息。当运动员听到或看到，教练员以训练时同样的短语、语调或身体语言传递的同一个信息时，更有可能积极响应[1]。

在比赛中，教练员发挥个人作用的另一个方面是认可和赞扬运动员。如果教练员经常对高质量的表现给予好评，尤其注重认可无法用技术统计衡量的表现，运动员会表现得更好，在比赛中付出更多的努力[2]；教练员应该多赞扬在比赛中默默付出的球员。伍登教练很少赞扬明星球员，因为明星球员经常受到各方好评。他反而会找出各种理由去重点赞扬默默付出的球员；倘若在比赛中无法及时表扬，教练员可以在赛后私下表扬或者在赛后总结时提出表扬。

3. 赛后调整

（1）赛后恢复

篮球执教并不会因比赛结束而停止。赛后教练员除了安排常规恢复训练以外，应更多地专注于运动员的情绪调控。神经心理疲劳是赛后疲劳产生的主要原因，赛后恢复的重点应以心理恢复为先[3]。无论胜负，赛后运动员都会产生一种特殊的情绪体验，它会对赛后训练产生决定性影响[4]。当出现因赢球而过于狂喜、因失败而太过沮丧时，教练员应努力平息队员的情绪，使之迅速摆脱比赛成绩的影响，将注意力放在下一阶段的训练和比赛。教练员需要提前向队员交代在赛后庆祝胜利和处理失败的适当策略。不过，如果教练员

1　Eccles D W, Tran K B. Getting them on the same page： Strategies for enhancing coordination and communication in sports teams［J］. Journal of Sport Psychology in Action，2012，3（1）：30-40.

2　Vella S, Perlman D. Mastery, autonomy and transformational approaches to coaching： Common features and applications［J］. International Sport Coaching Journal，2014，2（1）：173-179.

3　田麦久，熊焰.竞技参赛学［M］.北京：高等教育出版社，2019：302.

4　全国体育学院教材委员会.体育学院通用教材：运动心理学［M］.北京：人民体育出版社，2005：336.

在比赛后出现不当行为，这些策略将变得毫无意义 [1]。

有一点务必注意：相较于赢球，教练员在输球后的领导能力和指导思想会对球员产生更加深刻的影响 [2]。被美国篮球名人堂誉为"传奇教练"的北卡罗来纳大学主教练迪恩·史密斯（Dean Smith）表示，教练员需要学会处理胜利和失败的情形，相较胜利，应该更多地关注失败，将失败看作用于教育球员的投资。一旦比赛结束，不管发生了什么，教练员应该控制好自己的情绪，表现出正确的行为，并教育球员以轻松的方式祝贺对手并向裁判表示感谢。

（2）赛后总结

赛后总结是对前一阶段训练与比赛的理性思考，更是一次经验教训的积累，也是下一阶段训练计划制定的基础。被誉为"俄罗斯篮球之父"的亚历山大·戈麦尔斯基（Alexander Gomelskiy）在带领球队每打完一个赛季后，就会召集队员像解剖人体一样，对上赛季比赛进行复盘。

自上而下的总结是赛后总结的形式之一，教练员在自我总结的基础上，尽快召集队员对参赛各环节暴露的问题和有益经验进行总结。具体内容包括：任务完成情况、经验和收获、对主要对手的分析、我方进攻与防守存在的问题以及改进措施等方面。让队员明白比赛赢在哪里或输在哪里，对提高篮球理论水平、观察分析问题的能力大有裨益。赛后总结可采用欲抑先扬的方式，首先对比赛中发挥较好的方面提出表扬，然后对比赛中表现欠佳的方面提出改正意见，结合比赛视频分析，让球员有更为直观的认识。

自下而上的总结是赛后总结的另一种形式，可采取以下步骤进行：队员递交书面材料对本赛季的表现进行自我评估；随后召开球队会议，每个队员针对自己的不足进行发言，其他队员参与讨论；会后再进行有针对性的单独交流。作为参赛主体的队员对于赛事的进程有着最为真切的体验，他们的参赛总结是特别重要的；最后，教练员要将训练档案以及与比赛相关的有用材料全部收集起来，以备不时之需。

1　韦德·吉尔伯特.高水平教练执教手册［M］.常喜，张旭，译.北京：人民邮电出版社，2019：211.

2　李忠义.校园篮球执教之路［M］.西安：世界图书出版社，2018：224.

四、文化领导力

文化领导力是指为发挥球队文化在全面育人中的导向作用，教练员在物质、行为、制度和精神层面全方位塑造和培育球队文化的能力。文化领导力由物质文化建设、行为文化建设、制度文化建设和精神文化建设4个二级维度构成。

（一）物质文化建设

物质文化建设是指教练员通过创设训练环境、开发象征性标识（如队旗、队徽、队歌）和组织团建活动等方式，在物质层面对球队文化的培育和塑造。物质文化建设的内涵主要表现为：

1. 创设训练环境

训练环境是文化展示和文化建设的重要载体，干净整洁、宽敞明亮的训练场地，充足适宜的训练器材能够为日常训练和比赛提供基本保障，是教练员借以达成训练目标的物质依托。因此，教练员有责任对训练场地的硬件设施、训练用具做常规细致的检查，以确保为队员提供一个安全的训练环境；教练员有责任提醒队员爱护训练器材和装备以及确保其摆放位置的恰当性；教练员有责任通过多种方式孕育球队的"场所精神"，激励人心的口号标语、优秀队员的宣传海报、精心布置的荣誉墙可以引导队员树立正确的价值观。美国佐治亚大学教练汤姆·柯林（Tom Crean）在《执教团队篮球》一书中谈到：虽然图画和标语是用来展示球队价值观的一种廉价方式，但可以强化球队梦想。当球员一走入训练馆，展示球队历史和荣誉的宣传栏随即映入眼帘，刚开始球员只是看一看、读一读。不久后，他们便会认可和接纳这些标语的内容。最后，在球场内外都会展现出这些价值观念。

2. 开发象征标识

象征标识是球队文化的物质载体，包括队服、队徽、队旗、队歌、吉祥物以及其他可感知形式。2008年北京奥运会美国男篮队服前胸"USA"字样采用醒目的红色，而后背的球员姓名却采用不显眼的淡色，通过醒目程度的不同强有力地向球员传达了"牺牲小我，建立强大集体"这一理念；美国佐治亚大学男篮主教练汤姆·柯林（Tom Crean）将球队的象征标识，即支垒球棒比作球队的"路杖"，它代表"坚强、无私"的球队精神。

为了把"立德树人"融入体育竞赛各个环节，加强文化建设，中国大学生体育协会发文，要求各高校运动队创建专属队名、队徽和吉祥物等象征标识，否则不予参赛。清华大学将校徽的紫色作为球衣颜色；西南大学夺冠后教练员会将已毕业队员的名字印在队服上，并制作成精美的球衣框；华侨大学主教练表示，球队的成功离不开"团结信任、顽强拼搏"的精神，因而将《爱拼才会赢》作为队歌激励队员。这些象征标识充分展现了球队的精神风貌，更加直观地传递了球队的文化精髓，从而让球队文化看得见摸得着。

3. 组织团建活动

球队的各种业余文化活动是球队文化在物质层面的体现[1]。高质量且有意义的团建活动对于创建持久的球队文化至关重要，其根本出发点是增强球队凝聚力[2]。作为团结球队的一种形式，能够让每名队员自然地找到在球队中适合扮演的角色。团队建设是一项持续不断的日常工作，建议教练员定期专门组织团建活动或者在其他类型的常规会议中留出一些时间进行团队建设，以加强沟通、增进感情。中国女排功勋教练郎平在其自传中谈到，她在安排训练计划时会有意识地穿插一些有益的、丰富多彩的活动。

除了安排由队员主导的团建活动外，教练员也可借鉴有创意的活动方案由教练员主导团建活动。团建活动包括集体聚会、表彰仪式、退役仪式、知识竞赛、社区服务等多种类型。无论何种类型的团建活动都需要球队成员精心准备、明确主题，避免形式主义，让队员有强烈的情感体验。

（二）行为文化建设

行为文化建设是指教练员通过狠抓球队作风、打造技战术风格等方式，在行为层面对球队文化的培育和塑造。行为文化建设的内涵主要表现为：

1. 培养球队作风

队风是运动队经常表现出来的群体行为取向，是运动队精神文化的外在表现形式。很多有成就的教练员始终把队风培养和建设放在首位[3]。中国女排功勋教练郎平在其自传中将队风形象地比作人的脊梁骨，站得挺不挺、直不

---

1 白杨.中国乒乓球队组织文化内容体系构建［J］.北京体育大学学报，2011，34（8）：142-144.

2 贾志强.篮球教练员能力结构需求与绩效评估研究［M］.北京：北京体育大学出版社，2016：65.

3 邓道祥，龚国润，陈少岚.教练员修养［M］.武汉：华中师范大学出版社，1987：161.

直，就看骨气硬不硬。优良的队风虽然不具备有形规章制度的强制性效力，但是如中国女排功勋教练袁伟民所言"好的队风，好的环境，是出人才的土壤。有了良好的土壤，尖子队员才能更好地成长。"队风培养是球队所有工作的保障，训练比赛作风好的球队，不管遇到什么困难都会顽强拼搏；生活作风好的球队，队员会严格要求自己，养成自律的生活习惯；学风浓的球队，队员会主动自觉地完成学习计划。

球队作风建设的关键在于教练员怎么带，怎么要求。首先，需要外部刺激，要让队员建立没有任何借口的执行意识；同时需要内在思想教育作为保障，建立责任感、荣誉感和担当意识。此外，卓有成效的教练员还善于树立行为典范[1]。教练员在扮演榜样角色的同时，需要在球队内部有意识地培养模范球员。模范球员是教练员领导球队的纽带和桥梁，是球队中行为和表现的正面典型[2]。意大利足球名帅卡尔洛·安切洛蒂（Carlo Ancelotti）表示，如果我能够举出其他球员的行为作为榜样，那比我去描述这种行为要简单得多。

2.打造技战术风格

技战术风格是一个球队在运用技术和战术过程中经常表现出来的、较为成熟和定型化了的、与众不同的行为特征。技战术风格的形成，需要经过千锤百炼。教练员在根据球队自身特点逐步打造技战术风格的训练和比赛过程中，需要正确处理博采众长与以我为主的关系，不能因为学习先进技战术而丢掉本队的特点和风格，也不能因为坚持本队的特点和风格而拒不吸收先进的技战术。在经历了充分的个性发展之后，各个球队的技战术风格呈现出渗透融合的发展趋势。

（三）制度文化建设

制度文化建设是指教练员通过制定和执行生活、学习、训练和比赛等各项管理制度的方式，在制度层面对球队文化的培育和塑造。制度文化建设的内涵主要表现为：

1　汤姆·柯林，拉尔夫·皮姆.执教团队篮球：培养具有球队至上精神的常胜球员［M］.杜婕，刘斌，译.北京：人民体育出版社，2008：30.

2　Loughead T M, Hardy J. An examination of coach and peer leader behaviors in sport［J］. Psychology of sport and exercise, 2005, 6（3）: 303-312.

1. 制定制度

俗话说家有家规，如果将球队比作"大家庭"则更要有家风、家规。严明的队规队纪是球队通向成功的必备条件，没有严明的纪律，球队很难获胜。教练员不能指望队员在不知道底线的情况下去遵守它，队员需要知道什么行为是不可接受的，违反规则的确切后果是什么。正如"禅师"菲尔·杰克逊（Philip Jackson）所言，倘若没有规章制度而经常批评球员，就会导致教练员和球员之间的关系变得紧张；有了明确的规章制度以后就可以减少冲突，这时的批评是对事不对人。

普通高校篮球队制度文化建设主要包括：生活、学习、队务、训练比赛等各项管理制度的制定[1]。（1）队员参与是制度制定的重要原则之一，让队员参与可能会让制度制定变得复杂，但一定会为日后制度的执行扫除很多障碍。意大利足球名帅卡尔洛·安切洛蒂（Carlo Ancelotti）表示，由队员来做出决定、制定规则，让他们遵守规则就会更加容易。在一开始，制度制定要征求队员意见，之后确保队员遵守规章制度就是教练员的工作了。（2）具有可操作性是制度制定的另一重要原则，制定出的各项规章制度不应该被束之高阁让人顶礼膜拜，而应该保证制度在比赛、训练和日常生活中能够被成功地执行，否则就失去了制定制度的意义。

2. 执行制度

制定制度本身相对容易，关键在于制度的执行，因为制度的执行本质上是在规范和改变队员的各种行为习惯。没有严格的规章制度或制度执行不严，最终都会影响球队的建设和发展[2]。为了使球队日常管理条理化，教练员在为球队制定出一套纪律严明的规章制度后，更应该坚决地贯彻执行，让球员心有所畏、言有所戒、行有所止，一切从球队利益和形象出发，极力打造纪律严明的"铁军"。被誉为"俄罗斯篮球之父"的亚历山大·戈麦尔斯基（Alexander Gomelskiy）表示，一支优秀球队必须制定严格纪律并加以执行，特别是要管好队内的尖子球员。

1　罗汉.湖南省普通高校高水平篮球队文化构建的研究［D］.长沙：湖南师范大学，2012.
2　鲍勃·希尔.篮球教练员成功之道［M］.谭朕斌，译.北京：人民体育出版社，2004：16.

赏识教育是制度执行的正强化手段，惩罚教育是制度执行的反强化手段，两者都不可或缺。赏识教育立足于正向引导，使队员自觉地去执行，优越性更强，可多用；惩罚教育在短时间内会颇有成效，但容易造成对立情绪，要慎用。约翰·伍登（John Wooden）很少在训练中惩罚队员，也很少当众惩罚，对队员实施的最大惩罚是剥夺训练权利。当队员违反球队规则或做出不当行为而让球队利益受损时，就要像去触碰一个烧红的火炉一样，让其受到"烫"的惩罚，管理学将这种惩罚称之为"热炉法则"。其特点在于，即刻性、预先示警性、普遍性和彻底贯彻性。教练员在进行赏识教育和惩罚教育时，无论是对老队员还是对年轻队员、无论是对主力队员还是替补队员都应该一视同仁，不因人而异。

（四）精神文化建设

精神文化建设是指教练员通过向队员灌输核心价值观（如团队精神）、执教理念以及设定目标等方式，在精神层面对球队文化的培育和塑造。精神文化建设的内涵主要表现为：

1. 培育核心价值观

在篮球项目中做任何事都要以核心价值观为指导原则，卓有成效的教练员应当始终将核心价值观放在首位[1]。NBA原洛杉矶湖人队主教练帕特·莱利（Pat Riley）表示，一个球队的核心价值观是球队成员为了球队成功而必须认可和坚守的盟约和信念。他将合作、友爱、勤奋和全心关注球队利益作为球队的核心价值观；原美国男篮主教练迈克·沙舍夫斯基（Mike Krzyzewski）表示，在为北京奥运会做准备的过程中，以确定球队核心价值观为主题的会议起到了决定性作用。他在执教杜克大学篮球队期间，将信任、集体责任、关爱、交流和自尊作为球队的核心价值观；加拿大温莎大学篮球队主教练钱塔尔·瓦利（Chantal Valleé）在某场重要比赛前毅然决定让几名行为方式与球队核心价值观不一致的主力球员不上场。虽然这场比赛输了50分，但通过向球员传递不会为了比赛胜负而牺牲核心价值观的举动最终换来了球队连续5年获得加

1 汤姆·柯林，拉尔夫·皮姆.执教团队篮球：培养具有球队至上精神的常胜球员［M］.杜婕，刘斌，译.北京：人民体育出版社，2008：66.

拿大全国冠军的成绩[1]；在一项对5年内将战绩平平的球队带成冠军队的10名美国大学教练员的访谈中表明，所有教练员都将快速成功归功于为球队灌输了与球队文化相一致的核心价值观[2]。

建议教练员采用以下策略来培育球队的核心价值观：（1）通过各种沟通渠道反复强调所期望的核心价值观；（2）在日常小事上为球员做出表率，言行必须要与所维护的核心价值观一致；（3）优先选用符合球队核心价值观的队员；（4）实施奖惩制度，强化积极向上的行为，纠正与球队核心价值观不符的行为；（5）塑造团队精神是培育核心价值观的着力点和突破口[3]。各级别球队，没有团队精神就不会有冠军产生[2]。团队精神的塑造源于高水平的执教，各级别的教练员都必须遵循团队至上的原则[4]。

2. 建立执教理念

执教理念是核心价值观的产物，描述了如何履行教练员职责，以及如何确保自己忠于核心价值观[5]。作为一名优秀教练员建立明确的执教理念至关重要，执教理念的建立往往会经历三个阶段，初步认识和启发、感悟验证和完善、确定并指导行为[6]。篮球执教理念是教练员在长期运动实践和学习研究中，结合执教球队的具体情况对篮球运动所形成的个人观点和理性认识，逐渐成长于对训练比赛实践的日积月累，并随着对篮球运动认识的不断深化而进一步发展更新。运动员只有充分理解教练员的执教理念才能贯彻执行，教练员需要向运动员潜移默化地传递执教理念[7]。

篮球教练员的执教理念在内容上大致包括：篮球的教育作用、队员的训练态度、获胜的信心、教练员和运动员的关系、队伍组建及训练指导思想等

1　Vallée C N，Bloom G A. Four keys to building a championship culture［J］. International Sport Coaching Journal，2016，3（2）：170-177.

2　Schroeder P J. Changing Team Culture：The Perspectives of Ten Successful Head Coaches［J］. Journal of Sport Behavior，2010，33（1）：63-88.

3　李春波，赵勇，于浩洋. 以打造团队精神为支点深入持久培育核心价值观［J］. 军队政工理论研究，2012，13（2）：57-59.

4　李忠义. 校园篮球执教之路［M］. 西安：世界图书出版社，2018：134.

5　韦德·吉尔伯特. 高水平教练执教手册［M］. 常喜，张旭，译. 北京：人民邮电出版社，2019：25.

6　崔鲁祥. 篮球教练员岗位培训教材（高级）［M］. 北京：人民体育出版社，2019：22.

7　鲍勃·希尔. 篮球教练员成功之道［M］. 谭朕斌，译. 北京：人民体育出版社，2004：1.

方面[1]。其中，篮球的教育作用是高校篮球教练员理应优先考虑的。约翰·伍登（John Wooden）反复向队员强调，你们来这里首先是来接受教育的，其次才是篮球；把学业放在首位，甚至优于篮球，但是篮球的地位应当高于娱乐和社交。反观我国部分高校篮球教练员却经常占用学生的大量学习时间用来训练，导致这种结果的原因之一是教练员在执教理念的认识上还存在一定差距。

3. 确立执教目标

一旦建立了执教理念，教练员就需要将执教理念转化为球队建设的具体思路，并制定切实可行的执教目标。执教目标由球员目标、球队目标和教练员目标共同构成，各类目标的设定可参照 SMART 原则：S= 明确具体，即明确地知道目标内容；M= 可衡量性，即目标达成度是可以测量的；A= 可实现性，即具有挑战性，但不能过度困难；R= 现实相关性，即目标可以通过个人行为达成；T= 时限性，即目标要在一定时间内达成。具体而言：

（1）球员目标的设定。目标难度刚刚超出运动员现有能力，在教练员的适当鼓励下可以完成，则正对运动员学习的"胃口"。有研究发现，运动员的近期目标必须比现有能力高出 5% ~ 15%，这样就有 90% 以上的自信心实现目标[2]。应强调指出，学生球员的首要目标是顺利完成学业。在美国各级学校比赛中，如果一个学生队员学业成绩不达标是无法参加任何比赛的。

（2）球队目标的设定。运动员与教练员拥有共同的目标和愿望是球队取得成功的重要因素[3]。老 K 教练曾指出，身处同一支球队，有很多东西能够共同分享，其中最重要的是共同目标。球队目标的设定需要让每个成员都参与进来，让每个人都感到与自己有一种切身的关联感，为实现球队目标贡献自己的力量。

（3）教练员目标的设定。成功的教练员在不妨害运动员身心健康的情况

1　崔鲁祥.篮球教练员岗位培训教材（高级）［M］.北京：人民体育出版社，2019：13-14.

2　戴蒙·伯顿，托马斯·D.雷德克.教练员必备的运动心理学实践指南［M］.陈柳，译.北京：人民邮电出版社，2017：67.

3　鲍勃·希尔.篮球教练员成功之道［M］.谭朕斌，译.北京：人民体育出版社，2004：4.

下，会努力实现他们的个人目标[1]。个人目标的设定可以帮助教练员在一段时间内将主要精力放在重要的事情上。

第二节　差异分析

由于体育教练员的工作性质、工作范畴有共同之处，我国高校篮球教练员领导力的结构维度与不同层次、不同项目教练员领导力的结构维度必然存在共性。但是受教练特征、球员特征、情境特征和项目特征的影响，在自我领导力、人际领导力、专业领导力和文化领导力四个维度下某些基本构成要素的重要程度仍存在着一定差异。本节将分别对教练特征、球员特征、情境特征和项目特征这四个方面所带来的领导力差异进行具体分析。

一、教练特征方面

（1）我国高校篮球教练员大多为体育院系毕业，具有较高的学历、较为完整的专业理论知识和较强的教学能力，但专项技能、实战经验相对不足，缺乏对篮球技战术训练的感性认识。因此，在带队训练和比赛方面也存在一定劣势。篮球教学和篮球训练存在明显区别，由教学型向训练型转变，强化专业发展的自觉意识，提高篮球训练和比赛的控制能力对我国高校篮球教练员至关重要。

（2）我国高校篮球教练员大多是体育教师兼职型的教练员，除带队训练和比赛外，还要承担较为繁重的教学任务和一定的科研任务。受双重身份制约，在多头绪工作下如何保持充沛的精力投入篮球训练？就教练员个人而言，时间管理的重要性不言而喻。再加之，课余训练时间受学生课程、学习任务和其他活动影响，全员到齐完成一次集体训练实属不易。因此，更需要高校篮球教练员充分利用有限的时间提高整体训练的质量和效益。

（3）我国高校篮球教练员的选配制度多采用任命制，而美国高校和职业篮球队多采用聘用制或合约制，若教练员带不出成绩就可能随时"下课"；我国高校年度考核和职称晋升以教学科研为主，受体制保护、拥有教师编制

1　雷纳·马腾斯.执教成功之道［M］.3 版.钟秉枢，译.北京：北京体育大学出版社，2007：42.

的我国高校篮球教练员只要干好本职工作、上好体育课，即使带队成绩不太理想，对工资待遇和职称晋升的影响也不大；我国高校篮球教练员平均任期较长，在缺乏动力和竞争机制，相对稳定的工作环境中长期执教，教练员极易出现不同程度的懈怠情绪，其工作积极性在很大程度上取决于敬业精神。就教练员个人而言，更强调奉献、更需要牢固树立进取意识和责任意识，不断提升执教水平。

二、球员特征方面

（1）受时代变迁和社会环境影响，目前大学生群体呈现出自我意识淡化、沟通能力薄弱、承受能力薄弱、责任和担当意识薄弱等特征。正因为大学生球员这样的特征给教练员的执教带来了更大的挑战，集中体现在：团队精神的培养、球队规章制度的执行越来越难[1]；大学生球员的年龄普遍在 18 ~ 25 岁，该年龄阶段正是思维活跃、价值观逐渐形成和人格走向成熟的关键时期。

高校篮球教练员不仅要向大学生球员传授篮球运动的基本知识和技能，更要为其健康成长做好教育引导。育人深处是文化，文化具有天然的育人功能。只有充分发挥教练员对球队文化的引领作用，营造良好的育人环境，才能在潜移默化中对大学生球员的价值取向、思想观念和行为模式产生积极影响。因此，对我国高校篮球教练员而言，具备凝练和培育球队文化的意识和能力就显得尤为重要。

（2）大学生球员多来自普通高中，多数球员此前仅仅接受过并不十分系统的业余篮球训练，个别球员甚至没有。大学生球员具备一定的篮球基础，知识文化水平较高，思维能力、学习能力较强，但起点相对较低，身体素质和篮球素养等方面都远不及专业队球员。因此，高校篮球教练员在训练指导的过程中应更加重视篮球基本功训练和战术意识的培养；在讲解示范的基础上，充分发挥大学生球员的智慧和主观能动性。

（3）大学生球员来自不同院系居多，利用课余和假期集中训练，与教练员缺乏亲密关系，教练员与队员、队员与队员之间缺乏了解和信任，团队凝

1　徐建华.美国大学优秀篮球教练员领导力理论及对我国的启示［M］.北京：人民体育出版社，2021：165.

聚力水平低于同吃同住的专业队队员[1]。因此，高校篮球教练员在不断提高业务能力的同时，还需要投入足够的时间和精力，通过共有体验与大学生球员建立相互信任的情感联系。

（4）大学生球员在训练和比赛之外，还要面对较为繁重的学习任务，而两者都需要长时间的辛苦付出；部分高水平运动员在实现通过篮球上大学的目标后，参训动机弱化，而普通大学生又属于自愿参训；除训练补助、比赛奖励和奖助学金之外，大学生球员无法像职业球员一样获得丰厚的报酬，训练、恢复、营养、装备等保障条件也存在不小差距。美国大学篮球传奇教练约翰·伍登（John Wooden）表示：指导球员打球、激励球员是一名大学篮球教练员最重要的两项工作[2]。综上可见，如果不采取必要的激励手段，很难将大学生球员的训练积极性调动起来。

大学生球员的心智发展正处于逐渐走向成熟的阶段，因而经常出现理想化与现实化、理智化与情绪化等矛盾，这些矛盾是其心智发展的内驱力，也是教练员进行动机激励的心理机制。从心理学角度而言，人的行为受动机支配，动机又产生于需要。高校篮球教练员不仅要对学生篮球场上的一切负责，更要对场下的生活、学业以及就业保持关注，给予多方面的关心呵护。当大学生球员在生活、学习、训练和比赛等方面的合理需求得到满足，良好表现得到认可，能够从篮球训练和比赛中体验到乐趣和成就感，其参训动机就可能得到强化。但值得注意的是，对大学生球员的动机激励，不应该过分强调物质激励，宜多采用目标激励和情感激励。

三、情境特征方面

（1）高校作为教育机构，育人性是区别于其他社会组织机构的最大特点。在大学教育系统中，教练员除指导球员提升竞技能力、取得优异运动成绩之外，更重要的是还肩负着品德教育、人格培养和社会适应能力培养的重任，旨在将正处在青春期成长关键阶段的球员培养成全面发展的人。

1　李佳薇，鲁长芬，罗小兵.高校教练员领导行为对竞赛表现的影响研究：群体凝聚力与训练比赛满意感的链式中介效应［J］.体育与科学，2017，38（6）：87-96+109.

2　John Wooden, Steve Jamison. Wooden on leadership［M］. New York：McGraw-Hill, 2005：211.

篮球的教育作用是高校篮球教练员理应首先考虑的，把篮球作为教育手段，在竞技体育的全过程中渗透育人理念。其中，教会大学生球员如何处理好训练与学业的关系、如何面对逆境、如何正确看待输赢、如何控制好情绪、如何保持自律、如何与人沟通、如何团结队友、如何尊重对手和裁判等，是教育的重要内容，其意义对大学生球员的健康成长影响深远。应强调指出：及时了解队员的学习情况，以保证他们的学习不会因为训练和比赛而受到影响，帮助他们顺利完成大学学业是高校篮球教练员的重要职责。永远不要把篮球训练和比赛置于学生接受教育之上，这是实现"育人夺标"最终目标的关键一环。通过"育人"去"夺标"，是符合教育规律和竞技体育规律的发展之路。

（2）从社会学角度而言，我国高校篮球教练员的执教环境属于边界模糊、稳定性和独立性较差的新兴场域，执教工作能否顺利开展受限于主管领导以及相关管理制度是否健全。在现阶段我国学校体育的执教环境中，由于规章制度尚不健全、人员分工不够明确等原因，教练员时常扮演着总管的角色，负责球队的大小事务，需要与学校相关职能部门、不同院系的领导和老师进行沟通协调，进而获取政策、经费和情感等方面的支持。由此可见，对我国高校篮球教练员而言，通过良好的沟通协调，赢得外界支持的能力就显得尤为重要。

（3）受招生政策和学制影响，我国高校篮球队选材面较窄，无法像职业球队那样直接挑选队员，也无法像职业球队那样长期保持相对稳定的阵容。教练员普遍面临在培养出一定技能和战术默契后，部分队员也即将面临毕业的状况。因此，对我国高校篮球教练员而言，立足现有队员，通过训练充分挖掘潜力，磨合团队就显得尤为重要。

（4）受管理制度、经费投入和重视程度等因素影响，目前教育系统为我国高校篮球教练员提供的接受继续教育、参加岗位培训的机会相对较少。就组织层面而言，打破教育系统和体育系统之间教练员学习交流的壁垒，联合体育系统所掌握的优势资源加大培训力度，对我国高校篮球教练员业务水平的提升有助推作用；就个人层面而言，则更需要我国高校篮球教练员不断强化自主学习的意识和能力。

（5）高校篮球队的训练计划通常根据学年比赛任务来划分，进而制定出赛季、周和课训练计划。高校篮球教练员在制定训练计划时，需要根据学期和假期制度进行必要调整。

四、项目特征方面

（一）与个人项目相比

球类集体项目的教练员与运动员之间的互动程度远高于其他项目[1]。篮球运动属于球类集体项目中的同场对抗类，集体同场对抗是核心。因此，在人际领导力、专业领导力和文化领导力方面更需要篮球教练员：

（1）在团队成员之间营造良好的沟通氛围。

（2）具备预防和化解冲突的能力。球队内部的争斗是篮球项目的头号不利因素，教练员必须花费大量时间来处理好球队的团结[2]。

（3）在选材时，尽可能优先考虑有才华的团队型球员。

（4）用好手中的球员，根据不同的对手和任务而灵活搭配。

（5）篮球比赛的集体同场对抗和篮球技术的多元异变组合，决定了教练员需要将个人、小组（分区/分位）和集体三种组织形式结合起来进行训练；因人不同、因位不同，采用的训练方法也不尽相同。

（6）篮球项目的心理调整与个人项目有所差异，团队成员之间的情绪与行为容易相互感染。教练员应及时调整赛前心理状态，着重考察技术应用的熟练程度、战术配合的默契程度等反映团队状态的指标。

（7）经常组织有利于增强球队凝聚力的团建活动。

（8）充分挖掘球队自身特点，打造技战术风格。

（9）以团队精神为着力点和突破口，培育球队核心价值观。

（10）正确处理个人目标与团队目标之间的关系。

（二）与集体球类项目相比

篮球运动在时间上秒秒必争，在空间上人口密度最大（非隔网类项目），

1 于少勇，卢晓春，侯鹏. 球类集体项目教练员家长式领导行为与团队信任的关系［J］. 武汉体育学院学报，2018，52（8）：73-77.

2 鲍勃·希尔. 篮球教练员成功之道［M］. 谭朕斌，译. 北京：人民体育出版社，2004：12.

对教练员组织、指挥和瞬时应变能力的要求远高于其他运动项目[1]。如表 5.2 所示，以篮球、足球、排球教练员临场指挥比较为例：

（1）篮球教练员临场指挥的主要方式为直接面对面的言语，教练员能够随时对全体队员进行指挥，有时甚至会用到关于时间、比分和战术调整的联络暗语和身体语言；足球教练员临场指挥的主要方式为间接指挥，教练员不能随时对全体队员进行指挥，进行临场指挥的范围相对于篮球较小。

（2）在篮球比赛中教练员能够通过主动暂停，及时、准确地进行临场战术的布置，控制比赛；足球比赛没有暂停，教练员无法通过主动暂停来进行指导。

（3）篮球比赛不限制换人次数，篮球教练员通过换人对技战术做出调整的机会更多，形式更加多变[2]；足球比赛换人次数较少，队员下场后不得再次比赛；排球比赛换人规定严格，双方队员无直接身体接触。

（4）篮球比赛中有不少以秒为单位的时间限制，教练员长时间处于精神高度集中的紧张状态。有研究表明，篮球教练员即使只是坐在板凳上也往往会在比赛中出现接近最快心率[3]；排球比赛不设时间限制。

表 5.2　篮球、足球、排球临场指挥比较

项目	临场指挥方式		临场指挥选择时间	临场指挥意义
	直接指挥	间接指挥		
篮球	言语	手势、换人	比赛相持阶段、队员发挥失常、频频失误、保存胜利	比赛进行时随时进行临场指挥
足球	言语	手势、换人	比赛落后、领先、对方出现弱点、预案执行不力、体力不支、受伤	采用间接指挥方式，使比赛朝着本方期望方向发展
排球	言语	手势、换人	比赛落后、领先、对方出现弱点、预案执行不力、受伤	

注：根据《竞技参赛学》各项群临场指挥特征整理合并[4]。

1　卢元镇.中国文化对篮球运动的选择、认同与变异［J］.体育文化导刊，2008（3）：21-23.

2　陈亮.对抗性项群比赛中竞技表现的阶段性"涨落"现象［D］.苏州：苏州大学，2013.

3　Porter D T, Allsen P E. Heart rates of basketball coaches［J］. The Physician and sportsmedicine, 1978, 6（10）：84-90.

4　田麦久，熊焰.竞技参赛学［M］.北京：高等教育出版社，2019：225-227.

本章小结

本章前半部分的维度分析围绕"为何重要""具体如何提升"对我国高校篮球教练员领导力模型的基本构成要素进行了系统阐释；后半部分的差异分析从教练特征、球员特征、情境特征和项目特征入手，进一步阐释了我国高校篮球教练员领导力与不同层次、不同项目教练员领导力相比，在如下基本构成要素的重要程度上所存在的差异：

教练特征带来的差异，自我领导力中的自我意识、时间管理和责任意识；球员特征带来的差异，人际领导力中的建立信任和动机激励、专业领导力中的基本功训练；情境特征带来的差异，自我领导力中的自我学习、人际领导力中的赢得支持、专业领导力中的选材用人、文化领导力中的践行育人理念；项目特征带来的差异，与个人项目比，人际领导力中的营造沟通氛围、预防和化解冲突，专业领导力中的选材用人、组织实施、赛前状态诊断，文化领导力中的组织团建活动、打造技战术风格、培养团队精神和确立执教目标。与集体球类项目比，篮球教练员在调控队员临场竞技表现过程中所能起到的作用更为凸显。

根据领导力模型所界定的领导力要素和行为特征，设计相对应的测评方法和工具是领导力开发实践的重要环节[1]。教练员领导力的开发离不开有效的测量方法，量表测量是现有研究最常采用的测量方法。继续探索创新测量工具，力求测量方法更加多样化，是未来教练员领导力研究需要努力的方向[2]。如何根据我国高校篮球教练员领导力模型，设计多样化的测评方法和工具来评估我国高校篮球教练员领导力，这是我国高校篮球教练员领导力模型的应用研究，即下一章基于领导力模型的我国高校篮球教练员面试测评将要解决的研究问题。

1　丁栋虹，朱菲．领导力评估理论研究述评［J］．河南社会科学，2006（2）：123-126.
2　张力为，毛志雄，王进．运动与锻炼心理学研究手册［M］．上海：华东师范大学出版社，2020：301.

第六章 基于领导力模型的我国高校 篮球教练员面试测评

教练员领导力测评通常采用量表测评，由教练员自评或运动员评价的方式为主，其优势在于能够在较短时间内获取数据，使结果达到数量化。但教练员自评是没有难度的自我描述，主观色彩较浓，受社会赞许效应影响，易出现自我认知偏差；运动员评价容易导致所测量的教练员领导行为是被运动员的印象、想象和期望等主观因素加工过的领导行为，教练员的过往成就可能会影响运动员对教练员的评价结果。再加之量表测评属于单向静态沟通，容易导致大量有用信息的丢失。

继续探索创新测量工具，力求测量方法更加多样化，是未来教练员领导力研究需要努力的方向[1]。相比量表测评，面试测评能够在一定程度上弥补上述不足。在量表测评的基础上，为了进一步丰富教练员领导力的测评方法和工具，拓展领导力模型的应用范围，本章将根据我国高校篮球教练员领导力模型，围绕面试题库的编制、面试维度的赋权、面试流程的组织等主要环节开发我国高校篮球教练员面试测评体系。

第一节 面试测评的概述

一、面试测评的概念

面试测评是一种经过精心设计，面试者根据被试者在特定场景回答问题的关键语言和典型行为，由表及里全面评估其个性、知识、能力和经验的人力资源测评手段[2]。面试测评是人事测评技术中一种非常重要的方法，有着

---

1 张力为，毛志雄、王进.运动与锻炼心理学研究手册［M］.上海：华东师范大学出版社，2020：301.

2 李永瑞.人力资源测评［M］.北京：高等教育出版社，2009：105.

其他测评技术不可比拟的优势[1]。面试测评在实践运用过程中主要涉及三大问题，考什么？即面试维度和题目；怎么考？即面试程序；谁来考？即面试者构成。

二、面试测评的特点

（一）测评素质的广泛性

面试能够对被试者的综合素质进行全方位、多层面的测评。从理论上讲，只要时间充足、手段适当，面试能够测评被试者几乎任何一种素质。具体体现为：

（1）面试可以测评笔试内容，还可以测评笔试中难以考察出来的一些深层次能力和个性表现；（2）将心理测验中测评被试者知识、智力、品德、技能的很多问题以口头问答的形式表现出来，其测评效果会更好；（3）面试以少量的时间和问题就可以全面测评被试者各方面的素质和能力。采用测验问卷方式测评被试者素质，信息量利用率只占7%，而面试率可达到100%[2]。

（二）测评过程的互动性

面试是在面对面双向动态交流的过程中完成的，面试者既能听又可看。除被试者回答的内容之外，还能够通过回答的语调、语气、语速推测出熟知程度、反应的敏感性及其他素质等有用信息，还能够对动作和表情等身体语言进行直接观察，在直接接触的互动过程中对被试者的各种表现给予综合评价。

（三）测评结果的有效性

由于面试中的判断带有一定的直觉性，早期观点认为面试测评结果的有效性不高。但随后众多的元分析研究和实践证据表明，如果不考虑面试形式的差异，各类面试至少具有中等水平的信效度，结构化程度越高，信效度越高[3]。作为一种在各领域被广泛运用的测评技术，面试测评的信效度已得到实证检验。基于岗位素质模型的面试测评，其预测效度能达到0.6～0.7，在各类测评技术中仅次于评价中心技术[4]。评价中心是一系列测评工具的集合体，

1　边文霞．人事测评技术［M］．北京：中国劳动社会保障出版社，2021：104-117.

2　萧鸣政．人员测评与选拔［M］．3 版．上海：复旦大学出版社，2015：203.

3　潘持春，盛宇华．面试测评的有效性研究述评［J］．现代管理科学，2009（5）：112-113.

4　田效勋，车宏生．面试预测效度和构想效度研究述评［J］．心理科学进展，2009，17（4）：870-876.

运用笔试、面试、角色扮演、情景模拟等多种方式对被试者领导力的各维度进行系统评估。相较面试测评，评价中心技术需要投入大量的人力和物力，时间成本高，操作难度大。总体而言，在各类人才测评工具中，基于岗位素质模型的面试测评是一个测评维度广、综合成本低、信效度高的测评工具。

三、面试测评的类型

（一）按照功能分类

根据面试的功能，可将其划分为选拔性面试、预测性面试和评价性面试。根据领导力模型设计的我国高校篮球教练员面试测评属于评价性面试，旨在对我国高校篮球教练员领导力作出综合评价。

（二）按照标准化程度分类

根据面试的标准化程度，可将其划分为结构化面试、非结构化面试和半结构化面试。

（1）结构化面试是指所涉及的维度、题目、面试流程和结果评定等环节均严格按照预先设计的标准化程序操作的面试方式。主要适用于结构化特征的工作岗位，能力层级要求较低、工作内容是执行和操作的、工作中遇到的问题和解决办法往往都是确定性的、能力与环境可分离，如技工、一般管理者等。结构化面试不适合较高层次能力的测评，如人际沟通能力、创新能力、决策能力等[1]。

（2）非结构化面试是指在面试之前，不对面试题目、面试流程、面试官做具体结构化限定的面试方式。主要适用于非结构化特征的工作岗位，能力层级要求很高、工作内容是决策的、工作中遇到的问题和解决办法往往是不确定性的、能力与环境不可分离，如科研人员、高级管理者等[2]。非结构化面试对高层次能力的测评具有较高的效度[3]。

（3）半结构化面试介于结构化面试和非结构化面试之间，仅统一规定面

1　胡蓓，张文辉.职业胜任力测评［M］.武汉：华中科技大学出版社，2012：85.

2　吕航.人力资源测评方法与技术［M］.广州：暨南大学出版社，2007：86-87.

3　盛宇华，方志军.管理能力结构化测试的问题与对策［J］.南京师大学报（社会科学版），2003（5）：58-64.

试的部分因素，有标准的成分，也有灵活的成分，结合了两种面试的优点，避免了单一方法的不足[1]。半结构化面试被越来越广泛地应用[2]。

基于教练员工作岗位的特点，教练员综合能力的测评具有半结构化特征[3]。因此，本研究采用半结构化面试的形式对我国高校篮球教练员领导力进行测评。

第二节 面试题库的编制

一、编制原则

（一）针对性

面试题目设计是面试取得成功的基本保障，针对性是编制面试问题的重要原则。试题的编制是针对具体岗位而设置的，具有高度匹配性。面试问题的设计形式灵活多样，但要围绕我国高校篮球教练员领导力模型各维度进行设计，明确领导力模型各维度与面试问题之间的对应关系。尽量选取典型性、现实性的执教场景，力求高度接近我国高校篮球教练员工作实际。

（二）规范性

为了确保被试者正确理解题意，在内容上需要反复推敲每道问题的题干和追问，避免语意不清而产生歧义。在形式上试题长短适度，过短的题目不能全面地表现某一情境；太长的题目因信息量过大仅靠口头表述，被试者难以记住有关背景条件。一个问题的描述时间通常控制在 40 秒以内。

（三）延伸性

问题要有启发性，尽量多问可扩展的开放性问题和关联性问题，如多问"为什么""是什么"；尽量少问封闭式问题，留有发挥空间，让教练员能够运用所学知识和凭借自身执教经验，充分展现其能力素质。题目的延伸性有利

---

1 任康磊.人才测评：识别高潜人才，提升用人效能［M］.北京：人民邮电出版社，2021：127.

2 姜土生.人力资源测评理论与方法［M］.重庆：西南师范大学出版社，2012：231.

3 刘娟，孙庆祝.半结构化的优秀运动队教练员综合能力测评系统的研究［J］.沈阳体育学院学报，2007（6）：63-66.

于形成面试所需要的融洽氛围，使题目间相互联系，使面试成为有机整体[1]。

（四）灵活性

面试问题的编制，需要根据测评要素的特点，灵活选择题型。面试题型主要包括：背景型问题、知识型问题、情境型问题、行为型问题、意愿型问题和智能型问题，每种题型都有其特点和作用（表6.1）。需要注意的是：

（1）为尽可能规避社会赞许效应，面试问题的编制通常以行为型问题为主，通过追问的方式来判断所述事件的真实性。行为型问题要求被试者对事件做详细描述，倘若没有亲身经历，被试者很难临时杜撰出比较圆满的细节。

（2）如果考察被试者的价值取向、动机和态度，可以采用意愿型问题"迫选""投射"出被试者的真实想法。

（3）在事先设计好的面试提纲中，每个测评要素一般设置两道以上的题目来考察，以备灵活选用。

表6.1　面试题目类型

题目类型	考察目的	问题示例
背景型问题	了解教练员基本情况、教育背景和执教经历等，自然进入面试情境，为后续面试提问提供引导。	请先简单介绍一下您和您执教的队伍。
知识型问题	了解教练员对所从事工作相关知识的掌握情况，包括一般知识和专业知识。	篮球运动员速度和力量素质训练有何特点？
情境型问题	假定与工作有关的具体情境，考察教练员对某项工作的具体经验。	最近有两名队员闹矛盾，他们都是主力队员，接下来有一场重要比赛，您将如何去协调和处理？
行为型问题	通过了解教练员在过去某种特定情境下的具体行为来预测未来行为。	请分享执教中您曾经历的一个压力或应激事件，并回忆当时您是怎样应对的，效果如何？
意愿型问题	多采用迫选、投射方式，测查教练员的价值取向、动机和态度。	在选拔队员时，您更看重天赋和能力还是品格和态度？为什么？
智能型问题	考察教练员的逻辑思维、综合分析和语言表达能力，题目一般为有争论性或两难的问题。	您对篮球运动的攻守关系是怎样理解的？

1　胡蓓，张文辉.职业胜任力测评［M］.武汉：华中科技大学出版社，2012：82.

二、编制过程

（一）梳理阶段

将我国高校篮球教练员领导力模型转化为可供操作的具体问题，才能在接下来的面试测评中予以考察。就本质而言，面试属于在短时间内对被试者的抽样测评，如果题目太多在短时间内每个问题都只能点到为止，无法深入追问；如果题目太少又显得单薄，可能遗漏对重要素质的测查。为了避免题目太多或太少导致的负面影响，每套面试题目的数量在 12 ~ 15 个为宜 [1]。我国高校篮球教练员领导力模型由 4 个一级维度、13 个二级维度构成，故将二级维度作为面试维度，开发出多组从不同角度命制的面试题目，形成面试题库。

（二）收集阶段

对一道面试题目而言，可以通过面试题目的来源判断其表面效度。本研究主要通过以下途径收集面试题目：

（1）广泛查阅在章节中或章节后带有思考题的篮球教材类、教练员类、运动训练类、运动心理类、体育教学类书籍（表 6.2），将书籍中与我国高校篮球教练员领导力模型各维度密切相关的思考题直接借鉴或稍作修改后，形成面试问题或面试问题的题干。

（2）广泛收集以我国高校篮球教练员为主的教练员专访报道，从视频类和文字类材料中进一步收集适宜的提问作为面试题目的补充。

（3）在此基础上，个别面试维度仍缺少适宜的面试题目，需要进一步扩大收集范围，借鉴教师类相关面试题目，对其进行情境化改编后形成面试题目。

表 6.2　部分面试题目参考书籍

类别	著者	书名	出版年	出版社
篮球教材类	试题编写组	篮球试题库	1988 年	北京体育学院出版社
	张庆爵	篮球理论题解 1700 例	1988 年	西安体育学院出版社
	孙民治	篮球运动教学训练试题解答	2001 年	人民体育出版社
	王家宏	篮球习题大全	2004 年	北京体育大学出版社

1　田效勋，柯学民，张登印 . 过去预测未来：行为面试法［M］. 北京：中国轻工业出版社，2018：61.

续表

类别	著者	书名	出版年	出版社
篮球教材类	孙民治	篮球运动教程	2007 年	人民体育出版社
	王小安	现代篮球运动教程	2007 年	北京体育大学出版社
	教程编写组	篮球运动教程	2018 年	北京体育大学出版社
	袁伟民	我的执教之道	1988 年	人民体育出版社
教练员类	雷纳·马腾斯	执教成功之道（第 3 版）	2007 年	北京体育大学出版社
	汤姆·柯林	执教团队篮球	2008 年	人民体育出版社
	范民运	最新篮球教练员实用手册	2009 年	北京体育大学出版社
	王皋华	高校体育教练员基本教学训练技能岗位培训	2009 年	北京理工大学出版社
	钟秉枢	做 NO.1 的教练：团队管理与领导艺术	2012 年	北京体育大学出版社
	总局科教司	现代教练员科学训练理论与实践	2015 年	人民体育出版社
	熊焰	竞技教练学	2016 年	苏州大学出版社
	戴蒙·伯顿	教练员必备的运动心理学实践指南	2017 年	人民邮电出版社
	崔鲁祥	篮球教练员岗位培训教材	2019 年	人民体育出版社
	钟秉枢	教练学	2019 年	高等教育出版社
	王纯	初级教练员岗位考试培训	2019 年	电子科技大学出版社
运动训练类	莱斯·里德	球队基本训练	2005 年	北京体育大学出版社
	刘青	运动训练管理教程	2007 年	人民体育出版社
	田麦久	竞技参赛学	2019 年	高等教育出版社
运动心理类	季浏	体育心理学（第 3 版）	2016 年	高等教育出版社
	姚家新	运动心理学	2020 年	高等教育出版社
体育教学类	毛振明	体育教学论（第 3 版）	2017 年	高等教育出版社

（三）设计阶段

通过案例收集法设计出来的面试题目具有很高的内容效度[1]。因此，部分情境型题目的编制采用反编码技术，利用传记分析和专访报道所收集的案例素材来创设问题情境，根据情境设计某个面试维度的题目。

例如：（1）针对人际协调之化解冲突的考察，可以问："最近有两名队员闹矛盾，他们都是主力队员，而此时有一场重要比赛，您将如何去协调和处理？""在比赛中，双方队员情绪激动，发生口角，您会如何控制局面，怎么处理？"（2）针对制度文化建设之执行制度的考察，可以问："如果一名主力队员违反了队规，您觉得必须让他清楚自己的不当行为。您会怎样做？""如果有队员未打任何招呼就旷训三天，您会如何处理？"

部分行为型问题的编制采用以下两种句式自然地嵌入到上一阶段从权威书籍中所收集到的题干，以形成完整的面试题目。（1）请回忆／分享一下XXX（具体题干）您是如何做的／处理的／应对的／有什么反应？例如：针对自我管理之压力管理的考察，可以问："请回忆一下您曾经历过的执教压力最大的一个阶段，当时的情况是什么样的？您是如何应对的？"；（2）您是如何／怎样XXX（具体题干）？请举例说明。例如：针对自我意识之责任意识的考察，可以问："您是如何看待工作加班的？您过去经常加班吗？请举例说明。经常加班是否影响到您的生活？"

（四）优化阶段

面试题目编制完毕，需要评估其质量，以便进一步修订完善。最好的鉴别方法是选择一些被试者进行测评。因此，选取由多名高校篮球教练员、篮球方向博士生构成的试题编制小组对所有题目尝试作答并设想不同的教练员可能会如何回答。经过反复推敲，对表面效度过高的题目进行了适当调整。

根据我国高校篮球教练员领导力模型，最终编制出包含148道问题的面试题库（详见附录F）。其中，自我领导力32题：自我认知8题、自我管理11题、自我发展13题；人际领导力31题：人际沟通9题、人际协调10题、

1　田效勋，柯学民，张登印.过去预测未来：行为面试法［M］.北京：中国轻工业出版社，2018：50.

人际支持 12 题；专业领导力 54 题：选材用人 10 题、训练指导 20 题、参赛指导 24 题；文化领导力 31 题：物质文化建设 7 题、行为文化建设 4 题、制度文化建设 7 题、精神文化建设 13 题。

第三节　面试维度的赋权

在人事测评体系中，每个测评要素对整体都有其作用和贡献，但所起的作用一般不尽相同，不能等量齐观，需要赋以权重。赋权是人们对测评要素相对重要程度的认识，是对定性判断的量化呈现，通常用权重百分比来表示。在实际测评中，合理分配权重就是确定把测评重点放在何处，发挥每个测评要素应有的作用。

AHP 层次分析法是一种系统化、层次化、定性与定量相结合的常用赋权方法，通过逐层比较多种关联因素来为分析判断提供定量依据，特别适用于难以定量描述的多因素复杂模型。因而，本研究采用 AHP 层次分析法，通过专家打分来确定我国高校篮球教练员领导力测评维度的权重。

一、各级维度两两比较判断矩阵

采用 AHP 层次分析法确定权重是通过对要素两两比较判断矩阵的一系列数学处理完成的，在进行要素之间的两两比较时采用相对尺度标准度量。萨蒂（Saaty）等学者经过实验研究表明，采用 7±2 级范围内的比例标度较为合适。传统意义上的层次分析法，通常采用 1 ～ 9 级及其倒数作为比例标度。然而，这些数值让被调查者回答要素较多的两两比较并不是一个好方法，大多数人能够具有正确性与一致性地比较不超过 7 个层级[1]。

为了减少实际操作性，本研究在要素之间的两两比较时采用 1 ～ 5 级比例标度，并将文字叙述修改为易于理解的"5 极重要""4 很重要""3 重要""2 略重要""1 一样重要"。如有专家认为"专业领导力"相对于"人际领导力"略重要，则选择数字 2，"人际领导力"相对于"专业领导力"就是 1/2。

邀请 4 名学界专家、4 名高校篮球教练员（表 6.3），填写我国高校篮球

1　张炳江．层次分析法及其应用案例［M］．北京：电子工业出版社，2014：23.

教练员领导力模型各维度权重专家咨询问卷（附录 G），将调查结果进一步转化为要素两两比较判断矩阵。将所有专家所构造的判断矩阵几何平均集结后（表 6.4、表 6.5、表 6.6、表 6.7、表 6.8），计算我国高校篮球教练员领导力模型一级维度、二级维度的权重并检验其一致性。

表 6.3　权重咨询专家基本信息

序号	姓名	工作单位	研究方向	职称	备注
1	钟 **	首都体育学院	教练学	教授	
2	徐 **	福建师范大学	篮球教练员领导力	教授	
3	毕 **	北京体育大学	篮球理论与实践	教授	
4	薛 *	浙江师范大学	球类运动理论与体育文化	教授	
5	张 *	北京大学	篮球教学与训练	教授	北京大学男篮教练
6	陈 *	清华大学	篮球教学与训练	高级教练	清华大学男篮教练
7	马 **	清华大学	篮球教学与训练	高级教练	清华大学女篮教练
8	孙 **	中国矿业大学	篮球教学与训练	副教授	中国矿业大学男篮教练

表 6.4　领导力模型一级维度两两比较判断矩阵集结

一级维度	自我领导力	人际领导力	专业领导力	文化领导力
自我领导力	1	0.7791	0.6189	0.6791
人际领导力	1.2836	1	0.7944	0.8717
专业领导力	1.6158	1.2588	1	1.0973
文化领导力	1.4725	1.1472	0.9113	1

表 6.5　自我领导力维度两两比较判断矩阵集结

自我领导力	自我认知	自我管理	自我发展
自我认知	1	1.6663	1.9346
自我管理	0.6001	1	1.1610
自我发展	0.5169	0.8613	1

表6.6　人际领导力维度两两比较判断矩阵集结

人际领导力	人际沟通	人际协调	人际支持
人际沟通	1	1.2214	1.8390
人际协调	0.8187	1	1.5057
人际支持	0.5438	0.6642	1

表6.7　专业领导力维度两两比较判断矩阵集结

专业领导力	选材用人	训练指导	参赛指导
选材用人	1	0.7036	1.1528
训练指导	1.4212	1	1.6384
参赛指导	0.8674	0.6104	1

表6.8　文化领导力维度两两比较判断矩阵集结

文化领导力	物质文化建设	行为文化建设	制度文化建设	精神文化建设
物质文化建设	1	0.3290	0.3385	0.3386
行为文化建设	3.0398	1	1.0290	1.0292
制度文化建设	2.9541	0.9718	1	1.0001
精神文化建设	2.9537	0.9717	0.9990	1

二、各级维度权重及一致性检验

根据汇总后的各级维度两两比较判断矩阵，借助 SPSSAU22.0 选择"和积法"计算我国高校篮球教练员领导力模型各级维度的判断权重；在实操过程中，AHP 层次分析法的应用效果如何，比较矩阵的合理性起着决定性作用。计算一致性比率，如果值小于 0.1，则表示判断矩阵具有满意一致性，计算所得权重是可以接受的（表6.9、表6.10）。

表6.9　领导力模型一级维度权重及其一致性检验结果

一级维度	特征向量	权重值	最大特征根	值	值	值	一致性检验结果
自我领导力	0.7450	0.1862					
人际领导力	0.9560	0.2389	4.0000	0.0000	0.8900	0.0000	通过
专业领导力	1.2030	0.3008					
文化领导力	1.0960	0.2741					

表 6.10　领导力模型二级维度权重及其一致性检验结果

自我领导力	特征向量	权重值	最大特征根	CI值	RI值	CR值	一致性检验结果
自我认知	1.4170	0.4724					
自我管理	0.8500	0.2835	3.0000	0.0000	0.5200	0.0000	通过
自我发展	0.7320	0.2442					
人际领导力	特征向量	权重值	最大特征根	CI值	RI值	CR值	一致性检验结果
人际沟通	1.2700	0.4233					
人际协调	1.0400	0.3466	3.0000	0.0000	0.5200	0.0000	通过
人际支持	0.6910	0.2302					
专业领导力	特征向量	权重值	最大特征根	CI值	RI值	CR值	一致性检验结果
选材用人	0.9120	0.3041					
训练指导	1.2960	0.4322	3.0000	0.0000	0.5200	0.0000	通过
参赛指导	0.7910	0.2638					
文化领导力	特征向量	权重值	最大特征根	CI值	RI值	CR值	一致性检验结果
物质文化建设	0.4020	0.1005					
行为文化建设	1.2220	0.3056	4.0000	0.0000	0.8900	0.0000	通过
制度文化建设	1.1880	0.2970					
精神文化建设	1.1870	0.2969					

三、各二级维度综合权重的计算

二级维度综合权重 W_{ij} ＝二级维度原始权重 $W_j \times W_i$ 一级维度权重，我国高校篮球教练员领导力面试测评各维度权重如表 6.11 所示。在一级维度中，专业领导力所占权重最大；在二级维度中，训练指导、人际沟通和选材用人所占权重最大。

表 6.11　我国高校篮球教练员领导力面试测评各维度权重汇总

一级维度	权重 W_i	二级维度	原始权重 W_j	综合权重 W_{ij}	总排序
自我领导力	0.1862	自我认知	0.4724	0.0879	4
		自我管理	0.2835	0.0528	10
		自我发展	0.2442	0.0455	11
人际领导力	0.2389	人际沟通	0.4233	0.1011	2
		人际协调	0.3466	0.0828	6
		人际支持	0.2302	0.0550	9
专业领导力	0.3008	选材用人	0.3041	0.0915	3
		训练指导	0.4322	0.1300	1
		参赛指导	0.2638	0.0793	8
文化领导力	0.2741	物质文化建设	0.1005	0.0276	12
		行为文化建设	0.3056	0.0838	5
		制度文化建设	0.2970	0.0814	7
		精神文化建设	0.2969	0.0814	7

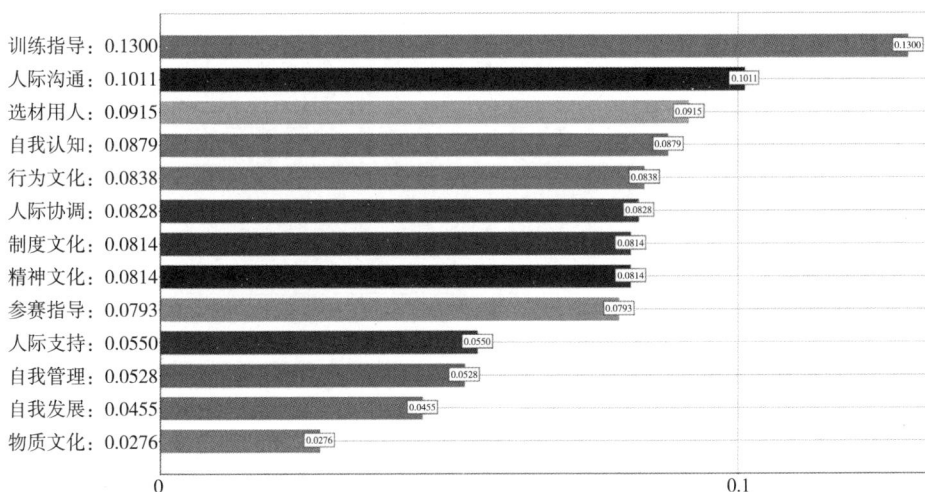

图 6.1　二级维度综合权重总排序条状图

第四节 面试流程的组织

一、面试准备阶段

（一）准备面试材料

面试前，需要做好下列面试材料的准备：（1）准备面试流程图，对面试流程的大致介绍；（2）准备维度定义说明；（3）准备面试题本，据测评目的、测评项目、测评时间、题目类型等从我国高校篮球教练员领导力面试题库中抽取相应题目组配成多套面试题本，建议从训练指导和参赛指导中各抽取两道题目，其他面试维度各抽取一道题目。面试前，采用抽签的方式让教练员随机抽取面试题本；（4）准备面试评价表，以便面试中随时记录回答要点，方便后期的成绩汇总和统计，范例如表 6.12 所示。

表 6.12 高校篮球教练员领导力面试评价表

姓名		性别		年龄				
执教对象		□男篮 □女篮		执教年限				
评价维度	分值比例	评价记录		评定等级				
				优秀	良好	中等	合格	不合格
自我领导（19%）	自我认知（9%）							
	自我管理（5%）							
	自我发展（5%）							
人际领导（24%）	人际沟通（10%）							
	人际协调（8%）							
	人际支持（6%）							
专业领导（30%）	选材用人（9%）							
	训练指导（13%）							
	竞赛指导（8%）							
文化领导（27%）	物质文化建设（3%）							
	行为文化建设（8%）							
	制度文化建设（8%）							
	精神文化建设（8%）							
考官意见	综合评语：							
	考官签名		测评日期			年 月 日		

注：优秀 100～90 分、良好 89～80 分、中等 79～70 分、合格 69～60 分、不合格 59～50 分。

（二）确定面试小组

由于面试中的判断带有一定的主观性和直觉性，面试官的素质如何对于面试的信效度起着极为关键的作用。为了保证面试测评的准确性，从面试官的选择开始就要实现结构化，面试官的专业、年龄、性别等都应当具备一定的结构特点。面试官的数量和层次要依据面试性质、面试规模和面试条件视情况而定，面试官的数量一般为奇数，多数情况下为 3 ~ 11 人[1]。

（三）培训面试人员

为了提高面试测评的客观性和准确性，避免因面试经验和技巧不足而产生的评价误差，在面试小组确定以后，需要对面试人员进行培训。培训内容涉及面试的维度和题目、测评的操作方法和步骤、提问的技巧、倾听的技巧、观察与记录的技巧、评分中的注意事项以及面试分工等。在条件允许的情况下，可以组织面试人员进行一次评分一致性程度的模拟面试，以便面试小组横向之间的宽严标准基本统一，避免评分差距过大。经过对面试人员的培训，可以提高面试的有效性和可靠性，尽可能减小误差。

二、面试实施阶段

（一）导入阶段

面试开始前，面试官应向被测评教练员宣布面试的目的、面试的流程、面试的注意事项等。为了消除教练员的戒备心理、舒缓紧张情绪，营造融洽的沟通氛围，面试官应以教练员的基本情况和一般性的社交话题等不需要教练员过多思考和可以预料到的问题开始发问。例如："请先简单介绍一下您和您执教的队伍""请简要介绍一下您的受教育经历""请简要介绍一下您所取得过的一些令自己比较满意的带队成绩"等。通过上述问题的导入，有利于教练员适应面试节奏，快速进入角色，为后续的深入交流创造条件。

（二）正式提问阶段

面试官围绕自我领导力、人际领导力、专业领导力和文化领导力所包含的 13 个面试维度展开测评，根据教练员从面试题库中所抽取的面试题目依次

1　任康磊.人才测评［M］.北京：人民邮电出版社，2021：124.

提问。在实施过程中，教练员的回答有时候可能会答非所问、模棱两可或者是夸夸其谈，需要面试官察言观色，把控面试整体方向和节奏，时刻扮演纠偏、引导、甄别和追问的角色。

行为性问题可以采用 STAR "剥洋葱" 原则进行逐层递进式的追问：Situation 事件具体的背景情况；Task 事件具体的目标任务，往往会在背景环节中顺势带出；Action 教练员采取的具体行为、做法和措施，为防止言过其实，了解事件的真实情况和行为背后的真实意图，行为部分的追问要坚持具体化和明确化，深入细节；Result 事件的最终结果，由此判断行动和措施的有效性。即教练员处在何种"背景"下，为实现何种"目标"，采取了何种"行动"，最终取得了何种"结果"。例如：针对人际沟通中善于表达的考察可进行如下追问，"请谈谈您曾经说服某个队员做某事的情形。当时情况是怎样的？您是怎样说和怎样做的？效果如何？"面试官在教练员回答问题的过程中，结合他们所说的，观察其表情和肢体语言并做好回答要点记录。

三、面试评价阶段

在正式提问过程中或结束后，面试官可以采用一问一评或最终评分的方式对被试者答题情况进行定量与定性的综合评价。对于能力层次要求较高的岗位被试者而言：

（1）某些行为型问题往往可以有多种回答，这些回答在一定条件下都是合理的，没有绝对、唯一的正确、标准答案；（2）某些智能型问题和情境型问题的考察重点不在于被试者的回答是否正确，而在于被试者如何去思考这个问题，有逻辑、有层次地展开论述。因此，面试设计中难以预先给出明确的评价等级标准，只能由面试人员依据被试者的回答情况自主评分[1]。命题者不需要绞尽脑汁地去设计答题要点[2]。

不可否认，面试的评价结果容易受到面试官主观意识的影响，不同面试官对同一被试者某个面试维度的评价难免会出现不同意见。然而，（1）面

---

1 胡蓓，张文辉.职业胜任力测评［M］.武汉：华中科技大学出版社，2012：83.

2 盛宇华，方志军.管理能力结构化测试的问题与对策［J］.南京师大学报（社会科学版），2003（5）：58-64.

试的评价结果是相对的，过分强调结果的客观性和精确性是对面试测评的认识误区[1]。基于面试官主观判断的测评结果可以达到有限有效性的标准，能够满足多数情况下的人事决策需要，要知道完全有效性仅仅是一种理想状态，主观测评在某些情况下更为有效；（2）只要每位面试官在评价过程中保持内在一致性，保持同一尺度，最终面试结果的成绩排序并不会受到影响；（3）若一味追求评分等级的细化，增加了工作量，评价结果的准确性可能反而降低[2]。例如：某些面试官感觉很好的被试者，若按照标准打分得分并不高；某些面试官感觉一般的被试者，却因按照要点回答，反而得了高分。

为了控制面试官主观判断的消极影响，可以从技术层面采取以下三种措施：

（1）在第一位被试者面试结束后，各位面试官报告自己的评分，相互交换个人评分意向。当意见分歧较大时，需要面试官进行相互举证，用自己在面试过程中记录的回答要点来说明评价理由。最后由主面试官作讲评，调整评分标准的尺度。经过上述环节，面试小组一般都能较好地掌握评分标准的尺度。

（2）如果难以找出一个统一的标准，面试成绩的计算可采用去掉一个最高分和一个最低分，再用保留的成绩之和除以有效成绩的面试官人数。

（3）基于模糊数学集合理论的模糊综合评价，在对模糊概念进行主观定性评价的基础上结合严格的定量分析，能够有效解决评价中主观判断的公平性问题[3]。尽管模糊综合评价法并不能从根本上完全排除主观因素的影响，但能够做到将主观因素控制到较小限度，不失为一种较为全面和客观的测评方法[4]。模糊综合评价能够有效解决领导力评定准则模糊的问题[5]。故而，本研究将模糊综合评价法引入我国高校篮球教练员领导力面试测评结果的运算之中。

1　赵洪俊.公开选拔和竞争上岗面试教程［M］.北京：中共中央党校出版社，2003：44.

2　吴从环.结构化面试及其在领导人才素质测评中的应用［J］.上海行政学院学报，2002（4）：65-76.

3　松家萍，杜祥居.模糊数学在高校体育教师绩效评价体系中的运用［J］.北京体育大学学报，2012，35（2）：91-96，102.

4　萧鸣政.人员测评与选拔［M］.3版.上海：复旦大学出版社，2015：116.

5　马常智.基于模糊层次分析法的正能量领导力评价模型研究［J］.财经界，2014（23）：155.

第五节　某高校篮球教练员领导力面试模糊综合评价算例

以某高校篮球教练员领导力面试测评为例，演示模糊综合评价的具体操作步骤，面试小组由院系指定的熟悉高校篮球教练员工作的 7 名专家组成。

一、建立综合评价的因素集

通常将需要考察的维度称为评价因素，即被评价对象的品质是由哪些方面决定的。我国高校篮球教练员领导力评定因素的集合总共分为两层：第一层为领导力模型的一级维度 $U=\{U_1, U_2, U_3, U_4\}=\{U_1$ 自我领导力，U_2 人际领导力，U_3 专业领导力，U_4 文化领导力 $\}$；第二层为各一级维度所对应的二级维度，U_1 自我领导力维度包括：u_1 自我认知、u_2 自我管理、u_3 自我发展；U_2 人际领导力维度包括：u_4 人际沟通、u_5 人际协调、u_6 人际支持；U_3 专业领导力维度包括：u_7 选材用人、u_8 训练指导、u_9 参赛指导；U_4 文化领导力维度包括：u_{10} 物质文化建设、u_{11} 制度文化建设、u_{12} 行为文化建设、u_{13} 精神文化建设。

二、建立综合评价的评语集

在实际评价中，很多问题难以用一个简单的数值予以评价，故而采用模糊语言给出不同程度的评语。假设所有可能出现的评语个数为 n，它们组成的集合称为评语集 $V=\{V_1, V_2, \cdots V_n\}$，每个子集对应一个模糊等级。评语级别的个数 n 一般划分为 3 ~ 7 个等级，通常取奇数，这样就会有一个中间等级，方便判断被评价对象的等级归属。评语具体等级的命名可以根据评价内容用恰当的模糊语言加以表述。本研究参照教育评价 5 级制评分标准，将我国高校篮球教练员领导力的评价标度划分为 5 个级别，$V=\{V_1$ 优秀，V_2 良好，V_3 中等，V_4 合格，V_5 不合格 $\}$。

三、确定综合评价的权重集

假如不考虑自我领导力、人际领导力、专业领导力、文化领导力及其细分维度在教练员领导力评定影响中的差异，将模糊矩阵 R 中各列上的数值相加，便可得到该名教练员在某面试维度各等级上的隶属度。然而，每个测评要素所起的作用一般不尽相同，不能等量齐观，需要赋以权重。在模糊综合评价中，采用将定性与定量相结合的层次分析法，是一种确定因素重要程度模糊集合的科学方法[1]。在面试测评设计中，已采用层次分析法对我国高校篮球教练员领导力模型的一级维度和二级维度进行了权重分配。在实施下一阶段单因素模糊评价时，权重分配集合 A 对应领导力模型中一级维度权重系数分配集 AU 和各二级维度的权重系数分配集 $AU1$、$AU2$、$AU3$、$AU4$。

四、建立单因素的评价矩阵

单独对某个因素进行评价，以确定评价对象对评价集合 V 的隶属程度，称为单因素模糊评价。对于多因素、多层级系统的模糊综合评价则首先按照最低层级的各个因素进行单因素模糊评价，然后依次向更上一层评价，一直评到最高层次以获得综合评价结果。对于人事考评来说，采用二级系统已足以满足需要[2]。

因此，首先由面试小组的 7 名面试考官依据每位教练员对各二级维度相对应面试题目的回答情况独立判断属于不同评价等级的程度。假定由 7 位面试官构成的面试小组，对于教练员 A 领导力的某个面试维度有不同判断，其中有 2 人认为属于"优秀"，有 4 人认为属于"良好"，有 1 人认为属于"中等"，如此便可以得出一个反映测评因素与等级之间隶属关系的数列：0.2857，0.5714，0.1428，0，0。类似地，对于其他领导力面试维度的评价也可得到一个数例，多组数例可组成一个模糊矩阵 R（表 6.13）。

表 6.13　领导力面试维度权重及隶属度计算表

一级维度	权重	二级维度	权重	评定等级				
				优秀	良好	中等	合格	不合格
自我领导力	0.1862	自我认知	0.4724	0.2857	0.5714	0.1429	0	0
		自我管理	0.2835	0.1429	0.7143	0.1429	0	0
		自我发展	0.2442	0.1429	0.8571	0	0	0

1　张小红，裴道武，代建华. 模糊数学与 Rough 集理论［M］. 北京：清华大学出版社，2013：105.
2　高勇强. 人事考核的多层次模糊综合评判法［J］. 中国管理科学，2000，8（2）：45-50.

续表

一级维度	权重	二级维度	权重	评定等级				
				优秀	良好	中等	合格	不合格
人际领导力	0.2389	人际沟通	0.4233	0.1429	0.8571	0	0	0
		人际协调	0.3466	0.1429	0.7143	0.1429	0	0
		人际支持	0.2302	0.2857	0.5714	0.1429	0	0
专业领导力	0.3008	选材用人	0.3041	0.1429	0.8571	0	0	0
		训练指导	0.4322	0.2857	0.7143	0	0	0
		竞赛指导	0.2638	0.1429	0.7143	0.1429	0	0
文化领导力	0.2741	物质文化建设	0.1005	0	0.1429	0.5714	0.1429	0.1429
		行为文化建设	0.3056	0.5714	0.2857	0.1429	0	0
		制度文化建设	0.2970	0.1429	0.5714	0.2857	0	0
		精神文化建设	0.2969	0	0.1429	0.7143	0.1429	0

根据 7 位面试官的主观判断，建立二级维度模糊关系矩阵 $RU1$、$RU2$、$RU3$、

$RU4$，$RU1$ 模糊关系矩阵示例如下：$RU1 = \begin{bmatrix} 0.2857 & 0.5714 & 0.1429 & 0 & 0 \\ 0.1429 & 0.7143 & 0.1429 & 0 & 0 \\ 0.1429 & 0.8571 & 0 & 0 & 0 \end{bmatrix}$，

引入各二级维度的权重系数分配集 $RU1$、$RU2$、$RU3$、$RU4$。以 $BU1$ 为例：

$$BU1 = AU1 \cdot RU1 = (0.4724 \quad 0.2835 \quad 0.2442) \begin{bmatrix} 0.2857 & 0.5714 & 0.1429 & 0 & 0 \\ 0.1429 & 0.7143 & 0.1429 & 0 & 0 \\ 0.1429 & 0.8571 & 0 & 0 & 0 \end{bmatrix}$$

当需要对所有因素的权重均衡时，可选用综合利用 A 矩阵和 R 矩阵信息的加权平均模型 $M(., +)$ 进行合并，进而求得：$BU1$（0.2100　0.6820　01080　0　0）。同理求得：

$BU2 = (0.1760 \quad 0.7420 \quad 0.0820 \quad 0 \quad 0)$

$BU3 = (0.2050 \quad 0.7580 \quad 0.0380 \quad 0 \quad 0)$

$BU4 = (0.2170 \quad 0.3140 \quad 0.3980 \quad 0.0570 \quad 0.0140)$

五、多层级的模糊综合评价

由上述二级模糊综合评价集 $BU1$、$BU2$、$BU3$、$BU4$ 组成一级模糊综合评

价矩阵为：$RBU = \begin{bmatrix} BU1 \\ BU2 \\ BU3 \\ BU4 \end{bmatrix} = \begin{bmatrix} 0.2100 & 0.6820 & 0.1080 & 0 & 0 \\ 0.1760 & 0.7420 & 0.0820 & 0 & 0 \\ 0.2050 & 0.7580 & 0.0380 & 0 & 0 \\ 0.2170 & 0.3140 & 0.3980 & 0.0570 & 0.0140 \end{bmatrix}$,

引入一级维度权重集 AU。$BU = AU \circ RBU = (0.1862 \quad 0.2389 \quad 0.3008 \quad 0.2741)$

$$\begin{bmatrix} 0.2100 & 0.6820 & 0.1080 & 0 & 0 \\ 0.1760 & 0.7420 & 0.0820 & 0 & 0 \\ 0.2050 & 0.7580 & 0.0380 & 0 & 0 \\ 0.2170 & 0.3140 & 0.3980 & 0.0570 & 0.0140 \end{bmatrix}$$

根据最大隶属度原则，选择模糊综合评价集 BU 中最大的数值所对应的评语作为综合评价的结果，则 BU=max{0.2020　0.6180　0.1600　0.0160　0.0040}=0.6180，故在此次面试测评中 7 名专家认为该名教练员领导力水平是属于"良好"这一等级的。

BU 是对每个被评价对象综合素质分等级的程度描述，要想直接用于被评价教练员之间的排序评优，还需要进一步分析处理，将综合评价结果 BU 转换为综合分值。接下来给各个等级赋值，"优秀"赋予 95 分、"良好"赋予 85 分、"中等"赋予 75 分、"合格"赋予 65 分、"不合格"赋予 55 分。设等级赋值之后的矩阵为 V，评价结果为 BU'，则：

$$V' = \begin{bmatrix} 95 \\ 85 \\ 75 \\ 65 \\ 55 \end{bmatrix}, \quad BU' = BU \cdot V' = (0.2020 \quad 0.6180 \quad 0.1600 \quad 0.0160 \quad 0.0040), \quad \begin{bmatrix} 95 \\ 85 \\ 75 \\ 65 \\ 55 \end{bmatrix}$$

采用普通矩阵乘法规则，即取对应元素之积和作乘积的元素，$BU' =$（$0.2020 \times 95 + 0.6180 \times 85 + 0.1600 \times 75 + 0.0160 \times 65 + 0.0040 \times 55$）=85，这

表明该名教练员领导力水平的综合测评分是 85 分；类似可求得各维度评价得分，自我领导力维度 86.02 分、人际领导力维度 85.94 分、专业领导力维度 86.76 分、文化领导力维度 81.63 分。

借助象限图对该名教练员领导力的各维度评价得分及其所占权重展开进一步分析，以领导力的各维度评价得分为 Y 轴、各维度所占权重为 X 轴绘制象限图。第一象限为优势维度，评价得分和所占权重均高于平均值；第二象限为保留维度，评价得分高于平均值、所占权重低于平均值；第三象限为观察维度，评价得分和所占权重均低于平均值；第四象限为改进维度，评价得分低于平均值、所占权重高于平均值。

由图 6.2 所示：（1）第一象限的"专业领导力"维度所占权重较大且该名教练员评价得分较高，建议该名教练员在继续保持的基础上稳步提升；（2）第二象限的"自我领导力""人际领导力"维度尽管所占权重较小，但该名教练员评价得分较高，其积极影响不容忽视；（3）第四象限"文化领导力"维度所占权重较大，而该名教练员评价得分较低，是阻碍其领导力提升的主要因素，建议该名教练员进一步增强培育和凝练球队文化的意识和能力，充分发挥球队文化熏陶人、影响人的独特育人作用。

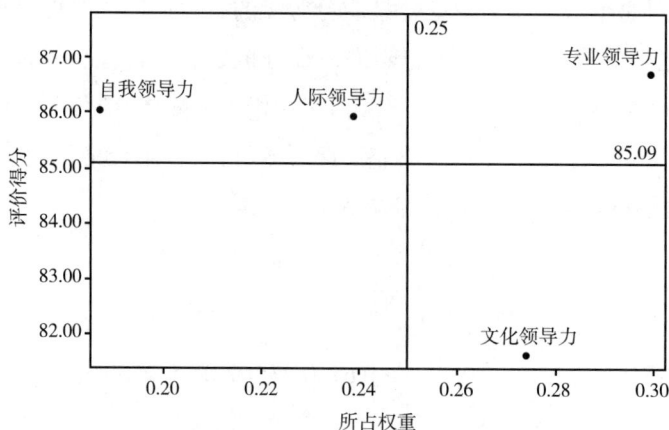

图 6.2　某高校篮球教练员领导力测评结果象限图

本章小结

根据领导力模型，设计相对应的测评方法和工具是领导力开发实践的重要环节。教练员领导力测评通常采用量表测评，由教练员自评或运动员评价的方式为主。为了进一步拓展领导力模型的应用范围，丰富教练员领导力的测评方法和工具，本章根据我国高校篮球教练员领导力模型，围绕面试题库的编制、面试维度的赋权、面试流程的组织等主要环节开发了由13个面试维度、148道面试问题组成的我国高校篮球教练员领导力面试测评体系。

领导力测评需要考虑多个因素且某些因素的评价等级标准又不那么确切，带有一定程度的模糊性。为此，将模糊综合评价引入测评结果的运算之中，力求将主观判断的消极影响控制到较小限度。最后，以某高校篮球教练员领导力面试测评作为算例，演示了模糊综合评价的具体操作步骤，并借助象限图对该名教练员领导力的各维度评价得分及其所占权重进行了分析，进而提出有针对性的领导力提升建议。我国高校篮球教练员领导力面试测评体系适用于个人发展和人事决策，可以在我国高校篮球教练员任用、考核及培养等环节中予以直接应用。

第七章　研究结论与展望

第一节　研究结论

（1）篮球教练员领导力是指为实现"育人夺标"的球队目标，篮球教练员对球员及球队相关人员施加影响的过程中所需要具备的能力结构；胜任力是教练员领导力的内源性保障；执教能力是教练员领导力的核心成分。

（2）我国高校篮球教练员领导力模型是由自我领导力、人际领导力、专业领导力和文化领导力四大维度构成的，各维度的重要程度由高到低依次为专业领导力、文化领导力、人际领导力和自我领导力；各维度既相对独立、各有侧重，又紧密关联、相互促进，通过并列性和相容性、同时性和继时性组合，产生相互配合下的协同效应；我国高校篮球教练员领导力具有育人性、复杂性和凸显性三大特征；领导力模型各维度下的某些子能力，如时间管理、赢得外部支持、注重球员基本功训练、践行育人理念等对我国高校篮球教练员更为重要。

（3）我国高校篮球教练员领导力测评量表由自我领导力、人际领导力、专业领导力和文化领导力4个分量表组成，共计74道测量题目。该测评量表信效度良好，可作为我国高校篮球教练员自我内观、自我诊断的测量工具，可作为我国高校篮球教练员综合测评的补充参考，亦可供大范围、大规模调研使用。

（4）我国高校篮球教练员领导力面试测评体系由13个测评维度组成，共计148道测评问题。该面试测评体系能够在一定程度上弥补量表测评单向静态沟通、信息收集和利用率较低等不足，丰富了教练员领导力的测评方法，拓展了领导力模型的应用范围，可以在我国高校篮球教练员任用、考核及培养等环节中予以直接应用。

第二节　创新之处

一、内容创新

我国高校篮球教练员领导力模型的构建为我国高校篮球教练员提供了领导力提升的理论指导，也为后续研究者提供了更加适用的领导力理论分析框架；相较借鉴单一领导理论、套用其他学科领域的领导力模型来阐述篮球教练员领导力的研究更具解释力。

二、应用创新

我国高校篮球教练员领导力面试测评体系可以在我国高校篮球教练员任用、考核及培养等环节中予以直接应用，具有较强的实用创新性；相较教练员领导力量表测评，教练员领导力面试测评能够在一定程度上弥补其不足，丰富了教练员领导力的测评方法，拓展了教练员领导力模型的应用范围。

第三节　局限性及展望

一、研究资料

本研究采用传记分析法从丰富的传记资料和访谈报道入手，深入挖掘提取优秀教练员在执教过程中所积累的宝贵经验。虽然通过严格的标准选取了代表性教练员的传记和访谈报道作为研究资料，但均为间接资料，笔者无法近距离亲身观察并和教练员展开充分"对话"；上述资料以男性教练员居多，教练员之间执教年代有一定时间跨度，传记撰写风格存在个体差异。

基于以下两点考虑，本研究未采用行为事件访谈法来获取研究资料。第一，从访谈技巧角度，访谈结果容易受主试访谈经验技巧、被试自我保护心理等因素影响[1]；第二，从资料丰富性角度，在短则几十分钟、长则 2 ~ 3 小时的

1　李永瑞，葛爽，王蔺茜. BEI 建构胜任力模型的局限性与改进措施［J］.中国人力资源开发，2014，31（24）：44-49.

访谈过程中，所收集资料的丰富性是否能为后续编码提供充足的编码证据还值得怀疑[1]。后续研究可以综合运用行为事件访谈法、系统观察法、录像分析法、传记分析法等方法或借鉴视频线索刺激回忆访谈法、状态空间方格法等最新方法，以获取更加详实的研究资料。

二、面试信度

面试题库的编制严格遵照规范性、针对性、延伸性和灵活性原则，经梳理、收集、设计和优化 4 个阶段。面试题库中多半面试问题（题干）源于篮球类、教练员类、运动训练类、运动心理类和体育教学类权威书籍章节中或章节后的思考题，通过面试题目的来源判断具有较高的表面效度。同时，通过案例收集法设计出来的情境型面试题目具有很高的内容效度。

然而，多位面试官在同一时间对同一教练员面试评分的一致性程度如何、面试官人数是否合适、试题样本容量是否合适，仍需要在实践中检验和修正。后续研究可以通过概化理论 G 研究和概化理论 D 研究来进一步检验上述问题。此外，每种测评方法都有其优势测评的能力，后续研究可以综合运用心理测验、面试测评、案例分析、投射测验、竞聘演讲和述职报告等方法来评估教练员领导力。

---

1 刘陆芳, 董婉玲, 郭庆科, 等.基于历史测量法的企业家胜任特征模型［J］.心理研究, 2008, 1（5）: 51-56.

参考文献 |

一、著作类

［1］安德鲁·杜布林.领导力［M］.冯云霞，范锐，译.7版.北京：中国人民大学出版社，2020.

［2］鲍勃·希尔.篮球教练员成功之道［M］.谭朕斌，译.北京：人民体育出版社，2004.

［3］北森人才管理研究院.360度评估反馈法：人才管理的关键技术［M］.北京：中国经济出版社，2013.

［4］彼得·汤普森.教练理论入门：国际田联田径运动教练官方指导书［M］.张英波，孙南，译.北京：北京体育大学出版社，2011.

［5］边文霞.人事测评技术［M］.北京：中国劳动社会保障出版社，2021.

［6］布鲁克斯.组织行为学：个体、群体和组织［M］.李永瑞，译.北京：高等教育出版社，2011.

［7］陈璐.家长式领导与企业战略决策研究［M］.北京：科学出版社，2014.

［8］陈小平.中小学校长领导力模型构建研究［M］.北京：中国人事出版社，2014.

［9］崔鲁祥.篮球教练员岗位培训教材（高级）［M］.北京：人民体育出版社，2019.

［10］戴蒙·伯顿，托马斯·D.雷德克.教练员必备的运动心理学实践指南［M］.陈柳，译.北京：人民邮电出版社，2017.

［11］戴夫·安德森.势不可挡：34位成功的职业教练和企业家教你如何达成高绩效［M］.管然，译.北京：人民邮电出版社，2018.

［12］邓道祥，龚国润，陈少岚.教练员修养［M］.武汉：华中师范大学出版社，1987.

［13］范民运.最新篮球教练员实用手册［M］.北京：北京体育大学出版社，2009.

［14］风里．五大品质：卓越领导力心理基因解码［M］．3版．上海：上海财经大学出版社，2013.

［15］高畑好秀．金牌教练的55则带队心理学［M］．高詹灿，译．台北：三悦文化图书事业有限公司，2008.

［16］国家体育总局科教司．现代教练员科学训练理论与实践［M］．北京：人民体育出版社，2014.

［17］胡蓓，张文辉．职业胜任力测评［M］．武汉：华中科技大学出版社，2012.

［18］黄勋敬．领导力模型与领导力开发［M］．北京：北京邮电大学出版社，2008.

［19］季浏，殷恒婵，颜军．体育心理学［M］．3版．北京：高等教育出版社，2016.

［20］贾志强．篮球教练员能力结构需求与绩效评估研究［M］．北京：北京体育大学出版社，2016.

［21］姜土生．人力资源测评理论与方法［M］．重庆：西南师范大学出版社，2012.

［22］杰伊·马丁．足球教练执教精要：技战术、心理、营养及球队管理［M］．黄海枫，张嘉源，译．北京：人民邮电出版社，2017.

［23］卡尔洛·安切洛蒂，克里斯·布雷迪，迈克·福德．安切洛蒂自传：寂静的领导力［M］．刘洋，译．北京：台海出版社，2017.

［24］柯学民，李颖，刘帅．360度评估实操手册［M］．北京：人民邮电出版社，2012.

［25］莱斯·里德．球队基本训练［M］．王勇，郭科，译．北京：北京体育大学出版社，2005.

［26］篮球运动教程编写组．篮球运动教程［M］．北京：北京体育大学出版社，2018.

［27］郎平，陆星儿．激情岁月：郎平自传［M］．上海：东方出版中心，1999.

［28］雷纳·马腾斯．执教成功之道［M］．钟秉枢，译．3版．北京：北京体

育大学出版社，2007.

［29］理查德·L.达夫特.领导学［M］.杨斌，译.5版.北京：电子工业出版社，2018.

［30］李.H.路斯.篮球手册：运动员、教练员获胜必读［M］.郭永波，译.北京：人民体育出版社，2010.

［31］里克·皮蒂诺，埃里克·克劳福德.一日之约：为生命的每分钟增加价值［M］.冯庆，译.北京：电子工业出版社，2016.

［32］李宁.教练员执教行为研究［M］.北京：北京体育大学出版社，2015.

［33］李永瑞.人力资源测评［M］.北京：高等教育出版社，2009.

［34］李忠义.校园篮球执教之路［M］.西安：世界图书出版西安有限公司，2018.

［35］刘兵.新编体育管理学教程［M］.上海：复旦大学出版社，2004.

［36］刘建军.领导学原理：科学与艺术［M］.4版.上海：复旦大学出版社，2013.

［37］刘澜.领导力：解决挑战性难题［M］.北京：北京大学出版社，2018.

［38］刘青.运动训练管理教程［M］.北京：人民体育出版社，2007.

［39］罗伯特·F.德威利斯.量表编制：理论与应用［M］.席仲恩，杜珏，译.重庆：重庆大学出版社，2016.

［40］吕峰，金志扬.像教练一样带团队［M］.北京：机械工业出版社，2007.

［41］吕航.人力资源测评方法与技术［M］.广州：暨南大学出版社，2007.

［42］麦克沙恩，格里诺.组织行为学［M］.吴培冠，张璐斐，译.5版.北京：机械工业出版社，2015.

［43］迈克·沙舍夫斯基，杰米·斯帕托拉.我相信你们［M］.韩玲，译.沈阳：万卷出版公司，2011.

［44］迈克·沙舍夫斯基，唐纳·菲利普.领导，带队更要带心［M］.刘霭仪，译.台北：久石文化事业有限公司，2011.

［45］毛志雄.体育运动心理学简编［M］.北京：北京体育大学出版社，2011.

［46］邱皓政.量化研究与统计分析：SPSS中文视窗版数据分析范例解析［M］.重庆：重庆大学出版社，2009.

［47］全国科学技术名词审定委员会.心理学名词［M］.2版.北京：科学出版社，2014.

［48］全国体育学院教材委员会.体育学院通用教材：运动心理学［M］.北京：人民体育出版社，2005.

［49］任康磊.人才测评：识别高潜人才，提升用人效能［M］.北京：人民邮电出版社，2021.

［50］圣铎.领导素质与艺术一本全［M］.南昌：江西美术出版社，2017.

［51］宋继新.竞技教育学新论［M］.北京：人民出版社，2012.

［52］孙健，张强，胡晓东.领导学［M］.北京：中国人民大学出版社，2019.

［53］孙民治，李方膺.中国体育教练员岗位培训教材：篮球［M］.北京：人民体育出版社，2001.

［54］孙民治.篮球运动教学训练试题解答［M］.北京：人民体育出版社，2001.

［55］孙民治.篮球运动教程［M］.北京：人民体育出版社，2007.

［56］孙远航.新时期中小学校长领导力的提升［M］.西安：陕西师范大学出版社，2008.

［57］索宝祥.论语中的领导文化［M］.上海：上海财经大学出版社，2015.

［58］汤姆·柯林，拉尔夫·皮姆.执教团队篮球：培养具有球队至上精神的常胜球员［M］.杜婕，刘斌，译.北京：人民体育出版社，2008.

［59］唐炎，罗平.体育教师执教能力教程［M］.北京：北京体育大学出版社，2015.

［60］田麦久，武福全.谈太钰.运动训练科学化探索［M］.北京：人民体育出版社，1988.

［61］田麦久，熊焰.竞技参赛学［M］.北京：高等教育出版社，2019.

［62］田效勋，柯学民，张登印.过去预测未来：行为面试法［M］.北京：中国轻工业出版社，2018.

［63］王纯，杨冰.初级教练员岗位考试培训［M］.成都：电子科技大学出版社，2019.

［64］王芹.我国体育教练员核心竞争力的培育研究［M］.济南：山东大学出版社，2019.

［65］王家宏，王贺立.篮球习题大全［M］.北京：北京体育大学出版社，2004.

［66］王小安，张培峰.现代篮球运动教程［M］.北京：北京体育大学出版社，2007.

［67］王万里.篮球之门［M］.北京：经济管理出版社，2018.

［68］韦德·吉尔伯特.高水平教练执教手册［M］.常喜，张旭，译.北京：人民邮电出版社，2019.

［69］吴明隆.问卷统计分析实务：SPSS操作与应用［M］.重庆：重庆大学出版社，2010.

［70］萧鸣政.人员测评与选拔［M］.3版.上海：复旦大学出版社，2015.

［71］小文斯·隆巴迪.传奇教练的领导规则［M］.林宜萱，译.北京：清华大学出版社，2006.

［72］熊焰，王平.竞技教练学［M］.苏州：苏州大学出版社，2016.

［73］徐建华.美国大学优秀篮球教练员领导力理论及对我国的启示［M］.北京：人民体育出版社，2021.

［74］徐英男.做合作型教练［M］.北京：北京体育大学出版社，2017.

［75］亚历克斯·弗格森，迈克尔·莫里茨.领导力（哈佛商学院领导力荣誉课程）［M］.叶红婷，柴振宇，译.北京：中国友谊出版公司，2016.

［76］亚历山大·格罗斯.360度领导力：中层领导者全方位领导力提升技巧［M］.贡晓丰，译.北京：电子工业出版社，2021.

［77］袁伟民.我的执教之道［M］.北京：人民体育出版社，1988.

［78］约翰·伍登，史蒂夫·贾米森.我的教练，我的队［M］.李兆丰，译.北京：东方出版社，2011.

［79］约翰·伍登，杰伊·卡迪.伍登教练成功法则［M］.戴琳，译.北京：九州出版社，2014.

［80］约翰·伍登，杰克·托宾.他们叫我教练（约翰·伍登教练自传）［M］.李洵哲，译.北京：人民体育出版社，2020.

［81］约翰·伍登，史蒂夫·贾米森.教导：伍登教练是怎样带队伍的［M］.杨斌，译.北京：清华大学出版社，2020.

［82］詹姆斯·库泽斯，巴里·波斯纳.领导力：如何在组织中成就卓越［M］.6版.徐中，沈小滨，译.北京：电子工业出版社，2019.

［83］张炳江.层次分析法及其应用案例［M］.北京：电子工业出版社，2014.

［84］张力为.体育科学研究方法［M］.北京：高等教育出版社，2002.

［85］张力为，毛志雄.体育科学常用心理量表评定手册［M］.北京：北京体育大学出版社，2004.

［86］张力为，毛志雄，王进.运动与锻炼心理学研究手册［M］.上海：华东师范大学出版社，2020.

［87］张小红，裴道武，代建华.模糊数学与 Rough 集理论［M］.北京：清华大学出版社，2013.

［88］赵洪俊.公开选拔和竞争上岗面试教程［M］.北京：中共中央党校出版社，2003.

［89］钟秉枢.做 NO.1 的教练：团队管理与领导艺术［M］.北京：北京体育大学出版社，2012.

［90］钟秉枢.教练学［M］.北京：高等教育出版社，2019.

［91］中国篮球协会.中国篮球教练员岗位培训 A 级教程［M］.北京：人民体育出版社，2007.

［92］钟红燕.教练学［M］.北京：中央民族大学出版社，2019.

［93］周鹏.中美大学篮球教练员队伍管理现状［M］.成都：电子科技大学出版社，2017.

［94］朱佩兰，钟秉枢.教练员——中国体育腾飞的关键［M］.北京：北京体育大学出版社，2002.

［95］朱旭东.教师专业发展理论研究［M］.北京：北京师范大学出版社，2015.

［96］Bass B M, Stogdill R M. Handbook of Leadership: Theory, Research, and Managerial Applications［M］. New York: Free Press,1990.

［97］Bennis W G, Townsend R. On becoming a leader［M］. New York: Basic Books,2009.

［98］Blanchard K. Self-Leadership and the One Minute Manager ［M］. UK: HarperCollins,2007.

［99］Burns, J.M. Leadership［M］. New York: Harper&Row,1978.

［100］Carron A V, Hausenblas H A, Eys M A. Group dynamics in sport［M］. West Virginia: Fitness Information Technology,2005.

［101］Gardner, H. Leading Minds: An Anatomy of Leadership［M］. London: Harper Collins,1997.

［102］Gary Yukl. Leadership in Organizations, Eighth Edition［M］. America: Pearson Education,2013.

［103］Hofstede G. Culture's consequences: International differences in work-related values［M］. America: Sage,1984.

［104］Janssen J, Dale G A. The seven secrets of successful coaches: How to unlock and unleash your team's full potential［M］. AZ: Winning the Mental Game,2002.

［105］John C. Maxwell. The 21 Irrefutable Laws of Leadership［M］. Thomas Nelson,2008.

［106］John Wooden, Steve Jamison. Wooden on leadership［M］. New York: McGraw-Hill,2005.

［107］Kotter J P. Force for change: How leadership differs from management ［M］. New York: Simon and Schuster,2008.

［108］Ogilvie B. Problem athletes and how to handle them［M］. London: Pelham Books,1966.

［109］Packer B, Lazenby R. Why we win: Great American coaches offer their strategies for success in sports and life［M］. New York: McGraw-Hill,1999.

［110］Reynaud C. She Can Coach: Tools for success from 20 top women coaches

〔M〕. Human Kinetics,2004.

〔111〕Rost J C. Leadership for the Twenty-First Century〔M〕. New York: Praeger Publishers,1991.

〔112〕Tichy N M, Cohen E. The leadership engine〔M〕. New York: HarperCollins,2005.

〔113〕Vicki Williams.The Leadership traits of head basketball coach C. Vivian Stringer: path way to leadership〔M〕. LAP LAMBERT academic publishing,2010.

〔114〕Weinberg R S, Gould D. Foundations of sport and exercise psychology〔M〕. Champaign, IL: Human Kinetics,2019.

二、论文类

〔1〕白杨.中国乒乓球队组织文化内容体系构建〔J〕.北京体育大学学报，2011，34（8）：142-144.

〔2〕班哲明，陈美绮.大学生运动员知觉教练领导行为的一致性对选手无动机之预测 - 教练选手关系的中介效果〔J〕.台湾体育学术研究，2013，12（1）：47-62.

〔3〕毕仲春，陈丽珠，李征.对欧美篮球教练员成长过程模式的研究——兼论中国大学篮球教练员培养的现实困境与希望〔J〕.北京体育大学学报，2014，37（7）：113-118.

〔4〕曹大伟，曹连众.我国教练员领导力研究的域外经验、本土实践和未来展望——基于领导力来源与传达路径〔J〕.沈阳体育学院学报，2021，40（1）：94-101.

〔5〕晁玉方，王清刚.领导特质理论的历史与发展〔J〕.山东轻工业学院学报（自然科学版），2012，26（3）：77-82.

〔6〕陈泊蓉.中小学创新型教师的素质与成长研究〔D〕.西安：陕西师范大学，2017.

〔7〕陈晶，鲁欣怡.领导力理论研究的窘境与出路——兼谈领导力六维框架构想〔J〕.管理现代化，2021，41（2）：82-86.

［8］陈天荣.领导特质研究的综述［C］//全国经济管理院校工业技术学研究会.第十一届全国经济管理院校工业技术学研究会论文集.西安：全国经济管理院校工业技术学研究会，2012：660-663.

［9］陈小平，肖鸣政.公共部门局处级领导领导力模型构建与开发实证研究［J］.领导科学，2011（36）：4-6.

［10］陈璇.LW公司中层管理者领导力的现状分析及提升对策研究［D］.郑州：郑州大学，2018.

［11］陈钰芳，高三福.家长式领导对运动员效能之影响［C］//中国体育科学学会运动心理学分会.第九届全国运动心理学学术会议论文集.上海：中国体育科学学会运动心理学分会，2010：376-384.

［12］程宏宇，王进，胡桂英.教练员领导行为与运动员竞赛焦虑：运动自信的中介效应和认知风格的调节效应［J］.体育科学，2013，33（12）：29-38.

［13］初少玲.高校高水平运动队教练员魅力领导行为和团队凝聚力关系研究［J］.沈阳体育学院学报，2013，32（2）：55-58，98.

［14］崔海明.我国高校篮球教练员研究［J］.体育文化导刊，2010（5）：112-114.

［15］戴炳钦，刘龙和.领导力来源的主要因素研究［J］.领导科学，2012（17）：40-41.

［16］邓日生.体育教师绩效考核模糊综合评价模型及分析［J］.台南大学体育学报，2012（12）：15-23.

［17］丁栋虹，朱菲.领导力评估理论研究述评［J］.河南社会科学，2006（2）：123-126.

［18］杜七一，柳莹娜.教练员家长式领导对运动员个人主动性的影响——基于自我效能感的中介作用［J］.武汉体育学院学报，2016，50（12）：83-89.

［19］冯琰，刘晓茹.教练员领导问题的研究进展［J］.沈阳体育学院学报，2005，24（3）：8-10，14.

［20］冯琰，周成林.辽宁省部分优势竞技项目教练员的领导行为特征［J］.

武汉体育学院学报, 2007, 41（10）: 41-46.

［21］付少堂, 曾天德. 公务员的自我领导力测评分析与教育建议［J］. 闽南师范大学学报（自然科学版）, 2018, 31（4）: 126-132.

［22］高玲芬. 对统计综合评价的几点思考［J］. 中国统计, 2007（1）: 49-50.

［23］高三福. 团队文化与教练领导: 质化与量化两种途径［D］. 台北: "国立"师范大学, 2001.

［24］高三福. 运动领导理论的发展及可行的研究方向［J］. 中华体育季刊, 2007, 21（1）: 59-66.

［25］高勇强. 人事考核的多层次模糊综合评判法［J］. 中国管理科学, 2000, 8（2）: 45-50.

［26］耿在英. 领导力理论的发展研究［J］. 经营与管理, 2013（12）: 70-73.

［27］管春峰. 煤炭企业高层管理者的胜任特征模型研究［D］. 徐州: 中国矿业大学, 2014.

［28］关加安. NBA主教练史蒂夫·科尔的领导力研究: 基于领导力五力模型的分析［D］. 北京: 北京体育大学, 2019.

［29］郭修金, 胡守钧. 我国"教练员—运动员关系"研究述评与展望［J］. 上海体育学院学报, 2011, 35（5）: 80-83.

［30］郭宇刚, 夏树花, 张忠秋. 国际教练员-运动员关系研究现状、热点和前沿的可视化分析［J］. 成都体育学院学报, 2015, 41（4）: 31-37.

［31］海鹰. 中小学教师领导力测评研究［D］. 北京: 北京师范大学, 2010.

［32］郝晓岑. 我国运动队教练员领导模式的组织行为学研究现状及探讨［J］. 广州体育学院学报, 2009, 29（2）: 48-52.

［33］贺善侃. 文化领导力: 领导力的核心和灵魂［J］. 中国浦东干部学院学报, 2009, 3（4）: 31-36.

［34］胡洋. 篮球教练的变革型领导力对球员满意度的影响: 归属感的中介效应分析［D］. 武汉: 武汉体育学院, 2019.

［35］胡宗仁. 领导力发展的分析框架［J］. 中国领导科学, 2018（1）: 36-

40.

［36］黄优强，池建，孟凡素，等.新中国70年中国男篮主教练选拔任用的回顾、反思与展望［J］.天津体育学院学报，2019，34（5）：388-394.

［37］季浏.领导理论与教练员的心理及行为［J］.贵州体育科技，1986（4）：1-5.

［38］姬姗姗，王英春.教练员—运动员关系的心理学研究［J］.体育文化导刊，2016（4）：87-91.

［39］简文祥，王革.西方领导力理论演进与展望［J］.科学学与科学技术管理，2014，35（2）：80-85.

［40］李春波，赵勇，于浩洋.以打造团队精神为支点深入持久培育核心价值观［J］.军队政工理论研究，2012，13（2）：57-59.

［41］李丹媚.CUBA主教练执教能力评价指标体系的初步构建与实施研究［D］.桂林：广西师范大学，2017.

［42］李芬芳.国内胜任力研究现状及其发展趋势［J］.科技信息（科学教研），2007（36）：716-717.

［43］李佳薇，鲁长芬，罗小兵.高校教练员领导行为对竞赛表现的影响研究：群体凝聚力与训练比赛满意感的链式中介效应［J］.体育与科学，2017，38（6）：87-96，109.

［44］李佳音，郭锦辉.文本分析法在教育研究中的应用［J］.国际公关，2019（8）：102.

［45］李金华.上海市教练员领导力及其教学培训模式研究［D］.上海：华东师范大学，2011.

［46］李金华.教练员领导力内涵及其现状研究［J］.运动，2012（1）：21-22.

［47］李炯煌.教练领导行为与教练-运动员关系满意度之相关研究［J］.大专体育学刊，2002，4（2）：67-77.

［48］李明，毛军权.领导力研究的理论评述［J］.上海行政学院学报，2015，16（6）：91-102.

［49］厉明琴，柴国荣，杨岳.试析中国体育界优秀教练员的特质组成及影响

［C］//中国体育科学学会.第八届全国体育科学大会论文摘要汇编（二）.
北京：中国体育科学学会，2007：214-217.

［50］李娟.家长式领导对青少年足球运动员行为的影响机制研究［D］.北京：
北京交通大学，2021.

［51］李强.高校教练员变革型领导行为及其有效性的实证研究［D］.济南：
山东大学，2010.

［52］李笋南，杨国庆，郎健.中美大学高水平篮球队教练员管理因素比较研
究［J］.沈阳体育学院学报，2006，25（6）：96-98.

［53］李肖艳.教师领导力概念框架建构研究［D］.北京：北京师范大学，
2016.

［54］李鑫，熊莉娟，刘艳佳.护士领导力的研究进展［J］.护理学杂志，
2019，34（1）：110-114.

［55］李燕，肖建华，李慧聪.我国科技创新领军人才素质特征研究［J］.中
国人力资源开发，2015，32（11）：13-20.

［56］李永瑞，葛爽，王蔺茜.BEI建构胜任力模型的局限性与改进措施［J］.
中国人力资源开发，2014，31（24）：44-49.

［57］李玉芳.论中小学校长领导力及其开发［D］.上海：华东师范大学，
2009.

［58］林姿莛，连玉辉.运动情境中的家长式教练领导研究回顾［J］.体育学
报，2016，49（2）：125-141.

［59］刘兵.从"郎平现象"看体育强国建设对教练员的要求［J］.中国体育
教练员，2015，23（1）：3-4，11.

［60］刘国梁，完好，陈驰茵.教练员领导风格对乒乓球运动员绩效的影响［J］.
上海体育学院学报，2015，39（2）：63-67.

［61］柳恒超.领导（力）理论的演变：特质与情境之争及其整合性趋势［J］.
上海师范大学学报（哲学社会科学版），2014，43（5）：145-152.

［62］刘娟，孙庆祝.半结构化的优秀运动队教练员综合能力测评系统的研究
［J］.沈阳体育学院学报，2007，26（6）：63-66.

［63］刘霖芳.教育变革背景下幼儿园园长领导力研究［D］.长春：东北师

范大学，2015.

［64］刘陆芳，董婉玲，郭庆科，等.基于历史测量法的企业家胜任特征模型
［J］.心理研究，2008，1（5）：51-56.

［65］卢桂霞，李砚池.利用DACUM工作分析法对中等职业学校专业教师校
本教研内容与路径的开发［J］.北京教育学院学报，2016，30（2）：
26-32.

［66］卢元镇.中国文化对篮球运动的选择、认同与变异［J］.体育文化导刊，
2008（3）：21-23.

［67］罗汉.湖南省普通高校高水平篮球队文化构建的研究［D］.长沙：湖
南师范大学，2012.

［68］马常智.基于模糊层次分析法的正能量领导力评价模型研究［J］.财经
界，2014（23）：155.

［69］马红宇，王二平.凝聚力对教练员领导行为、运动员角色投入和运动员
满意度的中介作用［J］.体育科学，2006，26（3）：64-69.

［70］毛永.体育"教练员行为"的理论研究现状与基本框架［J］.上海体育
学院学报，2005，29（3）：65-67.

［71］缪小琴.江苏省高水平田径教练员执教能力结构研究［D］.苏州：苏
州大学，2013.

［72］潘持春，盛宇华.面试测评的有效性研究述评［J］.现代管理科学，2009
（5）：112-113.

［73］庞世俊.职业教育视域中的职业能力研究［D］.天津：天津大学，
2010.

［74］裴志芳.变革型教练领导行为与运动员幸福感：基本心理满足的中介作
用［D］.上海：上海师范大学，2019.

［75］漆艳茹.确定指标权重的方法及应用研究［D］.沈阳：东北大学，
2010.

［76］邱芬.我国专业教练员胜任特征的模型建构及测评研究［D］.北京：
北京体育大学，2008.

［77］邱芬，姚家新.我国专业教练员胜任特征模型、评价量表的建立及测评

研究［J］.体育科学，2009，29（4）：17-26.

［78］屈成鹰.领导力的作用机理及与胜任力的关系探讨［J］.金融经济，2019（18）：140-141.

［79］任春刚，安辉，王亮.CUBA篮球教练员领导行为特征研究［J］.沈阳体育学院学报，2012，31（4）：114-117.

［80］尚久悦.关于有效实现个体领导力的哲学思考［D］.苏州：苏州大学，2008.

［81］盛宇华，方志军.管理能力结构化测试的问题与对策［J］.南京师大学报（社会科学版），2003（5）：58-64.

［82］史静琤，莫显昆，孙振球.量表编制中内容效度指数的应用［J］.中南大学学报（医学版），2012，37（2）：49-52.

［83］舒刚民，霍军.现阶段中国篮球高级教练员的培养与发展策略研究［J］.西安体育学院学报，2011，28（5）：612-619.

［84］松家萍，杜祥居.模糊数学在高校体育教师绩效评价体系中的运用［J］.北京体育大学学报，2012，35（2）：91-96，102.

［85］宋一夫，汤慧娟.教练领导行为、情绪感受与领导信任关系之研究［C］//中国体育科学学会运动心理学分会.第九届全国运动心理学学术会议论文集.上海：中国体育科学学会运动心理学分会，2010：1417.

［86］谭红军，郭传杰，霍国庆，等.科技领导力要素研究［J］.科研管理，2007，28（6）：115-122.

［87］田世梁.大学篮球教练员领导行为、团队冲突、团队凝聚力与满意度关系的研究［J］.沈阳体育学院学报，2014，33（4）：115-121.

［88］田效勋，车宏生.面试预测效度和构想效度研究述评［J］.心理科学进展，2009，17（4）：870-876.

［89］王光辉，李卫东.教练员领导力：概念、测评与类型［J］.心理学进展，2019，9（1）：82-90.

［90］王智.教练执教行为、教练员：运动员关系及其对运动员运动表现的影响［D］.北京：北京师范大学，2011.

［91］王智，董蕊.追求卓越表现过程中的教练员-运动员关系：对我国个人

项目教练员和运动员的访谈研究［J］.中国体育科技，2018，54（5）：94-100，107.

［92］魏梅.向郎平学领导力［J］.人才资源开发，2017（1）：47-49.

［93］文晓立，陈春花.领导特质理论的第三次研究高峰［J］.领导科学，2014（35）：33-35.

［94］吴晓华.基于扎根理论的基层女性行政领导力模型构建与应用［D］.东营：中国石油大学（华东），2016.

［95］吴阳，王德新，彭国强.美国体育教练员培养体系及其对我国的启示［J］.沈阳体育学院学报，2016，35（5）：93-98.

［96］吴阳.中国网球教练员执教能力及影响因素研究［D］.上海：上海体育学院，2017.

［97］席酉民，韩巍.中国管理学界的困境和出路：本土化领导研究思考的启示［J］.西安交通大学学报（社会科学版），2010，30（2）：32-40.

［98］肖月强，袁永新.高等院校教师领导力建设研究［J］.国家教育行政学院学报，2011（4）：66-70.

［99］解欣.基于"差序格局"的理论扩展：我国"教练员-运动员关系"分类及结构演变过程分析［J］.首都体育学院学报，2015，27（5）：447-450.

［100］熊焰，王平，张宝峰，等.我国教练员研究进展与热点评述［J］.北京体育大学学报，2013，36（2）：139-144.

［101］徐宏俊.家长式领导模型对团队冲突影响的实证研究［D］.沈阳：沈阳体育学院，2014.

［102］徐建华，黄汉升.美国大学篮球教练成长历程及启示［J］.成都体育学院学报，2013，39（12）：45-50.

［103］徐建华，程丽平.美国大学篮球传奇教练约翰·伍登执教领导力研究［J］.体育成人教育学刊，2016，32（2）：5-9.

［104］徐文泉，王智.影响运动员训练和比赛心理状态的教练行为：运动员知觉模型的建立与测量［J］.山东体育科技，2013，35（2）：74-78.

［105］焉石，朱志强，李尚滨，等.韩国短道速滑教练员变革型领导行为

与教练员信任及运动员角色投入的关系［J］.沈阳体育学院学报，2017，36（2）：115-121.

［106］杨兰生，张社平.足球教练员不同影响力的分析研究［J］.广州体育学院学报，2001，21（2）：57-60.

［107］杨森.基于领导力五力模型对 NBA 教练菲尔·杰克逊领导力的研究［D］.福州：福建师范大学，2016.

［108］杨尚剑，孙有平，季浏.教练领导行为与凝聚力：信任的中介作用［J］.上海体育学院学报，2014，38（2）：69-73.

［109］杨毅.湖北省教练员家长式领导行为及其对"教练员—运动员"关系的影响研究［D］.武汉：华中师范大学，2007.

［110］杨勇.我国优秀青少年篮球队群体凝聚力研究［D］.北京：北京体育大学，2008.

［111］杨壮.橄榄球教练朗巴蒂的领导力哲学［J］.商务周刊，2007（13）：88.

［112］姚计海.教育实证研究方法的范式问题与反思［J］.华东师范大学学报（教育科学版），2017，35（3）：64-71.

［113］于保鹏.兰州市高校教练员领导力评价指标体系构建研究［D］.兰州：西北师范大学，2017.

［114］余荣芳，吴贻刚.体育运动领导理论的起源与发展——从特质理论到变革型领导理论的应用［J］.山东体育学院学报，2018，34（6）：22-27.

［115］于少勇，卢晓春，侯鹏.球类集体项目教练员家长式领导行为与团队信任的关系［J］.武汉体育学院学报，2018，52（8）：73-77.

［116］于少勇，陈洪波，张鑫."三大球"项目教练员服务型领导行为的结构及测量［J］.武汉体育学院学报，2020，54（5）：82-87.

［117］于智恒，张玥.2000 年以来我国领导力研究回溯与展望——基于 CNKI（2000—2019 年）文献的计量分析［J］.领导科学，2019（22）：58-61.

［118］韵江，陈丽.管理学研究中的假设解构：方法论视角下的考察［J］.

管理学报，2009，6（11）：1430-1436.

[119] 翟群.运动领导心理研究发展综述［J］.广州体育学院学报，1999，19（3）：52-58.

[120] 张大中，王海波，杨剑.我国篮球教练员胜任特征的特点分析［J］.沈阳体育学院学报，2008，27（5）：104-106.

[121] 张福达.美国大学篮球教练迪恩·史密斯的执教领导力研究［D］.福州：福建师范大学，2018.

[122] 张国玉.中国女性领导者的特点与领导力提升路径［J］.中国领导科学，2019（1）：57-62.

[123] 张海军.高校教练家长式领导行为与运动员精神：有中介的调节效应［J］.心理与行为研究，2015，13（1）：109-114.

[124] 张海军，郭小涛，陈波，等.家长式领导行为对大学生运动员心理幸福感的影响——自我决定理论的视角［J］.武汉体育学院学报，2015，49（6）：82-88.

[125] 张鹏.我国高水平游泳教练员执教能力体系的建立及现状研究［D］.北京：北京体育大学，2004.

[126] 张绍果，黄萍英，杨辉，等.层次分析法在护理部主任领导力评价指标体系权重确立中的应用［J］.护理研究，2016，30（36）：4522-4524.

[127] 张玺.中层管理者领导力的高效识别-F公司中层经理领导力模型定量研究［D］.北京：中央民族大学，2016.

[128] 张振刚，徐洋洋，余传鹏.家长式领导研究述评与展望［J］.中国人力资源开发，2013，30（13）：22-30.

[129] 赵必华，顾海根.心理量表编制中的若干问题及题解［J］.心理科学，2010，33（6）：1467-1469.

[130] 赵德成，马晓蓉.教学领导力研究中的问题与展望［J］.外国教育研究，2016，43（9）：60-70.

[131] 赵蕾.行政领导力特质模型研究［D］.福州：福建师范大学，2008.

[132] 赵新宇，曹春辉，席西民.文化视角下领导的主客位取向研究［J］.

软科学，2014，28（8）：42-50.

[133] 赵溢洋，刘一民，谢经良，等.教练员领导行为研究进展述评［J］.
天津体育学院学报，2004，19（2）：31-33，58.

[134] 郑峰，徐丰.组织承诺视角下教练员的领导行为与队员团队认同之间
的关联性——基于篮球项目的数据分析［J］.西安体育学院学报，
2016，33（6）：753-756，768.

[135] 钟秉枢.教练员如何做好工作［J］.中国体育教练员，2003，11（1）：
4-7.

[136] 钟秉枢，张霞，李晨峰.打造教练领导力：记2009年国际教练员教育
委员会全球教练员大会［J］.中国体育教练员，2009，17（4）：28-
30.

[137] 钟秉枢.从教练教育到教练发展：来自第8届全球教练员大会的报告
［J］.运动，2011（10）：1-2.

[138] 钟秉枢.教练员如何认识自己的作用与职责［J］.中国体育教练员，
2013，21（2）：5-6.

[139] 钟秉枢.新发展阶段我国体育教练员面临的挑战［J］.中国体育教练
员，2022，30（1）：4-6.

[140] 中国科学院"科技领导力研究"课题组，苗建明，霍国庆.领导感召
力模型研究［J］.领导科学，2006（10）：40-42.

[141] 钟日升，王迪.对教练员与运动员关系量表（CART-Q）的跨文化检验
［J］.武汉体育学院学报，2007，41（4）：36-39.

[142] 周晓宏，郭文静.探索性因子分析与验证性因子分析异同比较［J］.
科技和产业，2008，8（9）：69-71.

[143] 朱东，徐炜泰，周子文.我国高校篮球高水平运动队教练员领导行为
与团队效能关系研究［J］.成都体育学院学报，2017，43（5）：108-
114.

[144] 庄惠菁，汤慧娟.大专排球选手知觉教练家长式领导对运动自信心来
源之相关研究［C］//中国体育科学学会运动心理学分会.第九届全国
运动心理学学术会议论文集.上海：中国体育科学学会运动心理学分

会，2010：352.

[145] Aaltio-Marjosola I, Takala T. Charismatic leadership, manipulation and the complexity of organizational life [J]. Journal of workplace learning, 2000, 12（4）: 146-158.

[146] Antonakis J, Day D V, Schyns B. Leadership and individual differences: At the cusp of a renaissance [J]. The Leadership Quarterly, 2012, 23（4）: 643-650.

[147] Bandura C T, Kavussanu M. Authentic leadership in sport: Its relationship with athletes' enjoyment and commitment and the mediating role of autonomy and trust [J]. International Journal of Sports Science & Coaching, 2018, 13 （6）: 968-977.

[148] Battaglia A V, Kerr G, Stirling A E. Youth athletes' interpretation of punitive coaching practices [J]. Journal of Applied Sport Psychology, 2017, 29（3）: 337-352.

[149] Beam J W. Preferred leadership of NCAA Division I and II intercollegiate student-athletes [D]. Florida: University of North Florida, 2001.

[150] Bloom G. You haven't taught until they have learned: John Wooden's teaching principles and practices [J]. The Sport Psychologist, 2006, 20（2）: 246-248.

[151] Cañadas, María. Analysis of training plans in basketball: gender and formation stage differences [J]. Journal of Human Kinetics, 2018, 62（1）: 123-134.

[152] ÇELİK V O, YALÇINKAYA K. An examination of charismatic leadership characteristics of handball coaches: perceptions of handball players [J]. Journal of Physical Education & Sports Science, 2015, 9（1）: 118-132.

[153] Charbonneau D, Barling J, Kelloway E K. Transformational leadership and sports performance: The mediating role of intrinsic motivation [J]. Journal of applied social psychology, 2001, 31（7）: 1521-1534.

[154] Chase M A. Should coaches believe in innate ability? The importance of

leadership mindset［J］. Quest, 2010, 62（3）: 296-307.

［155］Chelladurai P. Contingency model of leadership in athletics［D］. Waterloo: University of Waterloo, 1978a.

［156］Chelladurai P, Saleh S D. Preferred leadership in sports: Development of a leadership scale［J］. Journal of Sport Psychology, 1978b, 2: 34-45.

［157］Chelladurai P, Saleh S D. Dimensions of leader behavior in sports: Development of a leadership scale［J］. Journal of Sport Psychology, 1980, 2（1）: 34-45.

［158］Chelladurai P, Carron A V. Athletic maturity and preferred leadership［J］. Journal of Sport and Exercise Psychology, 1983, 5（4）: 371-380.

［159］Chelladurai P, Imamura H. Sport leadership in a cross-national setting: The case of Japanese and Canadian university athletics［J］. Journal of Sport and Exercise Psychology, 1988（10）: 347-389.

［160］Chelladurai P, Ricmcr H A. Measurement of leadership in sport［A］. In Duda J L（eds.）. Advances in sport and exercise psychology measurement ［C］. Morgantown, West Virginia: Fitness Information Technology, 1998: 227-253.

［161］Cho O, Kim S. The Impact of Coaches' Servant Leadership on Athletes' Athletic Performance［J］. Research Quarterly for Exercise and Sport, 2014, 85（S1）: 109.

［162］Constandt B, De Waegeneer E, Willem A. Coach ethical leadership in soccer clubs: An analysis of its influence on ethical behavior［J］. Journal of Sport Management, 2018, 32（3）: 185-198.

［163］Côté J, Gilbert W. An integrative definition of coaching effectiveness and expertise［J］. International journal of sports science & coaching, 2009, 4（3）: 307-323.

［164］Dienesch R M, Liden R C. Leader-Member Exchange Model of Leadership: A Critique and Further Development［J］. Academy of Management Review, 1986, 11（3）: 618-634.

［ 165 ］ Dirks K T. Trust in leadership and team performance: Evidence from NCAA basketball ［ J ］. Journal of applied psychology, 2002, 85（6）: 1004-1012.

［ 166 ］ Eccles D W, Tran K B. Getting them on the same page: Strategies for enhancing coordination and communication in sports teams ［ J ］. Journal of Sport Psychology in Action, 2012, 3（1）: 30-40.

［ 167 ］ Ekstrand J, Lundqvist D, Lagerbäck L, et al. Is there a correlation between coaches' leadership styles and injuries in elite football teams? A study of 36 elite teams in 17 countries ［ J ］. British journal of sports medicine, 2018, 52（8）: 527-531.

［ 168 ］ Ermeling B A. Improving teaching through continuous learning: The inquiry process John Wooden used to become coach of the century ［ J ］. Quest, 2012, 64（3）: 197-208.

［ 169 ］ Fletcher D, Scott M. Psychological stress in sports coaches: A review of concepts, research, and practice［ J ］. Journal of sports sciences, 2010, 28(2): 127-137.

［ 170 ］ Fox A. The importance of coaching control ［ J ］. International Journal of Sports Science & Coaching, 2006, 1（1）: 19-21.

［ 171 ］ French J R, Raven B, Cartwright D. The bases of social power ［ J ］. Classics of organization theory, 1959, 7: 311-320.

［ 172 ］ Frey M. College coaches' experiences with stress— "Problem solvers" have problems, too ［ J ］. The sport psychologist, 2007, 21（1）: 38-57.

［ 173 ］ Gallimore R, Tharp R. What a coach can teach a teacher, 1975-2004: Reflections and reanalysis of John Wooden's teaching practices ［ J ］. The Sport Psychologist, 2004, 18（2）: 119-137.

［ 174 ］ Gilbert W, Côté J, Mallett C. Developmental paths and activities of successful sport coaches ［ J ］. International Journal of Sports Science & Coaching, 2006, 1（1）: 69-76.

［ 175 ］ Gilbert W, Nater S, Siwik M, et al. The pyramid of teaching success in sport: Lessons from applied science and effective coaches ［ J ］. Journal of Sport

Psychology in Action, 2010, 1（2）: 86-94.

［176］Gillham A, Gillham E, Hansen K. Relationships among coaching success, servant leadership, cohesion, resilience and social behaviors［J］. International Sport Coaching Journal, 2015, 2（3）: 233-247.

［177］Gordon D S. Sport and business coaching: Perspective of a sport psychologist ［J］. Australian Psychologist, 2011, 42（4）: 271-282.

［178］Hackman J R, Wageman R. A theory of team coaching［J］. Academy of management review, 2005, 30（2）: 269-287.

［179］Hampson R, Jowett S. Effects of coach leadership and coach－athlete relationship on collective efficacy［J］. Scandinavian Journal of Medicine & Science in Sports, 2014, 24（2）: 454-456.

［180］Harvey S, Lyle J W B, Muir B. Naturalistic decision making in high performance team sport coaching［J］. International Sport Coaching Journal, 2015, 2（2）: 152-168.

［181］Hendrix A E, Acevedo E O, Hebert E. An examination of stress and burnout in certified athletic trainers at division I-A universities.［J］. Journal of Athletic Training, 2000, 35（2）: 139-144.

［182］Hendry L B. A personality study of highly successful and "ideal" swimming coaches［J］. Research Quarterly. American Association for Health, Physical Education and Recreation, 1969, 40（2）: 299-304.

［183］Horn T S, Bloom P, Berglund K M. Relationship between collegiate athletes' psychological characteristics and their preferences for different types of coaching behavior［J］. The Sport Psychologist, 2011, 25（2）: 190-211.

［184］Huseinagić, Enes, Hodžić. Basketball Coaches as Leaders［J］. Sport Scientific & Practical Aspects, 2009, 6（1）: 48-55.

［185］Jenkins S. John R. Wooden, Stephen R. Covey and Servant Leadership［J］. International Journal of Sports Science & Coaching, 2014, 9（1）: 1-24.

［186］Jowett S, Poczwardowski A. Understanding the Coach-Athlete Relationship ［J］. Social Psychology in Sport, 2007: 3-14.

［187］Jowett S, Arthur C. Effective coaching: The links between coach leadership and coach-athlete relationship—From theory to research to practice［M］. APA handbook of sport and exercise psychology, volume 1: Sport psychology, Vol. 1. American Psychological Association, 2019: 419-449.

［188］Judge T A, Fluegge Woolf E, Hurst C, et al. Charismatic and Transformational Leadership［J］. Zeitschrift fr Arbeits-und Organisations psychologie, 2006, 50（4）: 203-214.

［189］Keinde I. Coaching leadership traits preferences of university and college athletes［J］. International Journal of Social, Behavioral, Educational, Economic, Business and Industrial Engineering, 2013, 7（11）: 2935-2939.

［190］Kenow L J, Williams J M. Relationship between anxiety, self-confidence, and evaluation of coaching behaviors［J］. The Sport Psychologist, 1992, 6（4）: 344-357.

［191］Kenow L, Williams J M. Coach-athlete compatibility and athlete's perception of coaching behaviors［J］. Journal of Sport Behaviour, 1999, 22: 251-259.

［192］Kim M, Kim A C H, Reid C. Positive organizational behavior in NCAA Division I football: a head coach's authentic leadership and assistant coaches' psychological constructs［J］. International Journal of Sport Management and Marketing, 2017, 17（12）: 121-143.

［193］Kraus M W, Huang C, Keltner D. Tactile communication, cooperation, and performance: an ethological study of the NBA［J］. Emotion, 2010, 10（5）: 745-749.

［194］Lorimer R. The development of empathic accuracy in sports coaches［J］. Journal of Sport Psychology in Action, 2013, 4（1）: 26-33.

［195］Loughead T M, Hardy J. An examination of coach and peer leader behaviors in sport［J］. Psychology of sport and exercise, 2005, 6（3）: 303-312.

［196］Linley P A, Woolston L, Biswas-Diener R. Strengths coaching with leaders ［J］. International Coaching Psychology Review, 2009, 4（1）: 37-48.

［197］Martin L J, Evans M B, Spink K S. Coach perspectives of "groups within the group": An analysis of subgroups and cliques in sport [J] . Sport, Exercise, and Performance Psychology, 2016, 5 (1) : 52-56.

[198] Mary Crossan, Dusya Vera, Len Nanjad. Transcendent leadership: Strategic leadership in dynamic environments [J] . The Leadership Quarterly, 2008, 19 (5) : 569-581.

[199] Mc Clelland, David C. Testing for competence rather than for "Intelligence" [J] . American Psychologist, 1973, 28 (1) : 1-14.

[200] Mc Dowell, J., Huang, Y-K., & Caza, A. Does Identity Matter? An Investigation of the Effects of Authentic Leadership on Student-Athletes'Psychological Capital and Engagement [J] . Journal of Sport Management, 2018, 32 (3) : 227-242.

[201] Nash C S, Sproule J. Career development of expert coaches [J] . International Journal of Sports Science & Coaching, 2009, 4 (1) : 121-138.

[202] Noland A, Richards K. Servant teaching: An exploration of teacher servant leadership on student outcomes [J] . Journal of the Scholarship of Teaching and Learning, 2015, 15 (6) : 16-38.

[203] Peachey J W, Zhou Y, Damon Z J. Forty years of leadership research in sport management: A review, synthesis, and conceptual framework [J] . Journal of Sport Management, 2015, 29 (5) : 570-587.

[204] Phillips M B, Jubenville C B. Student-Athletes' Perceptions of Men's Basketball Head Coaches' Competencies at 15 Selected NCC AA Division II Christian Colleges [J] . Journal of Applied Sport Management, 2009, 1 (1) : 39-51.

[205] Porter D T, Allsen P E. Heart rates of basketball coaches [J] . The Physician and sportsmedicine, 1978, 6 (10) : 84-90.

[206] Raidbard M. How NCAA Division I, II, & III Men's College Basketball Head Coaches Perceive Themselves as Leaders [D] . Chicago: Chicago State University, 2018.

[207] Rieke M, Hammermeister J, Chase M. Servant leadership in sport: A new

paradigm for effective coach behavior [J] . International Journal of Sports Science & Coaching, 2008, 3（2）: 227-239.

[208] Riemer H A, Chelladurai P. Leadership and satisfaction in athletics [J] . Journal of sport and exercise psychology, 1995, 17（3）: 276-293.

[209] Ritchie D, Allen J. Let them get on with it: Coaches' perceptions of their roles and coaching practices during Olympic and Paralympic Games [J] . International Sport Coaching Journal, 2015, 2（2）: 108-124.

[210] Rowold J. Transformational and transactional leadership in martial arts [J] . Journal of applied sport psychology, 2006, 18（4）: 312-325.

[211] Sage G H. The coach as management: Organizational leadership in American sport [J] . Quest, 1973, 19（1）: 35-40.

[212] Schempp P G, McCullick B A, Busch C A, et al. The self-monitoring of expert sport instructors [J] . International Journal of Sports Science & Coaching, 2006, 1（1）: 25-35.

[213] Schroeder P J. Changing Team Culture: The Perspectives of Ten Successful Head Coaches [J] . Journal of Sport Behavior, 2010, 33（1）: 63-88.

[214] Short S E, Short M W. Essay: Role of the coach in the coach-athlete relationship [J] . Lancet, 2005, 366（6）: S29-S30.

[215] Sullivan P J, Kent A. Coaching efficacy as a predictor of leadership style in intercollegiate athletics [J] . Journal of Applied Sport Psychology, 2003, 15（1）: 1-11.

[216] Trice H M, Beyer J M. Cultural leadership in organizations [J] . Organization science, 1991, 2（2）: 149-169.

[217] Tucker S, Turner N, Barling J, et al. Transformational leadership and children's aggression in team settings: A short-term longitudinal study [J] . The Leadership Quarterly, 2010, 21（3）: 389-399.

[218] Turman P D. Situational coaching styles: The impact of success and athlete maturity level on coaches' leadership styles over time [J] . Small group research, 2001, 32（5）: 576-594.

［ 219 ］ Turner B A, Chelladurai P. Organizational and occupational commitment, intention to leave, and perceived performance of intercollegiate coaches ［ J ］. Journal of sport management, 2005, 19（ 2 ）: 193-211.

［ 220 ］ Turnnidge J, Côté J. Applying transformational leadership theory to coaching research in youth sport: A systematic literature review ［ J ］. International Journal of Sport and Exercise Psychology, 2018, 16（ 3 ）: 327-342.

［ 221 ］ Vall é e C N, Bloom G A. Four keys to building a championship culture ［ J ］. International Sport Coaching Journal, 2016, 3（ 2 ）: 170-177.

［ 222 ］ Vella S A, Oades L G, Crowe T P. The Application of Coach Leadership Models to Coaching Practice: Current State and Future Directions ［ J ］. International Journal of Sports Science & Coaching, 2010, 5（ 3 ）: 425-434.

［ 223 ］ Vella S A, Oades L G, Crowe T P. Validation of the differentiated transformational leadership inventory as a measure of coach leadership in youth soccer ［ J ］. The sport psychologist, 2012, 26（ 2 ）: 207-223.

［ 224 ］ Vella S A, Perlman D. Mastery, autonomy and transformational approaches to coaching: Common features and applications ［ J ］. International Sport Coaching Journal, 2014, 2（ 1 ）: 173-179.

［ 225 ］ Wilson T D, Reinhard D A, Westgate E C, et al. Just think: The challenges of the disengaged mind ［ J ］. Science, 2014, 345（ 6192 ）: 75-77.

［ 226 ］ Yammarino, F. Leadership: Past, Present, and Future ［ J ］. Journal of Leadership & Organizational Studies, 2013, 20（ 2 ）: 149-155.

［ 227 ］ Yukl G. A retrospective on Robert House's "1976 theory of charismatic leadership" and recent revisions ［ J ］. The Leadership Quarterly, 1993, 4（ 3-4 ）: 367-373.

［ 228 ］ Zaccaro S J. Trait-Based Perspectives of Leadership ［ J ］. American Psychologist, 2007, 62（ 1 ）: 6-16.

［ 229 ］ Zacharatos A, Barling J, Kelloway E K. Development and effects of transformational leadership in adolescents ［ J ］. The Leadership Quarterly, 2000, 11（ 2 ）: 211-226.

附　录 |

附录 A　优秀教练员传记分析及专访报道编码表

编号	姓名	项目	执教球队	个人传记
ZJ01	约翰·伍登	篮球	加州大学洛杉矶分校男篮	《伍登教练论领导力》《他们叫我教练》《我的教练，我的队》《伍登教练成功法则》
ZJ02	迈克·沙舍夫斯基	篮球	杜克大学、美国男篮	《领导——带队更要带心：K 教练教你打造卓越团队》《我相信你们》
ZJ03	里克·皮蒂诺	篮球	路易斯维尔大学男篮	《一日之约》
ZJ04	汤姆·柯林	篮球	佐治亚大学男篮	《执教团队篮球》
ZJ05	鲍勃·希尔	篮球	匹兹堡大学男篮、堪萨斯州立大学男篮、步行者、马刺等	《篮球教练员成功之道》
ZJ06	亚历克斯·弗格森	足球	曼彻斯特联	《领导力：弗格森 38 年领导心法》
ZJ07	卡尔洛·安切洛蒂	足球	切尔西、AC 米兰、拜仁等	《寂静的领导力》
ZJ08	袁伟民	排球	中国女排	《我的执教之道》
ZJ09	郎平	排球	中国女排	《郎平自传：激情岁月》
编号	姓名	项目	执教球队	专访报道
ZF01	李笋南	篮球	北京师范大学女篮	《一个大学篮球冠军教练的忧虑》《李笋南 用心缔造神话》《篮球生不能放松对自己的要求》《走近李笋南，淡定随和的麻辣教官》《打好基本功，无招胜有招》
ZF02	白江	篮球	中南大学男篮	《"铁腕教头"白江：绝不仅仅是铁腕》《中国版科尔白江："中南从来不是靠运气！"》《白江：从一枝独秀到遍地开花》《这支球队为何领军湖"篮"》

续表

编号	姓名	项目	执教球队	个人传记
ZF03	陈磊	篮球	清华大学男篮	《只想做好大学篮球教练 校园篮球未来可期》《希望篮球教给他们坚强》《再坚持七分钟，冠军就是清华的》《十年，从冠军队长到冠军主帅》
ZF04	任峰	篮球	宁波大学男篮	《宁波大学：王朝终结者是怎样练成的？》《任峰：严要求 爱队员》《"草根球队"宁大男篮如何十年磨一剑》《他们不是湘北》

编码表1（核心类属：自我领导力）

原始资料摘录	概念化	范畴化	主范畴
ZJ01：高效的领导者无疑承担了多种角色，他们会佩戴很多"帽子"。	角色意识		
ZJ04：确定角色是教练最重要的一项工作，明白自己的角色、认可自己的角色，扮演好自己的角色。			
ZJ09：无论打球、执教，无论……，担当任何一个角色，她总想尽力做得完美、完善。			
ZF02：在很多时候，他的角色更像是一个慈父。			
ZJ01：领导者就需要为团队的表现负责任。	责任意识	A1 自我认知	A 自我领导力
ZJ04：教练是一项要求很高且难度很大的工作，做教练必须明白和接受这一现实；勇于承担责任，从不找借口。			
ZJ07：当球队处在困难期，把所有事都当成教练的责任，全都扛起来，正是伟大教练会做的事。只有一个时候，人人都觉得教练最重要，那就是输球的时候。因为要找人负责任，教练就成为最重要的人。			
ZJ09：在女排最困难的时候，要把这副担子交给我，我深深地体会到，这是一种信任和托付；球输了我负主要责任……这是集体项目所应该体现的高度；打不好，我承担责任，好汉做事好汉当。			

续表

原始资料摘录	概念化	范畴化	主范畴
ZF02：我觉得现在更重要的是一种责任了；篮球只是一个载体来把自己的一种责任传承下来；好的教练首要是有责任心。	责任意识	A1 自我认知	A 自我领导力
ZJ01：在领导者的自我提升中，诚实的自我评价是第一步，并且是最难的一步。	自我意识		
ZJ04：成功的领导者常常会花时间去研究自我，找出自身的优势和劣势并不断提升自我。			
ZJ07：我知道自己的不足，自己的弱点，无法相信其他人居然没看见。			
ZF03：并不是拿了冠军你就什么都好，我自己看得很清楚，我和队伍都还有非常多的缺点。			
ZJ01：情绪管理是维持稳定性的关键，也是成功的关键；自我控制，尤其是指又不限于情绪方面。	情绪管理	A2 自我管理	
ZJ02：作为教练，我不能被情绪所左右，重新调整到泰然自若的镇定状态。			
ZJ07：当球员的行为和表现不称心，愤怒是一种自然的反应。领导者对公开展示愤怒必须非常谨慎。			
ZJ08：最难熬的是，内心的苦涩、焦虑和不安，丝毫也不能溢于言表。还要显得很乐观、很自信，用自己的情绪去感染队员。可我必须这么做，我也确实这么做了。			
ZJ09：坐在飞机上的十多个小时，郎平尽力调整好情绪，开始做训练计划；我绝对不会让内心的情绪流露在脸上影响队员训练；我不能让队员看出我的情绪。			
ZF03：执教大学球队后，我的心绪比以前平稳了不少；有些事不是你发火就能解决的，要从根本上解决问题。			
ZJ01：知晓轻重缓急，为所有相关细节分配适当的时间和精力；时间管理是我执教的核心资本之一。	时间管理		
ZJ02：当你被委以重任打造一支球队时，有些事必须要花时间去做，有些事则完全不必浪费时间。			

续表

原始资料摘录	概念化	范畴化	主范畴
ZJ03：列出清单并做出时间表是领导力的必备要素；我总是在时间管理上投入很多，并且一直在寻找更有效率的工作方式。	时间管理	A2 自我管理	A 自我领导力
ZJ04：成功的教练员有能力专注于最重要的事情，而不会被次要问题分散注意力。			
ZJ06：在我刚开始执教时，我不知道如何规划时间。随着年龄的增长，阅历变得更加丰富，我开始知道如何分配自己的时间。			
ZJ08：一个人能否成为事业上有作为的人，关键之一在于你是怎样利用业余时间的。一个教练员，如果当他的队员停止了训练和比赛之后，他这部"机器"也便停止了运转。那么，他是无法和别人竞争的。只有把别人不用或少用的时间也捡起来，才有可能超越别人。			
ZJ01：无法沉静自若的领导者在压力下会变得焦虑；压力是领导者之所以作为领导所必须要应对的。	压力管理		
ZJ02：激发性的压力会让你发挥出自己的全部潜能，这才是值得品味的压力；在杜克大学执教那么久，有时候必须取胜的压力会大得把人压倒。			
ZJ03：作为教练，压力来自多方面，要学会在压力之下去准备比赛；压力是我们必须利用以发挥潜能的盟友。			
ZJ06：很多教练都因为情绪上的压力而崩溃，这样的事屡见不鲜。			
ZJ07：职业起步阶段，我感到我做不了教练，压力太大，绝大多数压力是自己加在身上的；卡尔洛最大的力量是他应对压力的能力。			
ZJ08：压力太大会把人压垮；可没压力，就会轻易满足。这八年，正因为我们总是感到有压力，所以总把训练和生活的弦绷得紧紧的，不断地去发现问题，不停地去解决问题。			
ZJ09：压力和动力并存，有难度更有可能；一些内心的苦恼和压力，是常人无法想象的，但她一个人扛着、忍着、憋着。			

续表

原始资料摘录	概念化	范畴化	主范畴
ZF01：我每年肯定都有拿冠军的愿望……我从未让自己由此产生压力感。	压力管理	A2 自我管理	
ZJ01：出类拔萃的领导者深知，要想在竞争中脱颖而出，你必须不断地学习和进步；优秀的教师都是好学生，是一名终身的学习者；一位不断学习的领导是一位彻彻底底的领导。	自我学习		
ZJ02：我变成了一个热切渴望国际篮球相关知识的学生；多花些时间去学习比赛。			
ZJ03：教练员要不断学习以提高自身的业务水平。			
ZJ04：教练员应当是比赛的学生，学习一切可以学习的、有利于做好自己工作的东西。			A 自我领导力
ZJ07：随着成长经验的积累，永远不应该停止学习；我的球员、工作人员、家人等，在我身边有那么多可学习的，一位好的领导者必须永不止步；让球员看到我同样在学习，这也是极其关键的。		A3 自我发展	
ZJ09：作为一个世界级的教练，我应该具有更新的知识结构和更高的知识水准。			
ZF01：没有经过专业历练，李笋南靠不断地学习来丰富自己的执教经验			
ZJ01：我总是非常享受沉思，每个赛季结束之后都会进行常规的自我批评。	自我反思		
ZJ02：自我审视必须包括严格的批评与自我批评，以及作为教练的我们是如何领导这支队伍的。			
ZJ03：尝试新方法，验证这些方法的成败将会使你学到东西从而提高自己。	创新能力		
ZJ06：如果这个新想法说得通，并且能够对球队有所帮助，我还是很乐于接受它的。			
ZJ07：你必须对新的想法一直保持开放心态；在训练中我经常尝试一些新东西，其后纯属偶然地找到了一个能够带来改进的新点子。			

编码表 2（核心类属：人际领导力）

原始资料摘录	概念化	范畴化	主范畴
ZJ01：我深信，优秀的领导力需要倾听；有效的领导者都善于倾听，当你说个不停，就很难去听了。	乐于倾听	B1 人际沟通	B 人际领导力
ZJ03：和教练及球员互动时要更加积极，注意倾听；倾听球员们对练习的想法，对我来说极其重要。			
ZJ04：沟通与交流的一个关键因素是积极地去倾听；教练员必须重视面部表情、眼神、手势等非言语交流方式；卓有成效的教练员会认真观察球员，学会读懂他们的身体语言。			
ZJ05：教练员要始终坚持自己的观点，但也要注意听取不同的意见和建议。			
ZJ06：伟大的领导者会花更多的时间去观察和聆听，而不是去讲话。			
ZJ07：他从不因别人和他不在一个水平就随便打发人，总是在倾听。倾听球员心声对我来说非常重要。			
ZF02：与学生面对面坐着，白江耐心地听着，回应着。			
ZJ01：别人要花很长时间才能表达清楚的东西，他只要一句简短的话就说完了。他的交流如此高质量 赞许地点头、眨眼，拍拍他们的后背时，往往很有效。	善于表达		
ZJ02：我能够依靠勒布朗的幽默和个性把我的想法传递给全队。			
ZJ06：冗长的讲话并不能切中要害，简短的谈话往往能够传达精确简洁的指示；作为教练，我需要跟各种人打交道，不同的人需要采取不同的交流方式；开球队会议时，保持眼神交流，直视每一名球员。			
ZJ07：沟通是所有人际关系的基础。对球员说什么，怎么说，什么时候说。			
ZJ06：在开球队会议时，保持眼神交流，直视每一名球员，这是很重要的。			

续表

原始资料摘录	概念化	范畴化	主范畴
ZJ02：要给球队成员多些机会去沟通交流。	营造沟通氛围	B1 人际沟通	B 人际领导力
ZJ04：球队要想成功，在球队所有成员之间必须建立双向交流。			
ZJ05：全体成员在球场围成一个圈坐下……接下来大家一起交流，相互沟通。这种方式为大家提供了一个真诚交流的机会。			
ZJ01：我禁止球员之间相互指责，我对其潜在的破坏力非常警觉；在加州大学洛杉矶分校，我努力避免形成小圈子或者任何的等级体系。	预防冲突	B2 人际协调	
ZJ04：球队的头号不利因素是球队内部的争斗，很多教练忽略了如何保障球队内部和谐；决不允许球队出现小派系。			
ZJ05：教练员要随时了解球队的情况，尽可能将问题解决于萌芽之中，维护球队的融洽氛围。			
ZJ06：我需要注意的另一件事是球员之间的性格冲突，球员之间的正面冲突对球队来说是毁灭性的。			
ZJ07：你必须在你和球员的关系中及早解决这个问题，让他们知道拉帮结派是不允许的；消灭不和的苗头，越快越好，持续冲突会严重消耗集体的能量。			
ZJ09：不管教练之间发生什么问题，或者对队员有什么看法，马上开会解决，不能扩散到队员中。			
ZF01：确保球队的团结，对于煽动队友搞内部分裂、搞小集团的队员决不姑息。			
ZJ05：在球员之间发生冲突时，将发生冲突的球员叫到一起交流、教育。甚至可以采用减少上场时间的办法来处理。	化解冲突		
ZJ07：我会利用吃晚餐的机会诱导他们相互说话，调整座位的安排，让平常不打交道的人坐在一起；有那么多强势人物的地方总免不了爆发冲突，冲突一旦出现必须尽快处理。			

续表

原始资料摘录	概念化	范畴化	主范畴
ZJ08：我心想行了，该收场了，给她个台阶下。事实上也是给我自己一个台阶下，圆满收场。事后，我又找小孙个别谈心，进一步把她思想理顺。	化解冲突	B2 人际协调	
ZJ01：无论是作为球员还是教练，我在篮球领域取得的成功都仰赖于许多人。	赢得支持		
ZJ02：为展现最好的自我，需要建立一套个人支持系统，以获得家人、朋友、同事等的支持；通过广泛传播球队的宣传理念来获取外部支持。			
ZJ03：全身心投入并为你自己赢得支持。			
ZJ04：当意识到没有同事的支持你不可能实现个人目标时，团队意识就产生了。			B 人际领导力
ZJ06：我还会确保球队的人际关系网络延伸到我们的支持者中去。		B3 人际支持	
ZJ07：我必须在这儿建立我自己的支持团队。			
ZF01：他拉赞助给队员……还帮助几个毕业队员解决了就业问题。			
ZJ01：给别人信任可能会偶尔失望，但要胜过不去信任而永远悲伤。	建立信任		
ZJ02：将危机转化为成功的最佳途径就是你拥有一支彼此信任的球队。			
ZJ04：要想取得成功，球队中的每个个体必须与其他成员建立彼此信任的关系。			
ZJ05：教练员应将信任看成是一种感情投资，信任的建立关系到球队成败。			
ZJ06：对于年轻球员来说，拥有一位值得信任、懂得关怀的良师益友简直就是莫大的鼓舞。			
ZJ07：我对他们在组织中担当的不同职责给予了充分信任；舒适的感觉源于人际关系所构建的信任。			
ZJ09：我和郎平的感情很融洽，我对她很信任，她对我也很信任。			

续表

原始资料摘录	概念化	范畴化	主范畴
ZF03：建立信任是非常不容易的，要求学生完成的东西，你自己能不能做到？	建立信任		
ZF04：带队不能一味严厉，关键还是要以真心换真心，和学生建立相互依托、相互信任的关系，让学生发自内心愿意跟着他打球。			
ZJ01：你必须切实关注球队成员的生活和福祉，将这种在意通过关心和支持表现出来；对球员们的关心、关切和真诚的考虑是优秀领导者的标志。			
ZJ04：成功的教练员展示出对为其工作的人的关爱。永远不要低估关爱在球队中的积极作用；教练员的忠诚体现在能够为球员提供最大的自我发展和职业发展空间。			
ZJ07：集中精力展现你对他们个人和职业成长的真诚关心；对球员家人的问候，对场外事务的关心。			
ZJ08：爱是教育的前提，我们的教练员要真正从内心爱自己的队员。	学会关爱	B3 人际支持	B 人际领导力
ZJ09：郎平把一个教练、一个母亲的感情、心血都放到了队员身上，管理她们、训练她们、操心她们。			
ZF01：在得知有几位球员家庭困难后，两人便商量如何帮助这些孩子……；生活中李教练像大哥哥一样关心队员们的生活学习甚至工作问题；训练和比赛之外你如果能帮上她，一定要去帮她。			
ZF02：在学习和生活中遇到困难，白指导会第一时间给你解决；不管多忙，他一定抽空"接待"，帮弟子渡过难关。			
ZF04：把学生放在心里，把心放在学生身上。			
ZJ01：当然，明智的授权是必要的。	适当授权		
ZJ02：任何球队都可以借鉴这个经验，即给予每个人适当的自主权是非常重要的；训练时可以适当适时地授权给某些球员，使他们发挥部分领导职能。			

续表

原始资料摘录	概念化	范畴化	主范畴
ZJ04：让他们全权负责某一项具体工作，同时担负起责任。	适当授权		
ZJ06：在我执教生涯的后期，我越来越擅长授权。			
ZJ07：不要害怕分权，没有人强大到能做所有的事。无论是场上对球员授权，还是对教练人员授权。			
ZJ01：你的激励技巧决定了这一使命是否能完成，或者说完成到什么程度。	动机激励		
ZJ02：在团队建设中，教练员的一个主要职责就是要认识到激励团队的必要性。			
ZJ06：领导者往往意识不到，或至少低估了他们在场时所起到的激励作用。		B3 人际支持	B 人际领导力
ZJ07：卡尔洛不断激励球员为他工作，即使最好的球员都能在他手得到提升。			
ZJ09：很多事情要靠我一个人来撑：怎么管理队伍？怎么调动队员的积极性？爱护队员的主动性，调动队员的积极性，这是我执教思想中的一个重要部分。			
ZF01：潜能激发主要看她们的态度……她们认识到这一层面，就会更加努力；说到激发她们的训练动机，感情的交流很重要。			
ZJ01：多年来，尽管我有很多非常喜爱的球员，但我一直努力做到不偏不倚。	一视同仁		
ZJ07：一贯平等对待所有球员，不能对特别的球员多加关照，但可以多加关心；我对他们一视同仁，任何偏心的迹象都是致命的。			
ZJ01：非主力球员得到夸奖、支持和认可的比例要远高于顶级球员；我私下从不吝惜对顶级球员的表扬；批评时要慎重慢，夸奖时要及时快。	称赞表扬		
ZJ06：我总能够通过赞美球员收获更多的东西，这比奚落、批评他们强得多。			
ZJ04：教练员的忠诚体现在能够为球员提供最大的自我发展和职业发展空间。	提供机会		

编码表 3（核心类属：专业领导力）

原始资料摘录	概念化	范畴化	主范畴
ZJ01：教练必须正确分析天才球员并根据自己的需要来招募；去寻找那些比起个人得失，优先考虑团队利益的球员；我坚信大学教练不应该仅仅寻求运动天赋，应该同样优先关注运动员在学业方面的志向；寻找具有品格的人，而不仅仅是有天赋的人。	识人有术	C1 选材用人	C 专业领导力
ZJ04：汤姆非常擅长找寻那些适合我们篮球体系的、顽强的球员；在马奎特大学队，诚实正直、无私奉献等品质，始终是评价候选新球员的优先考虑因素。			
ZJ06：一类天资极佳，缺乏决心和渴望；另一类比较优秀，但有着极强的决心和毅力，我选择后者。			
ZJ07：引进球员的时候，不只针对他们的技术能力，还针对他们的人品，个人生活和行为举止。			
ZJ09：大家都不理解我为什么挑选这样的运动员进国家队？选定队员，我们是经过用心分析、观察、判断才会使用。			
ZF01：在时间允许的情况下也会通过教练、同学去了解队员的个性等方面。			
ZF02：在选人建队时，白江不仅考察球员们的身体素质，更看重他们的精神属性。			
ZJ08：一个教练员要想打胜仗，首先就看他能不能发现新人才，看他敢不敢用人，会不会用人。	用人有方		
ZJ01：作为一名教师、教练和领导者，我的目标都是帮助学生或球员挖掘出他们最大的潜能；设法以现有的条件挖掘球员的才华。			
ZJ04：不断鞭策球员发挥最大潜能，努力找寻拥有积极态度和能力出众的有潜力的球员。			
ZJ06：随着年龄增长，他越来越擅长如何挖掘出球员另外 5% 的潜力——冠亚军之间的差异。			
ZJ07：我的工作是运用球员的特质打造一个阵容体系，并尽可能让球员适应这个体系；教练的工作是将招募来的球员融合到球队的整体构造中。			

续表

原始资料摘录	概念化	范畴化	主范畴
ZJ09：她们每个人的特点，组合起来，这支队伍将会是什么风格，走怎样的路？	用人有方	C1 选材用人	
ZF01：应当把学生自身的优势发挥到最大化			
ZJ09：采取多种手段对女排队员的体质、体能做出综合评定，我安排训练就有了科学依据。	状态诊断	C2 训练指导（规划设计）	
ZJ02：杜克队近30年，我始终坚持每天做训练计划并亲手写下来。	制定训练计划		
ZJ05：教练员要科学制定训练计划，合理安排每一阶段的训练时间。			
ZJ07：计划的制定永远不会完美，然而完全没有计划更加糟糕。			
ZJ01：教练能够用不同的方法教授他希望我们能够学到的东西。	因材施教	C2 训练指导（组织实施）	C 专业领导力
ZF01：不同的位置、不同类型的球员要分开进行练习。			
ZJ01：我会再三要求队员正确穿着他们的运动袜；细节和所有的基础技能是我最关心的部分；做训练计划时要精确到每一分钟，对细节的格外关注是拥有强大力量，即组织领导力的秘诀之一。	关注细节		
ZF01：北师大女篮强调团队配合与扎实的基本功；篮球项目就是要靠重视细节提高攻防的成功率；必须注重基本功的训练，再好的打法也不能脱离基本功；他激情四射，不停地指导队员纠正细节。			
ZJ02：必须全面了解对手的情况和当前面临的问题。	募集参赛信息	C3 参赛指导（赛前准备）	
ZJ05：派球探侦查对手的有关情况；赛前观看对手比赛录像以了解对手特点。			
ZJ06：在曼联，我们已经习惯在大赛前仔细观察对手。			
ZJ07：对手情况如何，他永远消息灵通，他审视他们的每一个弱点、每一个长处。			
ZJ09：她们的录像，她们的打法，她们的特点，我们队员都看得滚瓜烂熟。			
ZF01：指挥艺术靠赛前充分研究对手的特点。我这几年花在这上面的精力太多了，都有点透支。			

续表

原始资料摘录	概念化	范畴化	主范畴
ZJ02：我已经在脑海中模拟出全场比赛的情形，如果比赛确实能按照我们预期的方式演进……	制定比赛方案	C3 参赛指导（赛前准备）	C 专业领导力
ZJ05：在比分落后时采取何种方式、在比分领先时如何保持优势。			
ZJ09：如果双方相持阶段怎么打？如果……怎么打？如果……有没有更好的设想？			
ZJ05：周密的赛前准备保证正常发挥，合理安排赛前练习。	组织赛前训练		
ZF01：在不到一个月的训练时间里，北师大进行了大量的针对性训练。			
ZJ01：他的执教理念之一是在赛前努力调动全队的情绪。	心态调整		
ZJ02：要将球员调整到临战状态，最难的不是体能恢复，而是心态的调整。			
ZJ05：好的教练员会通过各种方式及时调整好运动员心态，以避免由于心理因素导致球队的失败。			
ZJ07：他真的能帮你在重大比赛前放松。			
ZF02：我们都希望把球员的精神状态和思想状态，尽可能调整到最佳状态。			
ZJ05：提高特殊情况下的应变能力，可保证球队在比赛压力下正常发挥。	应变能力	C3 参赛指导（临场指挥）	
ZJ01：迅速找出对手的弱点并加以利用。	洞察能力		
ZJ08：教练员需要具备善于从局部洞察到全局的能力。要站得比运动员高一层，分析问题，指挥战斗；体育比赛竞争激烈，风云变幻。面对稍纵即逝的战机，有没有洞察能力是至关重要的。			
ZJ02：在比赛进行到白热化阶段时，时间弥足珍贵，你必须在片刻之间表达出你的意思。	语言表达能力		
ZJ07：他会表述得很明确，只有两到三点，不会更多了。没有"来吧，我们加油干"之类的套话。			
ZJ08：临场指挥很重要的一条是，要调动运动员的情绪，鼓舞他们的士气。凡遇到这种情况时，教练员的语言应该亲切一些，幽默一些，有力一些；临场出点子的语言，必须重点突出，具体明确。			

续表

原始资料摘录	概念化	范畴化	主范畴
ZJ01：我像金子一般珍视暂停，并且热衷于保护它们。	决策能力	C3 参赛指导（临场指挥）	C 专业领导力
ZJ05：临近结束的关键球尤为重要，必须重视并运用好暂停；比赛中有计划地运用换人战术是保证比赛胜利的重要手段；教练员应该具备在没有暂停机会不能与队员商量情况下果断决策的能力。			
ZJ07：我应该换人吗？应该调整战术吗？在比赛过程中，就是这些决策决定了谁输谁赢。			
ZJ08：临场指挥中的决策，常常产生于一瞬间。需要果断，需要魅力，需要忘我。			
ZJ01：每场比赛过后，无论输赢，都要约束和管理情绪；他不想我们对胜利表现得太过兴奋。	情绪调整	C3 参赛指导（赛后调整）	
ZJ02：比赛结束，失望归失望，这时教练员必须控制好场面；在获胜的喜悦下你更不可以……			
ZJ09：我要求队员，不许因输球就低头走路。输了就什么都不是，赢了就看不起人，这是小人之见。			
ZF01：我们赢了球也不会自命不凡，输了球也不会怨天尤人。			
ZJ06：我非常重视球员的体能恢复——比赛完第二天，球员都需要到训练场进行放松训练和按摩。	赛后恢复		
ZJ09：执教中国女排这几年，大大小小的比赛结束后，我们都有个习惯写总结，而每次总结…	赛后总结		

编码表 4（核心类属：文化领导力）

原始资料摘录	概念化	范畴化	主范畴
ZJ02："文身"的中央是一个火炬，既能想到核心标识又能想到我们的球队文化。	象征标识	D1 物质文化	D 文化领导力
ZJ04：马奎特篮球队有一个醒目的标语：每个人都给球队带来精彩，这几个字好比塑造球队团结的骨架；特意制作了一面标着"强大的 15 人"，另一面是冠军奖杯的名片；图画和励志标语可以强化球队的梦想。			

原始资料摘录	概念化	范畴化	主范畴
ZJ01：没有在属于自己的体育馆里打球所激发的那种发自内心的目标感；如果能够拥有一座合适的球馆，我们就会面临天赋溢出的状况；不错的体育设施建设，这里的篮球为何会大幅度发展就容易理解了。	场地设施	D1 物质文化	D 文化领导力
ZJ01：只要是约翰·伍登执教过的球队，他都会帮助球员们养成良好的行为习惯，像培养运动技能一样。	作风培养	D2 行为文化	
ZJ09：从目前的低起点向高水平迈进，只有横下一条心，狠抓作风，狠抓基本功；球打得再好，但行为举止不好，大家不会真正地佩服你。			
ZF01：比赛结束后，队员们集体向对手和裁判致敬，这是我们队的传统；要发扬良好的赛场作风，服从裁判，尊重对手；培养过硬的思想作风。			
ZF02：平时在对队员的训练中最看重的是作风和精神，作风的培养和意志品质的培养很重要；竞技体育，如果作风散了，队也可以散了；没有作风，谈何发展。			
ZJ01：作为领导者，我自己的行为为别人的行为设定了边界。	树立典范		
ZJ02：拿出时间去培养球队领袖；球队的内部领袖们承担起各自的角色。			
ZJ04：卓有成效的教练员会为球员确立角色典范。			
ZJ06：我之所以拿他们来举例子，是因为将他们作为能动性的典范。			
ZJ07：更衣室领袖能成为所有其他人的行为典范；我会列举那些最有职业精神的球员作为他们的参照。			
ZJ09：无论是打球的技战术，还是做人的道德修养，老队员都有一种为人表率的意识。			
ZF02：他时时刻刻都能率先垂范；白江以身作则，用自己的亲身经历给队员们树立了标杆。			
ZJ01：设立标准，它为你的球队在多方面定下基调——期望、价值观、态度、行为、规则等。	制定制度 执行制度	D3 制度文化	

续表

原始资料摘录	概念化	范畴化	主范畴
ZJ02：除了在赛场上要遵守法则外，我计划为球队在赛场之外制定新法则，以更好地约束球员行为；我们的球队制定出了"杜克法则"，这是球队所有成员必须做到的事。	制定制度 执行制度	D3 制度文化	D 文化 领导力
ZJ03：我们了解自己的纪律，并且知道如何为成功的球员和球队制定纪律。			
ZJ04：起初，球员似乎是被强迫走入一个纪律严明的环境，但很快就开始感谢这样的严格纪律。			
ZJ05：没有严格的规章制度或制度执行不严，最终都会影响球队的建设和发展。			
ZJ06：纪律是我执教第一天就开始强调的问题；作为一名教练，我的职责之一就是灌输纪律的概念。			
ZJ07：让球员知道什么行为可接受，什么行为不可接受；每支球队都有自己的规则，成文或不成文的。			
ZJ01：在对球员的行为准则预期框架内，应是表扬和批评共存的。			
ZF01：一旦犯了错误也要严肃处理。功是功，过是过，不能相互抵消。			
ZF02：他制作了一份严格队规，队内生活作息时间、寝室内务标准等一一在列；队员在平时训练中要自觉接受社会法律、学校校规和球队纪律的三层约束。			
ZJ01：团队精神可以说是我遇到过，最能感受其切实存在的"无形资产"。	团队精神	D4 精神文化	
ZJ03：在路易斯维尔，我们给球员做了很多团队精神的思想工作。			
ZJ04：从中学篮球到 NBA，没有团队精神就不会产生冠军，团队精神的培养正源于高水平的执教。			
ZJ05：一支球队要取得成功就必须发扬团队协作的精神。			
ZJ06：团队精神——把你的生命托付给其他人。没有一个人能够独自赢得比赛。			

原始资料摘录	概念化	范畴化	主范畴
ZF01：北师大女篮团队文化的精髓就是从集体利益出发，有"我为人人"的奉献精神和大局意识。	团队精神	D4 精神文化	D 文化 领导力
ZJ01：作为球队领导者，我的工作就是要带领他们实现一系列目标，为他们描绘未来图景。	执教目标		
ZJ02：每支球队都要有一个终极目标，那是你们将同心协力为之奋斗的目标。			
ZJ03：我的目标是坚定不移地打造一支朝着全国冠军水平迈进的球队。			
ZJ04：以核心价值为基础，确立球队奋斗目标。			
ZJ05：运动员与教练员拥有共同的目标和愿望是球队取得成功的重要因素。			
ZJ07：从教练到管理员，每个人都需要成为大家庭的一员，为共同的目标而奋斗。			
ZJ05：篮球理念对球队建设十分重要，教练要将自己的篮球理念转化为球队建设具体思路。	执教理念		
ZJ01：一套良好的价值观体系是成功领导力和伟大组织的一部分。	核心 价值观		
ZJ02：杜克大学篮球队将信任、集体责任、关爱、交流和自尊作为球队的核心价值。			
ZJ04：柯林以渴望、奉献和纪律为核心价值观塑造球队；球队文化不可能一夜之间改变，成功的教练员会通过塑造球队在球场内外都坚持的核心价值，确立球队样本。			
ZJ05：通过不断向球员灌输责任、忠诚和纪律等价值观，教练员就能在通往成功的路上不断前进。			
ZJ06：我的球员们逐渐懂得了我的价值观，老队员自然而然地将这种价值观传递给年轻球员。			
ZJ07：我的工作就是确保这一家庭的价值观，无论是什么内容都得到发扬和尊重。			
ZJ09：衡量成功和失败，冠军和金牌不是唯一标准，应该有更宽、更高的价值观；郎平把塑造中国女排的价值观：精益求精、艰苦奋斗的精神与世界智慧和谐地结合了起来。			

附录B 通用领导力模型介绍

1.领导力五力模型

中国科学院"科技领导力研究"课题组，通过对领导过程的深入探讨，从领导力要素解析入手，提出了领导力五力模型（图1），用以指导领导实践。

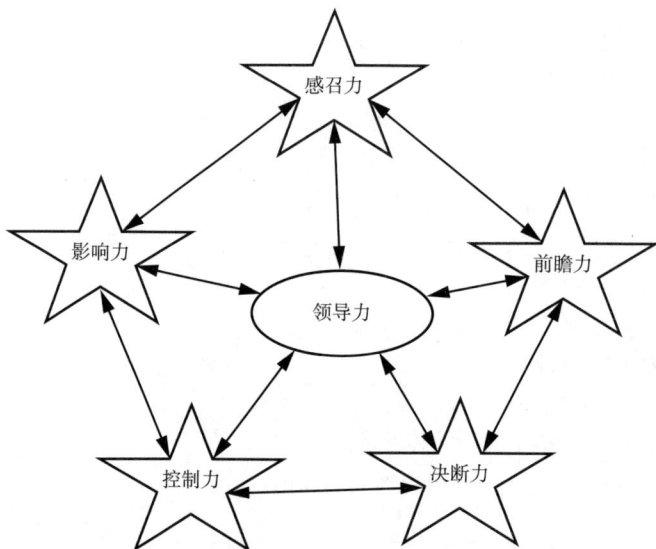

图1 领导力五力模型图
（资料来源：中科院"科技领导力研究"课题组领导力五力模型）

2.六维领导力模型

北京大学领导力研究中心杨思卓将领导力分解为一入一出（学习力与教导力）；一思一行（决断力与推行力）；一硬一软（组织力与影响力）的六维模型组合（图2），从而有针对性地提升个人领导力短板。

图2 六维领导力模型图
（资料来源：杨思卓六维领导力模型）

3.三元领导力模型

北京大学国家发展研究院杨壮从思想领导力、专业领导力和品格领导力（图3），这三个维度描述了有效领导者在面对充满挑战的环境时，应具备的核心素质和能力。

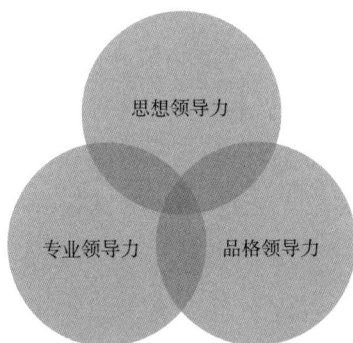

图3　三元领导力模型图
（资料来源：杨壮三元领导力模型）

附录C 我国高校篮球教练员领导力模型及测评量表专家评价问卷

尊敬的专家，您好！

首先，非常感谢您在百忙之中抽出宝贵时间填写此份专家评价问卷。

领导力是一名高水平篮球教练员必须具备的重要素质（姚明，2019）。在全面推动"三大球"振兴发展和以"三大球"为重点实施领域深化体教融合的进程中，需要更好地发挥高校篮球教练员在人才培养方面的引领支撑作用。构建我国高校篮球教练员领导力模型、编制领导力测评量表，为提升我国高校篮球教练员领导力水平提供有益指导。

本次调研的目的是邀请您对"篮球教练员领导力"定义、我国高校篮球教练员领导力预设模型以及初始测量条目的合理程度进行评价，为后期预测试做准备。

敬请惠赐宝贵意见，衷心感谢您的鼎力支持！

1. 篮球教练员领导力的内涵

"领导力"作为"篮球教练员领导力"的上位概念，是本研究的逻辑起点。目前，学术界对领导力的定义大致分为三类观点：（1）影响力（职位权力和个人权力）；（2）领导行动（行为和过程）；（3）领导能力（支撑领导行动）。

如图1所示，由权力产生的影响力归根结底需要领导者具备一系列的领导能力；领导能力的提升可能带来更大的影响力；领导能力是支撑领导行动的内在力量，决定领导行为的质量和效果，确保领导过程的顺畅运行；通过领导行动可以逐渐培养和提高采取这些行动所需的领导能力，进而获得更大的影响力。

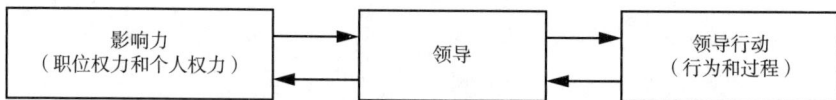

图1 领导力定义的三类观点

综合上述分析，本研究认为：（1）从宏观层面将领导力界定为影响力显得过于抽象空疏，不可意会、难以把握；（2）从微观层面将领导力界定为领导行动又显得过于具体和细碎化，窄化了研究范围；（3）从中观层面将领导力界定为实实在在的领导能力更符合本研究对领导力的定义。因此，本研究采用"领导能力"的观点，结合对前人所提出教练员领导力定义的要素整理（目标和影响），将"篮球教练员领导力"界定为：为实现"育人夺标"的球队目标，篮球教练员对球员及其他相关人员施加积极影响的过程中所需要具备的一系列能力。

您认为本研究对篮球教练员领导力的概念性定义是否合理？（请在对应方框内划"√"）

□非常不合理 □不合理 □基本合理 □合理 □非常合理

> 若有不妥之处，敬请提出宝贵意见和建议：
>
> 有专家建议将"其他相关人员"修改为"球队相关人员"；
>
> 有专家认为领导力在发挥正向效应的同时，也可能导致负向效应的出现，并非所有教练员领导行为都会对运动员产生积极影响，由此建议去掉"积极"二字。

2. 我国高校篮球教练员领导力模型

（1）理论依据

①领导行为二维构面理论

20世纪40年代中期，美国俄亥俄州立大学拉尔夫·斯托格迪尔教授和卡罗尔·沙特尔教授，通过对大量领导行为描述问卷的整理后发现，至少可以将领导行为的内容归纳为两个相对独立和截然不同的基本要素：以工作事务为中心的"结构维度"和以人为中心的"关怀维度"，命名为领导双因素法则。根据领导者对这两个维度重视程度的差异，可形成四种不同类型的领导行为。除领导行为二维构面理论外，管理方格理论、PM理论同样强调领导行为的二元性，目前大部分研究均围绕这两个维度进行拓展。在运动团队中，教练员领导行为可归纳为，执行任务和维持团队关系两大类。

②自我领导理论

20世纪80年代中期，美国马萨诸塞大学教授查尔斯·曼兹在综合社会认知理论、自我管理理论、自我调节理论、社会学习理论以及内部动机理论的基础上，提出了自我领导理论（Self-leadership）。在有效领导部属之前，领导者首先要认识自己，在追求自我管理、自我发展的基础上实现自我领导。自我领导理论为有效领导提供了一条新的发展路径，随后被广泛应用于管理领域的诸多方面。在运动团队中，教练员应明晰自身优劣势、岗位职责与所扮演角色对个人综合素质的要求，通过自我约束和自我发展，实现自我设定的目标。

③文化领导理论

20世纪90年代初期，美国康奈尔大学教授哈里森·特里斯提出："将文化融入领导活动转化为文化领导"的观点。文化领导（Culture-leadership）是指领导者通过构建具有组织特色的文化体系，形成共同遵循的价值观念和行为规范，进而实现组织目标的领导过程。文化领导力是一种柔性领导力，具有导向、约束、激励、凝聚和辐射等功能。无论何种领导理论都不能完全代替文化领导；无论以何种视角切入，文化领导力都是领导力的核心构成要素。教练员在集体运动项目团队文化建设与发展方面有着不可取代的地位。教练员扮演着团队文化建设者的角色，需要具备培养团队文化的意识和能力。

（2）一级维度合理程度评价

根据领导行为二维构面理论、自我领导理论和文化领导理论，并参照相关能力素质模型，本研究将教练员领导力的外延划分为自我领导力、人际领导力、专业领导力和文化领导力四个部分，初步建立了我国高校篮球教练员领导力模型的一级维度（表1）。四类领导力既相对独立、各有侧重，又紧密联系、相互交叉，每一类领导力又进一步包含各类子能力，形成教练员领导力结构体系。

请您对我国高校篮球教练员领导力模型一级维度的合理程度进行评价（表1），请在相应分数后打"√"。

表1 一级维度合理程度评价表

理论基础	一级维度	指标释义	合理程度 非常不合理→ 非常合理
自我领导	自我领导力	在明确自身优劣势、岗位职责及角色定位的基础上，教练员通过自我控制、自我学习和自我反思等行为，不断进行自我完善的能力。	1　2　3　4　5
领导行为二维构面	人际领导力（关系导向）	教练员通过情感性、工具性的关系管理，建立、协调和维护球队内外人际关系的能力。	1　2　3　4　5
	专业领导力（任务导向）	教练员在选材用人、训练指导和竞技参赛方面应具备的能力。	1　2　3　4　5
文化领导	文化领导力	为发挥球队文化在全面育人中的导向作用，教练员在物质、行为、制度和精神层面全方位塑造和培育球队文化的能力。	1　2　3　4　5

> 若有不妥之处，敬请提出宝贵意见和建议：
> 专家对一级维度的划分意见较为统一，有专家建议在理论演绎的基础上，可以从组织行为学层次性、领导系统要素和模型参照的角度进一步论证一级维度的合理性。

（3）二级维度合理程度评价

①自我领导力维度划分

依据自我领导理论的观点，自我领导力的提升应该以清晰的自我认知和角色定位为前提。只有当个体怀着强烈的使命感和责任心，对岗位权利与义务、自身优劣势以及在团队中需要扮演的角色有着充分认知的基础上，才能够影响他人。这正是借鉴了社会认知理论中自我认知的内涵；自我领导常常与强调自我控制与约束的自我管理联系在一起，借鉴了自我管理理论中控制、约束自身言行和情绪的策略，被视为自我领导过程中的调节器；自我领导的核心在于自我发展，通过自主学习、自我反思等一系列行为，更好地促进自我发展。根据自我领导理论，本研究将教练员自我领导力划分为：自我意识、自我管理和自我发展 3 个二级维度。请您对教练员自我领导力维度划分的合理程度进行评价（表 2），请在相应分数后打"√"。

表 2　自我领导力维度划分合理程度评价表

一级维度	二级维度	合理程度 非常不合理→非常合理	关系示意图
A 自我领导力	A1 自我意识	1　2　3　4　5	A3 A1 A2
	A2 自我管理	1　2　3　4　5	
	A3 自我发展	1　2　3　4　5	

若有不妥之处，敬请提出宝贵意见和建议：
专家对自我领导力的维度划分意见较为统一。

②人际领导力维度划分

自 20 世纪 70 年代末以来，领导学研究主要集中在关系层面，人际关系被看作有效领导的重要因素。在运动队中，教练员的重要职责之一，就是要不断协调团队中的人际关系，在团队中形成良好的心理氛围，从而增强团队效能。依据人际关系理论的观点，沟通是维系良好人际关系的重要手段和基础。积极的人际沟通是教练员获取正确反馈的重要渠道，是教练员和运动员彼此理解、相互信任的桥梁，是提高运动员竞技水平不可或缺的手段；作为一名教练员，能够发挥的最有用的人际关系处理技巧就是建设性地解决冲突，人际协调是化解矛盾冲突的有效方式。

依据社会支持理论的观点，通过社会关系网络所获取的来自他人在物质和精神方面的社会支持对个体身心发展至关重要。社会支持被认为是帮助运动员应对比赛压力、缓解心理疲劳、提升运动表现、获取自信、增强主观幸福感的重要保证。家庭、朋辈、队友和教练员支持是运动员获取社会支持的重要来源，其中教练员支持对于运动员训练比赛满意感的预测贡献最大。教练员表现出更多的社会支持行为，可提高运动员对个人成绩的满意度；教练员为运动员提供支持、鼓励和成长机会的同时，还要善于争取外部可利用资源，为球队的发展提供支持。根据人际关系理论和社会支持理论，本研究将教练员人际领导力划分为：人际沟通、人际协调和人际支持3个二级维度。请您对教练员人际领导力维度划分的合理程度进行评价（表3），请在相应分数后打"√"。

表3　人际领导力维度划分合理程度评价表

一级维度	二级维度	合理程度 非常不合理→非常合理	关系示意图
B 人际领导力	B1 人际沟通	1　2　3　4　5	B1 B3 B2
	B2 人际协调	1　2　3　4　5	
	B3 人际支持	1　2　3　4　5	

　　若有不妥之处，敬请提出宝贵意见和建议：
　　专家对人际领导力的维度划分意见较为统一。

③专业领导力维度划分

心理学领域通常将能力分为一般能力和特殊能力。专业领导力是从专长理论的视角审视，个体在从事某种专业活动中需要具备的特殊能力。对于教练员来说，如果专业能力不行，找不到克敌制胜的办法，即使人品再好、再会鼓动人心也无济于事。教练员需要通过专业话语权的确立来树立权威，在专业领域发挥示范引领作用。专业领导力是教练员领导力的支柱，贯穿教练员专业化发展始终。

竞技体育理论体系将竞技体育行为分为：运动选材、运动训练、竞技参赛、竞技体育管理四个部分。教练员的专业能力应区别于其管理方面的基本素质，具有明显的专业特点。教练员专业能力主要包括选材能力、训练能力和竞赛能力。因此，本研究将教练员专业领导力划分为：选材用人、训练指导、竞技参赛（参赛指导）3个二级维度。请您对教练员专业领导力维度划分的合理程度进行评价（表4），请在相应分数后打"√"。

表4　专业领导力维度划分合理程度评价表

一级维度	二级维度	合理程度 非常不合理→非常合理	关系示意图
C 专业领导力	C1 选材用人	1　2　3　4　5	C1 ◀▶ C2 ◀▶ C3
	C2 训练指导	1　2　3　4　5	
	C3 竞技参赛 （参赛指导）	1　2　3　4　5	

　　若有不妥之处，敬请提出宝贵意见和建议：

　　有专家认为专业领导力维度中"选材用人""训练指导"是从教练员角度命名，而"竞技参赛"是从运动员角度命名，由此建议将"竞技参赛"修改为"参赛指导"。

④文化领导力维度划分

根据学者张岱年提出的文化结构"四层次说"，从文化载体的角度可将文化领导力分为：物质文化领导力、行为文化领导力、制度文化领导力和精神文化领导力。请您对教练员文化领导力维度划分的合理程度进行评价（表5），请在相应分数后打"√"。

表5　文化领导力维度划分合理程度评价表

一级维度	二级维度	合理程度 非常不合理→非常合理	关系示意图
D 文化领导力	D1 物质文化领导力 （物质文化建设）	1　2　3　4　5	
	D2 行为文化领导力 （行为文化建设）	1　2　3　4　5	
	D3 制度文化领导力 （制度文化建设）	1　2　3　4　5	
	D4 精神文化领导力 （精神文化建设）	1　2　3　4　5	

> 若有不妥之处，敬请提出宝贵意见和建议：
>
> 有专家认为文化领导力主要体现在从物质、行为、制度和精神层面塑造和培养球队文化，二级维度的命名没有必要在每个层面后边再加上"领导力"三字，去掉后也能与其他维度二级维度的命名保持一致，由此建议将"领导力"去掉、增加"建设"两字。

3. 我国高校篮球教练员领导力测评量表

量表编制所需要的测量条目可以从有相应丰富经验的行为主体和有关文献中提取。本研究以我国高校篮球教练员领导力模型为理论框架，主要通过以下三种途径广泛收集和归纳我国高校篮球教练员领导力测评量表的初始条目：

（1）从国内外优秀"三大球"教练员（高校篮球教练员为主）所著有关球队管理与领导艺术方面的人物传记和专访报道中提取测量条目；（2）从相关文献中提取测量条目；（3）借鉴相关领域成熟量表中适合篮球教练员的测量条目。请您对本研究所收集的89个初始条目的相关程度进行评价（表6、表7、表8、表9）。初始测量条目相关程度的评价通常分为1、2、3、4等级[1]，分别表示"不相关（直接删除）、弱相关（直接删除或大幅度修改）、较强相关（文辞性修改后保留）、非常相关（直接保留）"，请在对应栏内划"√"；在"补充意见"栏内填写修改、删除、归纳合并意见；在"需要增加的条目"栏内填写您认为条目池中尚未考虑到的条目。

---

1 史静玓，莫显昆，孙振球．量表编制中内容效度指数的应用［J］．中南大学学报（医学版），2012，37（2）：49-52.

表6　自我领导力测量条目相关性评价表

二级维度	测量条目	合理程度	具体条目	相关性评价	修改意见
自我认知	自我意识	1 2 3 4	1. 能够正确认识和评价自己	1 2 3 4	过于空泛，较难客观回答
			2. 能够将自身优势在执教过程中充分发挥出来	1 2 3 4	能够将个人特点转化为执教优势
			3. 能够正视自己在某些方面存在的不足	1 2 3 4	能够正视自己在执教中存在的不足
	责任意识	1 2 3 4	4. 始终按照岗位职责严格要求自己	1 2 3 4	清楚地知道教练员的岗位职责
			5. 面对比赛失利，勇于承担应尽的责任	1 2 3 4	面对比赛失利，会进行自我反思
			6. 为球队尽心尽力，不惜牺牲个人休息时间	1 2 3 4	为了球队发展，经常加班工作
	角色意识	1 2 3 4	7. 将自己在球队中的角色定位为领导者	1 2 3 4	
自我管理	情绪管理	1 2 3 4	8. 不管多大的烦心事，一到训练场上就不再想它	1 2 3 4	
			9. 遇事沉着冷静，能够控制自己的情绪	1 2 3 4	过于空泛
	压力管理	1 2 3 4	10. 在压力之下，我依然能够保持镇定自若	1 2 3 4	即使压力很大，我也能保持训练热情
			11. 当有压力时，知道该用什么方法减压	1 2 3 4	知道如何缓解执教压力
			12. 更倾向于把执教压力视为一种动力	1 2 3 4	把执教压力视为一种动力
	时间管理	1 2 3 4	13. 根据球队事务的重要程度来决定处理顺序	1 2 3 4	
自我发展	自我学习	1 2 3 4	14. 我认为学习篮球理论知识完全有必要	1 2 3 4	
			15. 经常抽出一定时间学习，提升自己	1 2 3 4	过于空泛
			16. 经常关注国内外篮球教学训练的发展动态	1 2 3 4	

续表

二级维度	测量条目	合理程度	具体条目	相关性评价	修改意见
自我发展	创新能力	1 2 3 4	17. 即使有失败危险对新的技战术我也愿意尝试	1 2 3 4	即使有失败风险，我也愿意尝试新的技战术
			18. 当一项技战术处于萌芽状态时，常能看出其发展前景	1 2 3 4	同高校篮球教练的实际情况可能不相符
			19. 在训练和比赛中总有一些新的设想在我头脑中涌现	1 2 3 4	
	自我反思	1 2 3 4	20. 勤于思考，不断总结执教过程中的经验教训	1 2 3 4	时常总结训练和比赛中的经验教训
	科研能力	1 2 3 4	21. 在抓好训练的前提下，积极从事相关科研活动	1 2 3 4	积极从事与教学训练有关的科研活动

表7　人际领导力测量条目相关性评价表

二级维度	测量条目	合理程度	具体条目	相关性评价	修改意见
人际沟通	善于表达	1 2 3 4	1. 能够清晰表达自己的观点、信念以及期望	1 2 3 4	具备清晰表达观点、信念及期望的能力
			2. 我是一个善于说服他人接受自己观点的人	1 2 3 4	善于说服他人接受自己的观点
			3. 有时会通过第三方或委婉表达自己的观点	1 2 3 4	
			4. 针对不同性格的队员，选择不同的交流方式	1 2 3 4	

续表

二级维度	测量条目	合理程度	具体条目	相关性评价	修改意见
人际沟通	乐于倾听	1 2 3 4	5. 鼓励队员表达其观点、思想和感情，并给予理解和回应	1 2 3 4	鼓励队员表达个人观点和想法
			6. 在意见不同时，会听取队员的意见	1 2 3 4	需要视具体情况而言
			7. 经常给队员一些建设性反馈	1 2 3 4	
			8. 了解队员的肢体语言，体察其情绪状态	1 2 3 4	注意观察队员的情绪状态，包括说话语气、肢体语言等
	营造沟通氛围	1 2 3 4	9. 能够在队员之间营造融洽的沟通氛围	1 2 3 4	
人际协调	预防冲突	1 2 3 4	10. 积极主动地协调球队的外部关系	1 2 3 4	
			11. 留意和杜绝球队内部的"小圈子"文化	1 2 3 4	
	化解冲突	1 2 3 4	12. 能够预见并及时化解球队内部的矛盾冲突	1 2 3 4	能够采取合理方式，及时化解队员之间的矛盾
			13. 与他人发生冲突，能够以礼貌的方式表达意见和观点	1 2 3 4	与他人发生冲突时，我会尽量克制情绪
人际支持	建立信任	1 2 3 4	14. 我尊重和信任每一个队员	1 2 3 4	表面效度过高
			15. 我会让队员知道，他/她能信赖我	1 2 3 4	
			16. 我会让队员知道，他/她可以和我谈论任何事情	1 2 3 4	太过于绝对
	适当授权	1 2 3 4	17. 经常把某些任务授权给队员来完成	1 2 3 4	删除适当授权，对应条目并入建立信任

续表

二级维度	测量条目	合理程度	具体条目	相关性评价	修改意见
人际支持	动机激励	1 2 3 4	18.运用多种激励手段，充分调动队员的积极性	1 2 3 4	
			19. 如果队员在训练、比赛和学习方面表现出色，我会及时给予鼓励	1 2 3 4	如果队员在某方面表现出色，我会及时给予肯定
	学会关爱付出关爱	1 2 3 4	20.如果队员遇到困难，我会主动关心帮助	1 2 3 4	
			21. 对队员的关心有时会扩及其家人	1 2 3 4	
			22. 就算有时候训练不顺利，我也会支持我的队员	1 2 3 4	需要视具体情况而定
			23. 努力为球员的成长和发展提供平台和机会	1 2 3 4	
	赢得支持	1 2 3 4	24. 向朋友倾诉自己的烦恼，以获得理解和支持	1 2 3 4	向家人或好友倾诉自己的压力和烦恼
		1 2 3 4	25. 尽力争取外部可利用资源，为球队发展提供支持	1 2 3 4	尽力争取外部资源，为球队发展提供支持

表8 专业领导力测量条目相关性评价表

二级维度	测量条目	合理程度	具体条目	相关性评价	修改意见
选材用人	识人有术	1 2 3 4	1. 我会根据球队需要，选拔适合的队员	1 2 3 4	不符合大多数高校篮球队的实际情况
			2. 我相信我选拔队员的眼光不会错	1 2 3 4	
			3. 即使能力稍逊，我也会优先选用具有良好品格的队员	1 2 3 4	
	用人有方	1 2 3 4	4. 把队员放在能使其优势得到充分发挥的位置	1 2 3 4	与下一条意思相近且不完全符合实情
			5. 根据队员各自特点，合理搭建阵容体系	1 2 3 4	
			6. 重视球队人才梯队建设	1 2 3 4	通过比赛有目的地考察和锻炼新人

续表

二级维度	测量条目	合理程度	具体条目	相关性评价	修改意见
训练指导	规划设计	1 2 3 4	7. 能够合理安排各阶段训练的重点、内容和负荷	1 2 3 4	
			8. 根据具体情况，及时调整训练计划	1 2 3 4	
	组织实施	1 2 3 4	9. 狠抓技术动作和战术配合细节	1 2 3 4	
			10. 经常安排分类多套的战术配合练习	1 2 3 4	
			11. 针对不同条件的队员，采取不同的教学方法	1 2 3 4	根据队员的理解能力，尝试不同的教学方法
			12. 能够指出队员在训练中出现的细小问题	1 2 3 4	
			13. 适时安排必要的恢复训练	1 2 3 4	
	检查评定	1 2 3 4	14. 定期检查评估训练效果	1 2 3 4	
参赛指导	赛前准备	1 2 3 4	15. 及时分析、有效利用有关比赛的情报信息	1 2 3 4	
			16. 针对比赛中可能遇到的问题，我会提前做好预案	1 2 3 4	比赛前，会做好预案
			17. 根据比赛对手情况，有针对性地组织赛前训练	1 2 3 4	
			18. 通过多种途径，帮助队员调整赛前心理状态	1 2 3 4	
	临场指挥	1 2 3 4	19. 善于捕捉比赛中对手的弱点和漏洞	1 2 3 4	
			20. 比赛到了关键时刻，敢于决策，即使输了也不怕	1 2 3 4	

续表

二级维度	测量条目	合理程度	具体条目	相关性评价	修改意见
参赛指导	临场指挥	1 2 3 4	21. 征求队员对具体比赛策略的意见	1 2 3 4	
			22. 力争用最简单的话语和动作，向队员传递临场决策信息	1 2 3 4	简洁
			23. 有信心应对比赛中的各种意外事件	1 2 3 4	
	赛后调整	1 2 3 4	24. 比赛结束后，努力平息队员的情绪	1 2 3 4	
			25. 比赛结束后，能清楚地记得队员场上发挥的情况	1 2 3 4	该条目适用于考察教练员的记忆力
			26. 比赛结束后，及时与队员讨论和总结比赛经验	1 2 3 4	

表9 文化领导力测量条目相关性评价表

二级维度	测量条目	合理程度	具体条目	相关性评价	修改意见
物质文化领导力建设	创设训练环境	1 2 3 4	1. 通过张贴励志标语等形式，营造良好训练氛围	1 2 3 4	
			2. 为球队训练条件的改善做力所能及之事	1 2 3 4	积极争取和改善训练条件
			3. 经常检查训练场地及配套设施是否安全	1 2 3 4	
			4. 经常提醒队员要爱护训练设施和器材	1 2 3 4	
	设计象征标识	1 2 3 4	5. 设计具有球队象征性的标识（如：队旗、队徽、队歌）	1 2 3 4	创建属于自己球队的队名、队徽及吉祥物等
	组织团建活动	1 2 3 4	6. 经常组织一些有助于球队建设的集体活动	1 2 3 4	

续表

二级维度	测量条目	合理程度	具体条目	相关性评价	修改意见
行为文化领导力建设	打造技战术风格	1 2 3 4	7. 努力打造适合球队特点的技战术风格	1 2 3 4	
	培养球队作风	1 2 3 4	8. 注重队员良好行为习惯的养成教育	1 2 3 4	
			9. 始终把队风的培养和建设放在首位	1 2 3 4	
			10. 经常关注队员在校期间的学习情况	1 2 3 4	
	树立典范	1 2 3 4	11. 自觉规范言行,为队员树立榜样	1 2 3 4	删除树立典范,条目并入培养球队作风
			12. 有意识地在球队中培养和树立模范队员	1 2 3 4	
制度文化领导力建设	制定制度	1 2 3 4	13. 明确告诉队员,什么该做,什么不该做	1 2 3 4	与下一条重复
			14. 要求队员必须按照统一的规则办事	1 2 3 4	
	执行制度	1 2 3 4	15. 能够及时制止队员的不良行为	1 2 3 4	
		1 2 3 4	16. 对队员的奖励和处罚一视同仁	1 2 3 4	
精神文化领导力建设	培育核心价值观	1 2 3 4	17. 致力于塑造和维护球队核心价值观	1 2 3 4	
	塑造团队精神	1 2 3 4	18. 我时常向队员灌输团队精神至上的观念	1 2 3 4	删除塑造团队精神,条目并入培育核心价值观;倡导团队精神至上
	建立执教理念	1 2 3 4	19. 倡导"人球并重""以球育人"的执教理念	1 2 3 4	
	确立执教目标	1 2 3 4	20. 为队员指明奋斗目标和努力方向	1 2 3 4	
			21. 对我而言,帮助队员成长比赢得比赛更为重要	1 2 3 4	
			22. 只要发挥了水平,我觉得即使输掉比赛也是令人满意的	1 2 3 4	只要发挥了水平,我觉得比赛输赢并不重要

附录 D　我国高校篮球教练员领导力调查初测问卷

尊敬的教练员：

您好！这是一份研究高校篮球教练员领导力的调查问卷。本调查为匿名填写，所有调查结果绝对保密！仅作为课题研究构建教练员领导力模型所用。您的回答对于本研究至关重要，敬请如实填写。衷心感谢您的鼎力支持！

一、基本信息

性别：1. 男　2. 女

年龄：1.30 岁以下　2.30 ~ 40 岁　3.41 ~ 50 岁　4.51 ~ 60 岁　5.60 岁以上

执教年限：1.5 年以下　2.5 ~ 10 年　3.11 ~ 20 年　4.20 年以上

学历：1. 大专及以下　2. 本科　3. 硕士　4. 博士

职称：1.　　2. 讲师　3. 副教授　4. 教授　5. 其他

二、自我评价

请认真阅读以下选项，根据您自己的实际情况，尽可能客观地选择对应的符合程度：1 "完全不符合"、2 "不符合"、3 "一般"、4 "符合"、5 "完全符合"。

测量条目	完全不符合→完全符合
1. 能够将个人特点转化为执教优势	1　2　3　4　5
2. 能够正视自己在执教中存在的不足	1　2　3　4　5
3. 清楚地知道教练员的岗位职责	1　2　3　4　5
4. 面对比赛失利，会进行自我反思	1　2　3　4　5
5. 为了球队发展，经常加班工作	1　2　3　4　5
6. 将自己在球队中的角色定位为领导者	1　2　3　4　5
7. 不管多大的烦心事，一到训练场上就不再想它	1　2　3　4　5
8. 遇到裁判不公，我都能保持头脑清醒（测谎题★）	1　2　3　4　5
9. 即使压力很大，我也能保持训练热情	1　2　3　4　5
10. 知道如何缓解执教压力	1　2　3　4　5

续表

测量条目	完全不符合→完全符合
11. 把执教压力视为一种动力	1 2 3 4 5
12. 根据球队事务的重要程度来决定处理顺序	1 2 3 4 5
13. 我认为学习篮球理论知识完全有必要	1 2 3 4 5
14. 经常关注国内外篮球教学训练的发展动态	1 2 3 4 5
15. 在训练和比赛中总有一些新的设想在我头脑中涌现	1 2 3 4 5
16. 即使有失败风险,我也愿意尝试新的技战术	1 2 3 4 5
17. 时常总结训练和比赛中的经验教训	1 2 3 4 5
18. 积极从事与教学训练有关的科研活动	1 2 3 4 5
19. 具备清晰表达观点、信念及期望的能力	1 2 3 4 5
20. 善于说服他人接受自己的观点	1 2 3 4 5
21. 有时会通过第三方或委婉表达自己的观点	1 2 3 4 5
22. 针对不同性格的队员,选择不同的交流方式	1 2 3 4 5
23. 鼓励队员表达个人观点和想法	1 2 3 4 5
24. 不管和谁谈话,我总是一个好听众(测谎题★)	1 2 3 4 5
25. 经常给队员一些建设性反馈	1 2 3 4 5
26. 注意观察队员的情绪状态,包括说话语气、肢体语言等	1 2 3 4 5
27. 能够在队员之间营造融洽的沟通氛围	1 2 3 4 5
28. 与他人发生冲突时,我会尽量克制情绪	1 2 3 4 5
29. 留意和杜绝球队内部的"小圈子"文化	1 2 3 4 5
30. 能够采取合理方式,及时化解队员之间的矛盾	1 2 3 4 5
31. 积极主动地协调球队的外部关系	1 2 3 4 5
32. 经常把某些任务授权给队员来完成	1 2 3 4 5
33. 我会让队员知道,他/她能信赖我	1 2 3 4 5
34. 运用多种激励手段,充分调动队员的积极性	1 2 3 4 5
35. 如果队员在某方面表现出色,我会及时给予肯定	1 2 3 4 5
36. 如果队员遇到困难,我会主动关心帮助	1 2 3 4 5
37. 对队员的关心有时会扩及其家人	1 2 3 4 5
38. 努力为球员的成长和发展提供平台和机会	1 2 3 4 5

续表

测量条目	完全不符合→完全符合
39. 向家人或好友倾诉自己的压力和烦恼	1　2　3　4　5
40. 尽力争取外部资源，为球队发展提供支持	1　2　3　4　5
41. 我相信我选拔队员的眼光不会错	1　2　3　4　5
42. 这道题的选项请选择完全不符合（迫选题★）	1　2　3　4　5
43. 即使能力稍逊，我也会优先选用具有良好品格的队员	1　2　3　4　5
44. 根据队员各自特点，合理搭建阵容体系	1　2　3　4　5
45. 通过比赛有目的地考察和锻炼新人	1　2　3　4　5
46. 能够合理安排各阶段训练的重点、内容和负荷	1　2　3　4　5
47. 根据实际情况，及时调整训练计划	1　2　3　4　5
48. 狠抓技术动作和战术配合细节	1　2　3　4　5
49. 经常安排分类多套的战术配合练习	1　2　3　4　5
50. 根据队员的理解能力，尝试不同的教学方法	1　2　3　4　5
51. 能够指出队员在训练中出现的细小问题	1　2　3　4　5
52. 适时安排必要的恢复训练	1　2　3　4　5
53. 定期检查评估训练效果	1　2　3　4　5
54. 及时分析、有效利用有关比赛的情报信息	1　2　3　4　5
55. 比赛前，会做好预案	1　2　3　4　5
56. 根据比赛对手情况，有针对性地组织赛前训练	1　2　3　4　5
57. 通过多种途径，帮助队员调整赛前心理状态	1　2　3　4　5
58. 善于捕捉比赛中对手的弱点和漏洞	1　2　3　4　5
59. 比赛到了关键时刻，敢于决策，即使输了也不怕	1　2　3　4　5
60. 征求队员对具体比赛策略的意见	1　2　3　4　5
61. 力争用最简洁的话语和动作，向队员传递临场决策信息	1　2　3　4　5
62. 有信心应对比赛中的各种意外事件	1　2　3　4　5
63. 比赛结束后，努力平息队员的情绪	1　2　3　4　5
64. 比赛结束后，及时与队员讨论和总结比赛经验	1　2　3　4　5
65. 通过张贴励志标语等形式，营造良好训练氛围	1　2　3　4　5
66. 创建属于自己球队的队名、队徽和吉祥物等	1　2　3　4　5

续表

测量条目	完全不符合→完全符合
67. 积极争取和改善训练条件	1 2 3 4 5
68. 经常检查训练场地及配套设施是否安全	1 2 3 4 5
69. 经常提醒队员要爱护训练设施和器材	1 2 3 4 5
70. 经常组织一些有助于球队建设的集体活动	1 2 3 4 5
71. 努力打造适合球队特点的技战术风格	1 2 3 4 5
72. 注重队员良好行为习惯的养成教育	1 2 3 4 5
73. 始终把队风的培养放在首位	1 2 3 4 5
74. 经常关注队员在校期间的学习情况	1 2 3 4 5
75. 自觉规范言行，为队员树立榜样	1 2 3 4 5
76. 有意识地在球队中培养和树立模范队员	1 2 3 4 5
77. 要求队员必须按照统一的规则办事	1 2 3 4 5
78. 能够及时制止队员的不良行为	1 2 3 4 5
79. 对队员的奖励和处罚一视同仁	1 2 3 4 5
80. 致力于塑造和维护球队核心价值观	1 2 3 4 5
81. 倡导"人球并重""以球育人"的执教理念	1 2 3 4 5
82. 倡导团队精神至上	1 2 3 4 5
83. 为队员指明奋斗目标和努力方向	1 2 3 4 5
84. 对我而言，帮助队员成长比赢得比赛更重要	1 2 3 4 5
85. 只要发挥了水平，我觉得比赛输赢并不重要	1 2 3 4 5

附录 E　我国高校篮球教练员领导力调查正式问卷

尊敬的教练员：

您好！这是一份研究高校篮球教练员领导力的调查问卷。本调查为匿名填写，所有调查结果绝对保密！仅作为课题研究构建教练员领导力模型所用。您的回答对于本研究至关重要，敬请如实填写。衷心感谢您的鼎力支持！

一、基本信息

性别：1. 男　2. 女

年龄：1.30 岁以下　2.30 ~ 40 岁　3.41 ~ 50 岁　4.51 ~ 60 岁　5.60 岁以上

执教年限：1.5 年以下　2.5 ~ 10 年　3.11 ~ 20 年　4.20 年以上

学历：1. 大专及以下　2. 本科　3. 硕士　4. 博士

职称：1. 助教　2. 讲师　3. 副教授　4. 教授　5. 其他

二、自我评价

请认真阅读以下选项，根据您自己的实际情况，尽可能客观地选择对应的符合程度：1"完全不符合"、2"不符合"、3"一般"、4"符合"、5"完全符合"。

测量条目	完全不符合→完全符合
1. 能够将个人特点转化为执教优势	1　2　3　4　5
2. 能够正视自己在执教中存在的不足	1　2　3　4　5
3. 面对比赛失利，会进行自我反思	1　2　3　4　5
4. 为了球队发展，经常加班工作	1　2　3　4　5
5. 将自己在球队中的角色定位为领导者	1　2　3　4　5
6. 不管多大的烦心事，一到训练场上就不再想它	1　2　3　4　5
7. 遇到裁判不公，我都能保持头脑清醒（测谎题★）	1　2　3　4　5
8. 知道如何缓解执教压力	1　2　3　4　5
9. 把执教压力视为一种动力	1　2　3　4　5

续表

测量条目	完全不符合→完全符合
10. 根据球队事务的重要程度来决定处理顺序	1 2 3 4 5
11. 我认为学习篮球理论知识完全有必要	1 2 3 4 5
12. 经常关注国内外篮球教学训练的发展动态	1 2 3 4 5
13. 在训练和比赛中总有一些新的设想在我头脑中涌现	1 2 3 4 5
14. 即使有失败风险，我也愿意尝试新的技战术	1 2 3 4 5
15. 时常总结训练和比赛中的经验教训	1 2 3 4 5
16. 积极从事与教学训练有关的科研活动	1 2 3 4 5
17. 善于说服他人接受自己的观点	1 2 3 4 5
18. 有时会通过第三方或委婉表达自己的观点	1 2 3 4 5
19. 针对不同性格的队员，选择不同的交流方式	1 2 3 4 5
20. 鼓励队员表达个人观点和想法	1 2 3 4 5
21. 不管和谁谈话，我总是一个好听众（测谎题★）	1 2 3 4 5
22. 经常给队员一些建设性反馈	1 2 3 4 5
23. 注意观察队员的情绪状态，包括说话语气、肢体语言等	1 2 3 4 5
24. 能够在队员之间营造融洽的沟通氛围	1 2 3 4 5
25. 与他人发生冲突时，我会尽量克制情绪	1 2 3 4 5
26. 留意和杜绝球队内部的"小圈子"文化	1 2 3 4 5
27. 能够采取合理方式，及时化解队员之间的矛盾	1 2 3 4 5
28. 经常把某些任务授权给队员来完成	1 2 3 4 5
29. 运用多种激励手段，充分调动队员的积极性	1 2 3 4 5
30. 如果队员在某方面表现出色，我会及时给予肯定	1 2 3 4 5
31. 如果队员遇到困难，我会主动关心帮助	1 2 3 4 5
32. 对队员的关心有时会扩及其家人	1 2 3 4 5
33. 努力为球员的成长和发展提供平台和机会	1 2 3 4 5
34. 尽力争取外部资源，为球队发展提供支持	1 2 3 4 5
35. 我相信我选拔队员的眼光不会错	1 2 3 4 5
36. 这道题的选项请选择完全不符合（迫选题★）	1 2 3 4 5

续表

测量条目	完全不符合→完全符合
37. 即使能力稍逊，我也会优先选用具有良好品格的队员	1 2 3 4 5
38. 根据队员各自特点，合理搭建阵容体系	1 2 3 4 5
39. 通过比赛有目的地考察和锻炼新人	1 2 3 4 5
40. 能够合理安排各阶段训练的重点、内容和负荷	1 2 3 4 5
41. 狠抓技术动作和战术配合细节	1 2 3 4 5
42. 经常安排分类多套的战术配合练习	1 2 3 4 5
43. 根据队员的理解能力，尝试不同的教学方法	1 2 3 4 5
44. 能够指出队员在训练中出现的细小问题	1 2 3 4 5
45. 适时安排必要的恢复训练	1 2 3 4 5
46. 定期检查评估训练效果	1 2 3 4 5
47. 及时分析、有效利用有关比赛的情报信息	1 2 3 4 5
48. 根据比赛对手情况，有针对性地组织赛前训练	1 2 3 4 5
49. 通过多种途径，帮助队员调整赛前心理状态	1 2 3 4 5
50. 善于捕捉比赛中对手的弱点和漏洞	1 2 3 4 5
51. 比赛到了关键时刻，敢于决策，即使输了也不怕	1 2 3 4 5
52. 征求队员对具体比赛策略的意见	1 2 3 4 5
53. 力争用最简洁的话语和动作，向队员传递临场决策信息	1 2 3 4 5
54. 有信心应对比赛中的各种意外事件	1 2 3 4 5
55. 比赛结束后，努力平息队员的情绪	1 2 3 4 5
56. 比赛结束后，及时与队员讨论和总结比赛经验	1 2 3 4 5
57. 通过张贴励志标语等形式，营造良好训练氛围	1 2 3 4 5
58. 创建属于自己球队的队名、队徽和吉祥物等	1 2 3 4 5
59. 经常检查训练场地及配套设施是否安全	1 2 3 4 5
60. 经常提醒队员要爱护训练设施和器材	1 2 3 4 5
61. 经常组织一些有助于球队建设的集体活动	1 2 3 4 5
62. 努力打造适合球队特点的技战术风格	1 2 3 4 5
63. 注重队员良好行为习惯的养成教育	1 2 3 4 5
64. 始终把队风的培养放在首位	1 2 3 4 5
65. 经常关注队员在校期间的学习情况	1 2 3 4 5

续表

测量条目	完全不符合→完全符合
66. 有意识地在球队中培养和树立模范队员	1 2 3 4 5
67. 要求队员必须按照统一的规则办事	1 2 3 4 5
68. 能够及时制止队员的不良行为	1 2 3 4 5
69. 对队员的奖励和处罚一视同仁	1 2 3 4 5
70. 致力于塑造和维护球队核心价值观	1 2 3 4 5
71. 倡导"人球并重""以球育人"的执教理念	1 2 3 4 5
72. 为队员指明奋斗目标和努力方向	1 2 3 4 5
73. 对我而言,帮助队员成长比赢得比赛更重要	1 2 3 4 5
74. 只要发挥了水平,我觉得比赛输赢并不重要	1 2 3 4 5

附录 F　我国高校篮球教练员领导力面试测评题库

一级维度	二级维度	具体面试维度	具体面试题目	题目来源
自我领导（32题）	自我认知（8题）	自我意识	1. 结合教练员工作岗位，您觉得自己有哪些优势和不足。怎样才能做到扬长避短？	⑩
			2. 您觉得一名优秀教练员应具备哪些能力？并结合自身情况，您希望今后对哪些方面进行完善？	借鉴改编
			3. 您觉得在队员心目当中您是一个什么样的教练？	教练专访
		角色意识	4. 试谈谈在新的形势和条件下，教练员的角色应当如何转变和定位？	㉑
			5. 随着运动员的成长，教练员所扮演的角色会发生哪些变化？	⑬
			6. 您如何看待教练员在球队中的领导地位？您是怎样在球队中树立领导地位的？	㉓
		责任意识	7. 结合执教对象，请谈谈您对教练员职责的认识。应该怎样履行这些责任？	⑰
			8. 您过去工作经常加班吗？这种加班有没有对您的生活带来影响，您是如何看待的？	借鉴改编
	自我管理（11题）	情绪管理	1. 执教中您亲身经历过的哪件事令您最为愤怒？您当时是如何表现的？现在看来，您认为当时的表现与处理方式是否合适？	借鉴改编
			2. 请讲述您在训练或比赛中对队员发脾气的具体事例。您当时为什么发火？	借鉴改编
			3. 在关键比赛中裁判员多次出现判罚失误，遇到这种情况您会怎么办？	借鉴改编
		时间管理	4. 您如何看待与处理训练中时间与效益的关系？	⑬

续表

一级维度	二级维度	具体面试维度	具体面试题目	题目来源
自我领导（32题）	自我管理（11题）	时间管理	5. 当几件事情同时摆在您面前，如何在有限的时间内处理这些事情？	借鉴改编
			6. 当您需要在同一时间处理多项工作时，您是如何处理的？请举例说明。	借鉴改编
			7. 由于外界原因使得原定训练计划没有完成，您通常如何处理？	借鉴改编
		压力管理	8. 目前您最大的执教压力来自哪些方面？您是怎么应对的？您通过什么来放松自己？	⑨
			9. 请回忆一下您曾经历过的压力最大的一个阶段，当时的情况是什么样的？您是如何应对的？	借鉴改编
			10. 某教练因长时间、高强度的训练对执教的积极性、成就感出现下降，请您从教练员心理调节方面给出建议。	⑲
			11. 请分享执教中您曾经历的一个压力或应激事件，并回忆当时您是怎样应对的，效果如何？	㉔
	自我发展（13题）	自我学习	1. 您读过国内外哪些篮球书刊？您认为目前最前沿的篮球教材和专著有哪些？阐述其主要内容重点及特点。	③
			2. 您对竞技篮球这些年来技战术的发展有哪些感悟和体会？	⑥
			3. 选择一支您熟悉的优秀球队，对其比赛中常用的战术进行分析，并对教练员、运动员的战术能力进行评述。	⑮
		自我反思	4. 请谈谈您在执教中有过的失误与遭到的失败。从中您学到了什么？吸取了哪些经验教训？对您以后的执教有何帮助？	借鉴改编
			5. 请谈谈您最近一次有关训练的自我反思。	借鉴改编

续表

一级维度	二级维度	具体面试维度	具体面试题目	题目来源
自我领导（32题）	自我发展（13题）	自我反思	6. 对于在执教中的一些思想火花，您是否有记录的习惯？是否能定期总结自己在工作上的一些好的经验？能否举几个例子？	借鉴改编
		创新能力	7. 您是如何理解执教过程中的创新的？	⑬
			8. 请举个例子来说明您是如何把新的想法应用到训练和比赛中的？	借鉴改编
			9. 新学科、新理论、新技术对篮球运动教学训练有哪些影响？	⑤
		科研能力	10. 现代篮球运动科学研究发展的特点？	④
			11. 如何理解科学研究与篮球运动发展的关系？	
			12. 您最近阅读、写作或发表过什么专业文章或书籍？有何收获？	借鉴改编
			13. 请简要介绍您从事或参与相关科研活动的经历及主要成果。	借鉴改编
人际领导（31题）	人际沟通（9题）	乐于倾听	1. 教练员在沟通与交流过程中应该如何倾听？	⑫
			2. 倾听有时会帮助您更好地与队员沟通，请讲述一次您通过倾听达到更好的沟通效果的经历。	借鉴改编
		善于表达	3. 在教学训练中，教练员如何有效地进行信息传播？	⑫
			4. 请谈谈您对队员的表扬与批评是如何进行的？	⑬
			5. 您是否曾经不得不劝说队员付出额外努力以完成某项任务？如有，您是怎样说、怎样做的？	借鉴改编
			6. 谈谈您曾说服某个队员做某事的情形。当时情况是怎样的？您是怎样说、怎样做的？效果如何？	借鉴改编

续表

一级维度	二级维度	具体面试维度	具体面试题目	题目来源
人际领导（31题）	人际沟通（9题）	善于表达	7. 您是否有意识地根据队员的不同性格采用不同的沟通方式？请举例说明。	借鉴改编
		营造沟通氛围	8. 如何营造并维持队内良好的沟通氛围？在这方面，您有什么经验？	借鉴改编
			9. 您认为教练员在和运动员沟通交流过程中保持幽默感有何作用？	⑫
	人际协调（10题）	预防冲突	1. 在球队管理中，教练员如何有效避免"小团体"现象的出现？在这方面，您有什么经验？	借鉴改编
			2. 您自认为是一个公平的教练，但还是有队员说您偏心，您会怎么办？	借鉴改编
			3. 列举至少三个在您训练课上可能发生冲突的例子。对这些情况，作为教练您会如何处理？	⑳
		化解冲突	4. 如果团队成员之间发生人际冲突并干扰到团队凝聚力和场上表现，您会怎样做？	⑯
			5. 请谈谈在训练和比赛中您与队员或其他相关人员发生不愉快的经历。当时的情况是怎样的，您是如何做的？	⑮
			6. 在比赛中，双方队员情绪激动，发生口角，您会怎么控制局面，怎么处理？	借鉴改编
			7. 您在纠正队员错误动作时，队员当面顶撞您，您会如何处理？	借鉴改编
			8. 您的一个队员天赋很高，球打得很好，但有些自负，与其他队员相处得不好。作为教练员，您如何处理？	借鉴改编
			9. 队中有两名队员有些不和，他们都是主力队员，此时有一场重要比赛，您将如何去协调和处理？	借鉴改编
			10. 如果新队员和老队员之间、主力队员与替补队员之间发生矛盾，作为教练您会如何处理？	借鉴改编

续表

一级维度	二级维度	具体面试维度	具体面试题目	题目来源
人际领导（31题）	人际支持（12题）	建立信任	1. 您认为教练员需要怎样做才能赢得队员的信任和尊重？	借鉴改编
			2. 教练员应当如何授权？何时授权？您是怎么做的？请结合实际谈一谈。	借鉴改编
		动机激励	3. 您认为怎样才能更好地调动运动员的积极性和创造性？	⑬
			4. 对于不同类型的队员，您通常都采用什么样的激励手段？请举例说明。	借鉴改编
			5. 如何培养和激发运动员的训练动机？在这方面，您有什么经验？	㉓
		付出关爱	6. 在什么情况下您曾经向队员伸出援手？结合实例谈谈您给他/她提供了什么样的帮助？	借鉴改编
			7. 为实现球队目标，对队员既要"严格要求"也需要"关心照顾"。作为教练员，您怎样处理"严格要求"和"关心照顾"两者之间的关系？	借鉴改编
			8. 一名平时很活泼开朗的队员，最近总是沉默寡言，遇到这种情况您会怎么办？	借鉴改编
			9. 如果某个队员不认真学习，考试挂科，您会采取什么措施或办法来改变其态度？	借鉴改编
		赢得支持	10. 您帮助球队的发展争取过哪些外部资源？为此您做了哪些努力？效果如何？	借鉴改编
			11. 如何建立个人关系网，从而借助外界力量为球队发展提供更好的帮助和支持？	借鉴改编
			12. 当您的工作需要外部协助时，您是如何获得他人的支持和帮助的？请举例说明	借鉴改编

续表

一级维度	二级维度	具体面试维度	具体面试题目	题目来源
专业领导（54题）	选材用人（10题）	识人有术	1. 选材是基础，您在选拔新队员时，除了运动天赋之外还看重哪些品质？	⑩
			2. 请从身体条件、训练、心理、社会等几个方面，谈谈您在选拔队员时最关注的素质？	教练专访
			3. 请结合 NBA 内线队员的特点，说明现代篮球比赛中内线队员应该具备什么条件？	⑦
			4. 现代篮球比赛中，一个优秀的外线队员应该具备什么特征？	
			5. 您在选材过程中曾采取过什么手段进行观察和衡量队员的心理素质？	①
		用人有方	6. 教练员如何才能做到知人善用？您的经验是什么？	借鉴改编
			7. 请介绍两名您培养出的让您自豪的队员，并说明他们各自的特点，您是怎么培养他们的？	借鉴改编
			8. 怎么根据每个队员的特点，扬其长避其短？	⑧
			9. 怎么从球队的需要出发，将每一个队员安排到合适的位置，寻找出最佳组合排列？	
			10. "人尽其才，悉用其力"作为教练员对这句话您怎样理解？	
	训练指导（20题）	规划设计	1. 篮球训练计划的制定包含哪些基本要素？	⑨
			2. 多年训练、学年训练、阶段训练、周训练和课时训练的关系怎样处理为好？	⑤
			3. 如何理解运动员现实状态诊断及其对训练计划制订的影响？	⑮
		组织实施	4. 篮球专项准备活动的内容有哪几种？详细描述专项准备活动的方法。	⑦

续表

一级维度	二级维度	具体面试维度	具体面试题目	题目来源
专业领导（54题）	训练指导（20题）	组织实施	5. 篮球体能训练的主要内容有哪些？并分别用一个训练动作举例。	⑱
			6. 篮球运动员速度素质和力量素质训练有何特点？	⑥
			7. 请根据某一篮球技术学习实际，分析教练员在技术传授中应注意的教学要点。	⑱
			8. 请结合实际简述某一篮球战术的教学步骤与练习方法？	④
			9. 在战术教学与训练中如何认识和处理技战术的辩证关系？	①
			10. 在训练工作中，您是如何科学地掌握运动量的？	①
			11. 在训练中发现队员习惯性错误时，您常采取什么方法手段去纠正？	①
			12. 在篮球训练中应如何选择训练方法和手段？	⑥
			13. 篮球教练员应如何根据自己的特点运用教学方法？请举例说明。	㉕
			14. 请详述篮球整理活动的内容和方法？	⑦
		检查评定	15. 篮球运动员身体素质的评定指标有哪些？	①
			16. 简述篮球技术水平的评定指标有哪些？	②
			17. 简述篮球战术水平观察评定的内容有哪些？	②
			18. 篮球运动员有何外部表现时，即可初步判断其已经疲劳？在这方面，您有什么经验？	④
			19. 根据您的体会和经验，如何能够较为有效地消除篮球运动员训练后的疲劳？	

续表

一级维度	二级维度	具体面试维度	具体面试题目	题目来源
专业领导（54题）	训练指导（20题）	检查评定	20. 请说明用什么方法来判断运动员的疲劳程度，再举例说明两种消除疲劳的方法。	⑲
	参赛指导（24题）	赛前准备	1. 篮球教练员赛前准备的工作要点有哪些？应如何开好赛前准备会？	④
			2. 篮球赛前侦察—情报收集与分析的内容、方法、形式分别是什么？	⑰
			3. 教练员诊断球员赛前竞技状态的方式有哪些？	⑮
			4. 结合带队实际，谈一谈应当如何控制参赛风险？	㉒
			5. 赛前训练的内容安排和负荷安排具有怎样的特征？	㉒
			6. 结合实际，请谈谈您在大赛前一般会安排哪些热身赛？这些热身赛的应用特点是什么？	⑲
			7. 请谈谈您会如何安排连续比赛周的训练计划？	⑲
			8. 结合实际情况试说明如何制定比赛方案？	④
			9. 如何让队员参与到战术方案和程序化参赛方案制订中去，并能够发挥他们的作用？	⑮
		临场指挥	10. 您认为赛前准备活动采用哪些方法为宜？	⑪
			11. 赛前运动员在做准备活动时，您一般会干些什么？	⑪
			12. 在比赛中教练员如何观察、分析和判断比赛场上所发生的各种情况？	⑪
			13. 您认为实力相对较弱的队在比赛的开始阶段应采用什么打法？	⑪
			14. 教练员如何对待比赛中出现的"高潮"或者"低潮"现象？	⑪

续表

一级维度	二级维度	具体面试维度	具体面试题目	题目来源
专业领导（54题）	参赛指导（24题）	临场指挥	15. 教练员如何利用中场休息时间，做好前半场比赛的小结和后半场比赛的动员及部署工作？	⑪
			16. 篮球教练员临场指挥的主要途径有哪些？结合实际案例分析临场指挥的价值和意义。	⑮
			17. 篮球比赛中教练员临场指挥的构成部分？（重点阐述换人与暂停的时机与应注意的问题）	⑰
			18. 针对每节比赛结束阶段球队面临的不同形势，教练员的指挥策略是什么？	⑰
			19. 列举篮球比赛剩余3秒时的技战术运用及训练方法。	⑦
			20. 结合比赛实际，描述某一篮球战术运用的情境，并对这一情景进行分析。	⑮
		赛后调整	21. 请谈谈篮球比赛后教练员的合理行为应该是什么？	⑰
			22. 您认为教练员在什么时间召开总结会最为适宜？	③
			23. 教练员如何做好赛后的总结工作？	⑪
			24. 召开赛后总结会的方法和程序有哪些？应该从哪几个方面进行总结？	④
文化领导（31题）	物质文化（7题）	创设训练环境	1. 您在创设球队育人环境方面做了哪些工作？（张贴标语海报、设立荣誉墙等）效果如何？	借鉴改编
			2. 说明如何设计和优化篮球教学的场所和设施并举例说明？	㉕
			3. 体育运动在任何环境下都有固有风险，如何为队员提供一个安全的训练环境？	⑨

续表

一级维度	二级维度	具体面试维度	具体面试题目	题目来源
文化领导（31题）	物质文化（7题）	开发象征标识	4. 您所执教的球队有无队徽、队旗等承载球队文化的标识？有的话，具体是什么？所希望传递的核心价值观是什么？	借鉴改编
			5. 中国学生体育协会规定各高校运动队必须使用专属队名、队徽和吉祥物，否则不予参赛。请谈谈您的看法？	借鉴改编
		组织团建活动	6. 自执教以来，您为队员们组织过哪些团建活动？效果如何？	借鉴改编
			7. 请谈谈由您发起组织的一次队内团建活动，您是怎么组织的？过程如何？结果怎样？	借鉴改编
	行为文化（4题）	培育球队作风	1. 试述篮球队的作风培养包括哪些主要内容？	①
			2. 请就如何发挥教练员在球队作风建设中的榜样作用，谈谈您的看法。	借鉴改编
		打造技战术风格	3. 结合您的执教经历，阐述如何打造球队的技战术风格？	⑰
			4. 很多教练反映平时演练的技战术到了场上根本打不成，您有没有成熟的经验与他们分享？	教练专访
	制度文化（7题）	制定制度	1. 为了激励队员重视文化课学习和全方位能力的培养，您制定了哪些管理制度？	教练专访
			2. 您制定的球队管理制度主要强调哪几个方面？	教练专访
			3. 您认为队规的制定主要涉及哪些方面的内容？	⑮
			4. 请谈谈您对球队的队规制定有哪些看法？怎样才能保证有效性？	
		执行制度	5. 作为规章管理者，您是如何在本队执行规章的？效果如何？	⑰
			6. 如果有位队员未打任何招呼就旷训三天，您会如何处理？	借鉴改编

续表

一级维度	二级维度	具体面试维度	具体面试题目	题目来源
文化领导（31题）	制度文化（7题）	执行制度	7.如果一名主力队员违反了队规，您觉得必须让他清楚自己的行为。描述一下您会怎样做？	⑯
	精神文化（13题）	培育核心价值观	1.作为球队的领导者，您最看重或者希望为球员灌输的价值观有哪些？为什么？	借鉴改编
			2.您希望在球队中营造出一种什么样的团队氛围？为什么？	借鉴改编
		建立执教理念	3.您认为篮球教练员的执教理念应该包括哪些内容？	⑰
			4.请谈谈您对"教篮球"和"教人打篮球"的理解和认识。	⑬
			5.请谈谈您对"帮助运动员健康成长和发展比获胜更重要"的看法。	⑲
			6.您是如何认识"重要的不是赢得多少比赛，而是多少队员在您的帮助下变成了生活的胜者"？	⑲
			7.您对不同的执教理念是如何认识的？	⑬
			8.如果用一句话概括，您觉得最重要的篮球理念是什么？	教练专访
		确立执教目标	9.请谈谈目标对执教具有何种功能和作用？	⑬
			10.您是怎样考虑将帮助运动员成长的长期目标和比赛获胜的具体目标相结合的？	⑬
			11.如何帮助运动员设定切合实际的个人目标？在这方面，您有什么经验？	⑨
			12.您有没有想过自己作为一名教练的目标是什么？您个人想从执教中得到什么？	⑭
			13.为了追求胜利，教练员往往必须决定是否要损害队员的幸福或长期发展。您的首选会是什么？	⑭

面试题目参考书籍

类别	编号	著者	书名	出版年	出版社
篮球教材类	①	试题编写组	篮球试题库	1988 年	北京体育学院出版社
	②	张庆爵	篮球理论题解 1700 例	1988 年	西安体育学院出版社
	③	孙民治	篮球运动教学训练试题解答	2001 年	人民体育出版社
	④	王家宏	篮球习题大全	2004 年	北京体育大学出版社
	⑤	孙民治	篮球运动教程	2007 年	人民体育出版社
	⑥	王小安	现代篮球运动教程	2007 年	北京体育大学出版社
	⑦	教程编写组	篮球运动教程	2018 年	北京体育大学出版社
教练员类	⑧	袁伟民	我的执教之道	1988 年	人民体育出版社
	⑨	雷纳·马腾斯	执教成功之道：第 3 版	2007 年	北京体育大学出版社
	⑩	汤姆·柯林	执教团队篮球	2008 年	人民体育出版社
	⑪	范民运	最新篮球教练员实用手册	2009 年	北京体育大学出版社
	⑫	王皋华	高校体育教练员基本教学训练技能岗位培训	2009 年	北京理工大学出版社
	⑬	钟秉枢	做 NO.1 的教练：团队管理与领导艺术	2012 年	北京体育大学出版社
	⑭	总局科教司	现代教练员科学训练理论与实践	2015 年	人民体育出版社
	⑮	熊焰	竞技教练学	2016 年	苏州大学出版社
	⑯	戴蒙·伯顿	教练员必备的运动心理学实践指南	2017 年	人民邮电出版社
	⑰	崔鲁祥	篮球教练员岗位培训教材	2019 年	人民体育出版社
	⑱	钟秉枢	教练学	2019 年	高等教育出版社
	⑲	王纯	初级教练员岗位考试培训	2019 年	电子科技大学出版社
运动训练类	⑳	莱斯·里德	球队基本训练	2005 年	北京体育大学出版社
	㉑	刘青	运动训练管理教程	2007 年	人民体育出版社
	㉒	田麦久	竞技参赛学	2019 年	高等教育出版社
运动心理类	㉓	季浏	体育心理学（第 3 版）	2016 年	高等教育出版社
	㉔	姚家新	运动心理学	2020 年	高等教育出版社
体育教学类	㉕	毛振明	体育教学论（第 3 版）	2017 年	高等教育出版社

附录 G 我国高校篮球教练员领导力模型各维度权重专家咨询问卷

尊敬的专家：

您好！首先，非常感谢您在百忙之中抽出宝贵时间填写此问卷。

领导力是高水平篮球教练员必须具备的重要素质。为我国高校篮球教练员领导力水平的提升提供有益指导，本课题组研究前期在参考相关理论及征询专家意见的基础上，已构建出我国高校篮球教练员领导力模型。本次咨询的目的是邀请您对领导力模型各维度的相对重要程度进行两两比较，具体方法在填写示例中进行了说明。敬请惠赐宝贵意见，衷心感谢您的鼎力支持！

填写示例：

（1）下表第一行：当 A 与 B 比较，如果您认为 A 比 B 重要，且程度为"很重要"，则在靠近 A 一侧，"很重要"一栏下面的空格处填写对应数字 4。

（2）下表第二行：当 A 与 B 比较，如果您认为 B 比 A 重要，且程度为"略重要"，则在靠近 B 一侧，"略重要"一栏下面的空格处填写对应数字 2。

（3）下表第三行：当 A 与 B 比较，如果您认为 A 与 B"同等重要"，则在 A 与 B 中间，"同等重要"一栏下面的空格处填写对应数字 1。

维度	5 极重要	4 很重要	3 重要	2 略重要	1 同等重要	2 略重要	3 重要	4 很重要	5 极重要	维度
A		4								B
A						2				B
A					1					B

一、一级维度重要程度两两比较

表1 一级维度内涵释义

一级维度	内涵释义
自我领导力	在明确自身优劣势、角色定位及岗位职责的基础上，通过自我控制、自我学习和自我反思等一系列行为，不断进行自我完善的能力。
人际领导力	通过情感性、工具性的关系管理，建立、协调和维护球队内外人际关系的能力。
专业领导力	在选材用人、训练指导和参赛指导方面应具备的能力。
文化领导力	为发挥球队文化在全面育人中的导向作用，在物质、行为、制度和精神层面全方位塑造和培育球队文化的能力。

表2 一级维度重要程度两两比较评价表

一级维度	5 极重要	4 很重要	3 重要	2 略重要	1 同等重要	2 略重要	3 重要	4 很重要	5 极重要	一级维度
自我领导力										人际领导力
自我领导力										专业领导力
自我领导力										文化领导力
人际领导力										专业领导力
人际领导力										文化领导力
专业领导力										文化领导力

二、二级维度重要程度两两比较

（1）自我领导力二级维度

表3 自我领导力二级维度内涵释义

一级维度	二级维度	内涵释义
自我领导力	自我认知	清楚地了解自身优劣势以及在球队中需要扮演的角色和承担的职责。
	自我管理	个体的一种自我控制能力，教练员的自我管理主要涉及情绪管理、时间管理和压力管理等方面。
	自我发展	自我发展包含自主学习、自我反思等一系列自我提升策略。教练员的自我发展主要包括学习力、反思力和创新力等。

表 4　自我领导力二级维度重要程度两两比较评价表

自我领导力	5	4	3	2	1	2	3	4	5	自我领导力
	极重要	很重要	重要	略重要	同等重要	略重要	重要	很重要	极重要	
自我认知										自我管理
自我管理										自我发展
自我发展										自我认知

（2）人际领导力二级维度

表 5　人际领导力二级维度内涵释义

一级维度	二级维度	内涵释义
人际领导力	人际沟通	根据不同的情境和对象，有效地运用适当的方式以实现传递信息、交流情感和解决问题的能力。具体包括良好的表达能力、倾听能力和同理反应能力等。
	人际协调	正确处理球队内外的各种关系，协调彼此的关系和利益，及时化解矛盾冲突的能力。
	人际支持	为队员提供以及从外部获取，情感支持（如关心、鼓励）、信息支持（如建议、经验）和有形支持（如奖金、物品）等各种支持的能力。

表 6　人际领导力二级维度重要程度两两比较评价表

人际领导力	5	4	3	2	1	2	3	4	5	人际领导力
	极重要	很重要	重要	略重要	同等重要	略重要	重要	很重要	极重要	
人际沟通										人际协调
人际协调										人际支持
人际支持										人际沟通

（3）专业领导力二级维度

表7　专业领导力二级维度内涵释义

一级维度	二级维度	内涵释义
专业领导力	选材用人	根据篮球项目特点和球队发展需要，通过特定测试和经验判断，挑选适合的队员进行系统的、有针对性培养，进而合理搭配完成一系列比赛任务的能力。
	训练指导	在对篮球项目特点和规律有着较为深刻认识的前提下，组织队员训练，并对训练过程的规划、实施和监控加以指导的能力。
	参赛指导	指导队员针对特定比赛进行赛前准备、参加比赛以及赛后总结与调训的能力。

表8　专业领导力二级维度重要程度两两比较评价表

专业领导力	5 极重要	4 很重要	3 重要	2 略重要	1 同等重要	2 略重要	3 重要	4 很重要	5 极重要	专业领导力
选材用人										训练指导
训练指导										参赛指导
参赛指导										选材用人

（4）文化领导力二级维度

表9　文化领导力二级维度内涵释义

一级维度	二级维度	内涵释义
文化领导力	物质文化建设	通过创设训练环境、开发象征性标识（如队旗、队徽、队歌）和组织团建活动等方式，在物质层面对球队文化的培育和塑造。
	行为文化建设	通过狠抓球队作风、打造技战术风格等方式，在行为层面对球队文化的培育和塑造。
	制度文化建设	通过制定和执行生活、学习、训练和比赛等各项管理制度的方式，在制度层面对球队文化的培育和塑造。
	精神文化建设	通过向队员灌输核心价值观（如团队精神）、执教理念以及设定目标等方式，在精神层面对球队文化的培育和塑造。

表 10 文化领导力二级维度重要程度两两比较评价表

文化领导力	5 极重要	4 很重要	3 重要	2 略重要	1 同等重要	2 略重要	3 重要	4 很重要	5 极重要	文化领导力
物质文化建设										行为文化建设
物质文化建设										制度文化建设
物质文化建设										精神文化建设
行为文化建设										制度文化建设
行为文化建设										精神文化建设
制度文化建设										精神文化建设

三、专家基本信息

（1）姓名：　　　　　（2）工作单位：　　　　　（3）职称：